Nepomuk Riva
Der König der Raubtiere

UNRAST

Nepomuk Riva (*1974), Musikethnologe, Studium in Heidelberg und Berlin. 2012 Promotion über Kameruner Kirchenmusik, 2016–2021 Koordinator des DAAD-Graduiertenkollegs »Performing Sustainability« in Kooperation zwischen den Universitäten Hildesheim, Cape Coast (Ghana) und Maiduguri (Nigeria). 2022–2024 Vertretungsprofessor an der Universität Würzburg.

Forschungen zu rassistischen deutschen Kinderliedern, Forschungen zum deutschen Afrikabild in der Musik, v.a. anhand von Schwarzen Opernsänger*innen, und Diskriminierungserfahrungen Schwarzer Musikstudierender, Workshops und Weiterbildungen im Rahmen des von der bpb geförderten Projekts »Fairplay in der Musikpädagogik. Kultursensibler Umgang mit Kindermusik«.

Nepomuk Riva

Der König der Raubtiere

Orientalismus, Rassismus und kulturelle Aneignung in Disneys Musicalwelt

UNRAST

Bibliografische Information der Deutschen Bibliothek
Die Deutsche Bibliothek verzeichnet diese Publikation in der Deutschen Nationalbibliografie; detaillierte bibliografische Daten sind im Internet über https://www.dnb.de abrufbar.

Nepomuk Riva
Der König der Raubtiere
Orientalismus, Rassismus und kulturelle Aneignung in Disneys Musicalwelt
1. Auflage, Oktober 2024
ISBN 978-3-89771-619-3

www.unrast-verlag.de | kontakt@unrast-verlag.de
Mitglied in der assoziation Linker Verlage (aLiVe)

Umschlag: Felix Hetscher, Münster
Satz: Andreas Hollender, Köln
Druck: Multiprint, Kostinbrod

Inhalt

TEIL 2: REZEPTION

TEIL 3: PARTIZIPATION UND EMPOWERMENT

Vorwort

Mit Disney-Zeichentrickfilmen kam ich erst in Berührung, als ich erwachsen war. In meinem ansonsten weltoffenen Elternhaus wurden nur zwei Dinge verteufelt: Fernsehen und Comics. Trotz der wenigen Serien, die ich in meiner Kindheit an Nachmittagen mal bei Nachbarskindern sah, hatte ich deshalb nie eine engere Beziehung zu Zeichentrickfilmen. Meine Familie wollte mich aber weder von Geschichten noch von Musik fernhalten. Mein Interesse am Musiktheater wurde von meinen Eltern immer unterstützt, sei es durch Schallplatten, Opernbesuche oder Reisen zu Musicalaufführungen nach Wien, Bochum und Hamburg in den 1980er- bis 90er-Jahren. Meine Faszination für das populäre Musiktheater führte mich erst später zu den Soundtracks von Disney-Filmen. Elton Johns Interpretationen seiner Songs aus *Der König der Löwen* konnte ich mich als junger Erwachsener in den 1990er-Jahren nicht entziehen. Die Musik mit ihrer spirituellen Dimension und dem Wunsch nach persönlicher Selbstverwirklichung, gepaart mit einer traumhaften afrikanischen Klangkulisse, hat mich damals tief beeindruckt. Aber ich brauchte den Film nicht, ich konnte mir die Handlung in meinem Kopf ausmalen.

Das Erziehungskonzept meiner Eltern hat wenig gefruchtet. Mit Anfang zwanzig begann ich neben meinem Studium für mehrere Jahre bei deutschen Fernsehsendern als Cutter für Nachrichten, Magazine und Dokumentationen zu arbeiten und entwickelte später 3D-Animationen für Kinderopern, Kindertheaterstücke und Videoclips. So begann ich, mich auf einmal für die technische Seite von Animationsfilmen und die kreativen Möglichkeiten dieser Bildsprache zu interessieren.

Einen Realitätsschock erlebte ich 2003, als ich zum ersten Mal nach Kamerun reiste und lernte, was afrikanische Spiritualität real bedeuten kann und wie wenig der Alltag und die Lebenschancen dort mit Disneys imaginärem Afrikabild zu tun haben. In den folgenden Jahren verbannte ich die Melodien von *Der König der Löwen* aus meinem Kopf, bis ich

2010 zum ersten Mal Südafrika besuchte. Während ich mehrere Stunden im Transferbereich des Flughafens in Johannesburg verbringen musste, begann plötzlich ein südafrikanischer Chor vor einem Café spontan, vielstimmig und voller Begeisterung »The Circle of Life« zu singen. Mir war es rätselhaft, wie sich Afrikaner*innen diese Musik aneignen konnten und sie als Teil ihrer Identität ansahen.

In meinem musikethnologischen Unterricht kam ich später auf die Idee, Exotismus und Orientalismus anhand von Disney-Filmen mit Studierenden zu behandeln. Das hatte den Vorteil, dass alle die Musik bereits kannten und unmittelbar mitdiskutieren konnten. Gleichzeitig merkte ich, wie viele Studierende sich mit Figuren wie Pocahontas oder Mulan identifizierten und äußerst emotional reagierten, wenn ich das Bild der Heldinnen ihrer Jugend dekonstruierte. Mein später Zugang zu Disneys Soundtracks, die technische Beschäftigung mit Film und Animation sowie meine Erfahrungen mit nicht-westlichen Kulturen erleichterten es mir anscheinend, distanzierter und analytischer über die Werke nachzudenken. Umso mehr freute es mich, dass sich einige Studierende dennoch für kritische Untersuchungen von Disney-Filmen interessierten und Haus- oder Abschlussarbeiten dazu schrieben. Dabei ist mir aufgefallen, wie wenig die umfangreichen sogenannten kritischen Disney-Studien aus dem anglophonen Bereich in Deutschland wahrgenommen werden und wie sehr eine kritische Auseinandersetzung gerade mit den Stücken fehlt, die hierzulande seit Jahren auf Musicalbühnen vor einem Massenpublikum gezeigt werden. Lukas Lessing, einer meiner Masterstudierenden in Hannover, entwickelte ein so großes Interesse an Musicals unter postkolonialen Fragestellungen, dass er im Rahmen einer Forschungsarbeit Schwarze Darsteller*innen in Deutschland interviewte. Seine Ergebnisse zeigten, dass zwei Ereignisse bei dieser Gruppe in den letzten Jahren eine neue Haltung zur Musicalszene hervorgebracht haben: die ›Black Lives Matter‹-Bewegung sowie das Musical *Hamilton* von Lin-Manuel Miranda, in dem die Geschichte der Gründungsväter der USA von einem ›All-Black-Cast‹ gespielt wird. Beide Ereignisse wirken sich mit einigen Jahren Verzögerung auf die deutsche Musicalszene aus und werden meiner Meinung nach auf absehbare Zeit die Diskussionen um bestimmte Stücke verändern. Da ich mittlerweile eigene Kinder habe, die sich für Disney-Filme zu interessieren beginnen, war es für mich an der Zeit, mir nun eine eigene Meinung darüber zu bilden, inwieweit ich diese Neigungen unterstützen soll.

Im Sinne der Schwarzen Musicaldarstellerin Ana Milva Gomes verstehe ich mich mit diesem Buch als »Verbündeter im Kampf gegen die Ungerechtigkeiten« (Gomes 2021, 247) in dieser Branche und in der deutschen Gesellschaft. Gleichzeitig möchte ich wie der amerikanische Autor Warren Hoffmann (2020) zeigen, dass eine kritische Beschäftigung mit bestimmten Musicals nicht bedeuten muss, dass ich nicht gleichzeitig ein großer Fan dieses Genres bleiben kann. Ich glaube, diese Ansicht teile ich mit vielen Menschen, die der deutschen Musicalszene angehören und mit denen ich mich während meiner Forschungen für dieses Buch unterhalten konnte.

Ich danke meiner Tante in England, die mir in den 1980ern erstmals Lloyd Webbers Musicals durch Schallplattenaufnahmen näherbrachte, der Gastfamilie in London, die mich während eines Schüleraustauschs 1990 zu *Les Misérables* einlud, sowie meiner Schwester, die ich während ihres mehrjährigen Aufenthaltes in Wien in den 1990ern besuchen durfte und dabei die dortige Musicalszene von den billigen Stehplätzen aus kennenlernte. Musicals zu besuchen, Produktionen und Beteiligte zu begleiten und Musicals selbst aufzuführen, hat mich im Laufe meines Lebens immer wieder mit Menschen in Verbindung gebracht, die mich nachhaltig geprägt haben. Diese Erinnerungen klingen in mir nach, wenn ich mich mit diesem Genre beschäftige. Für die Diskussionen, Beratung und Unterstützung bei der Anfertigung dieses Buches danke ich Lukas Lessing, Oscar Aquite Pena, Oliver Koch, den Studierenden meiner Seminare an der HfM Rostock, der HMTM Hannover, der Universität Bremen und der Universität Würzburg sowie all den Menschen aus aller Welt, mit denen ich in den letzten Jahren intensive Gespräche über Disneys Filme und Musicals geführt habe. Ich habe versucht, ihre Kommentare und Meinungen in diesem Buch aufzunehmen, auch wenn ich einige von ihnen nicht namentlich nennen kann.

Das Erfolgsgeheimnis von Disneys Musicalproduktionen

»Hakuna matata?« Disney-Musicals als Massenphänomen in Deutschland

Der König der Löwen im Hamburger Hafen

Seit 2001 wird das Disney-Musical *Der König der Löwen* achtmal wöchentlich im Stage Theater im Hafen in Hamburg aufgeführt, nur unterbrochen durch die Corona-Pandemie. Mehr als fünfzehn Millionen Menschen haben bisher die Fabel mit der beschwerlichen Coming-of-Age Geschichte des afrikanischen Löwenjungen Simba gesehen, der aus dem Exil zurückkehrt, um seinen bösartigen Onkel Scar und eine Gruppe von Hyänen zu besiegen, um das Reich seines Vaters Mufasa zurückzuerobern und sein rechtmäßiges Erbe antreten zu können. Damit ist das Stück, dessen Libretto[1] von den Amerikaner*innen Irene Mecchi und Roger Allers stammt, die erfolgreichste Musicalproduktion in Deutschland und hat die Rekordspielzeit von Andrew Lloyd Webbers *Cats* in Hamburg schon lange übertroffen. Das Musical basiert auf dem Kinder-Zeichentrickfilm *Der König der Löwen* von 1994, der von der Theaterregisseurin Julie Taymor 1997 für den New Yorker Broadway adaptiert wurde. Nach *Die Schöne und das Biest* (1994) war es der zweite Zeichentrickfilm, der als Musical erfolgreich aufgeführt wurde, und der Ausgangspunkt für eine seither andauernde Strategie des Disney-Konzerns, aus populären Zeichentrickfilmen Bühnenversionen zu entwickeln. Das Programmheft suggeriert eine afrikanische Geschichte, die in einer deutschen Hafenstadt aufgeführt wird:

> »Wenn über dem Hamburger Hafen die Morgensonne aufgeht und sich ihre Strahlen auf dem Elbstrom brechen, liegt seit 2001 ihr Glanz auch über dem savannengelben Dach von Hamburgs neuestem Theater. [...] Achtmal pro Woche erwacht dort unter dem riesigen Kuppeldach des spektakulären Theaterbaus die Savanne Afrikas zum Leben.« (Bombeck 2001)

1 Libretto ist das Textbuch eines Musiktheaterwerkes, das die Gesangs- und Dialogtexte enthält.

Das Musical erzählt jedoch keine afrikanische Geschichte. Das Stück basiert weitgehend auf der japanischen Zeichentrickfilmserie *Kimba, der weiße Löwe (Kimba the White Lion)* von Osamu Tezuka (1928–1989), aus der ein Großteil der Handlung, der Tiercharaktere und der visuellen Inszenierung übernommen wurde (Schweizer und Schweizer 1998, 163–179). Übernahmen von erfolgreichen Drehbüchern aus nicht-amerikanischen Ländern sind beim Disney-Konzern keine Besonderheit, aber auf den Plakaten und im Programmheft wird die Vorlage mit keinem Wort erwähnt. Anders als bei europäischen Vorlagen wurden den Erben des japanischen Autors allen Aussagen nach bislang keine Tantiemen gezahlt. Beide Werke haben ihre Tierfiguren und die afrikanische Umgebung aus der deutschen, Oscar-prämierten Tierdokumentation *Serengeti darf nicht sterben* (1959) von Bernhard und Michael Grzimeks übernommen. Das Stück steht damit auch in der Tradition eines deutschen Afrikabildes, das eine Wildnis propagiert, in der die indigenen Menschen nur stören. Reproduziert der Disney-Konzern mit diesem Stück koloniale Imaginationen und eignet sich dabei zugleich rücksichtslos die Geschichte eines asiatischen Autors an?

Der König der Löwen gehört zum Genre der Disney-Filme, die eine Geschichte in einer nicht-westlichen Kultur erzählen. Anders als z.B. *Das Dschungelbuch*, *Pocahontas*, *Mulan*, *Tarzan* oder *Aladdin* spielt dieser Film ausschließlich in der Tierwelt einer nicht näher bezeichneten Region Afrikas südlich der Sahara. Der Kilimandscharo, der zu Beginn des Films zu sehen ist, sowie das Lied »Hakuna Matata« mit einem Motto in Suaheli verweisen auf Ostafrika. Andere Lieder werden auf Zulu gesungen und viele musikalische Elemente stammen aus südafrikanischen Musikgenres. Die Kostüme und Masken sind dagegen westafrikanisch geprägt. Damit verstärkt der Disney-Konzern das koloniale Stereotyp, den afrikanischen Kontinent als eine einheitliche Region zu sehen.

Hinzu kommt, dass in dem dargestellten Vielvölkerstaat der Tiere, der absolutistisch von einer monarchischen Löwenfamilie beherrscht wird, im Film ein Affe namens Rafiki die priesterliche Rolle übernimmt. Ausgerechnet dieser wird anthropomorph mit einem rituellen Holzstab dargestellt, an dem Trockenkürbisse hängen, die er bei seinen Tauf- und Wahrsageritualen verwendet. In der Bühnenfassung wird er von einer bunt gekleideten Schamanin dargestellt, die stets von einer Schwarzen[2] gespielt wird. Sie praktiziert eine animistische Ahnenreligion, die an südafrikanische Sangoma-Praktiken[3] angelehnt ist, aber auch christliche und hinduistische Elemente enthält. Die Dialoge des Films bleiben in der Bühnenfassung weitgehend erhalten, so dass die Darstellerin mehrfach scherzhaft als »Affe« oder »Pavian« angesprochen wird – woran auch ihr Make-up erinnert. Die Nähe zwischen einem Schwarzen Menschen und einem Affen wird von der Regisseurin sogar gewünscht:

> »Maintaining the absolute humanity of this character, she [Rafiki] became the only one neither wears a mask nor is in puppet form, on or off the body. Vibrant red, yellow, and blue makeup hints at the contours of a baboon's face.«[4] (Taymor 2017, 79)

Das am menschlichsten dargestellte Tier auf der Bühne ist damit ausgerechnet jenes, mit dem Afrikaner*innen seit Beginn der europäischen Rassentheorien in der Neuzeit abwertend verglichen werden. Noch heute kommt es in deutschen Fußballstadien vor, dass Schwarze Spieler von gegnerischen Fans mit Affenlauten begrüßt oder mit Bananenschalen beworfen werden. Reproduziert das Musical stereotype koloniale und rassistische Vorstellungen über Schwarze und den afrikanischen Kontinent?

Die Musik, die der Brite Elton John zusammen mit dem deutsch-amerikanischen Filmkomponisten Hans Zimmer für das Werk geschrieben hat, orientiert sich an westlichen Popmusik- und Filmgenres. Zimmer kompo-

2 Um das gesellschaftspolitische Konzept hinter dem Begriffen ›Schwarze‹ zu verdeutlichen, wird wie in der kritischen Rassismus-Forschung üblich der Begriff durchgängig groß geschrieben. Damit wird auf die selbstgewählte Bezeichnung Schwarzer Menschen verwiesen, die bestimmte gemeinsame Lebenserfahrungen in von *Weißen* dominierten Gesellschaften machen (Sow 2015a).

3 Sangoma sind Heiler und Wahrsager in mehreren Kulturen des südlichen Afrikas, die nach einer Ausbildung und Initiation vom Geist eines Ahnen besessen sind, mit dessen Hilfe sie körperliche und seelische Probleme heilen können.

4 »Unter Beibehaltung der absoluten Menschlichkeit dieser Figur ist sie [Rafiki] die einzige, die weder eine Maske trägt noch eine Puppenform hat, weder am Körper noch vor sich her tragend. Die leuchtend rote, gelbe und blaue Schminke deutet die Umrisse eines Paviangesichts an.« (Übers. d. A.)

niert einen orchestralen Hollywood-Soundtrack, Elton John eingängige Popsongs und Balladen. Beide versuchen nicht, eine afrikanische Musik zur Geschichte zu schreiben, sondern bedienen sich verschiedener Genres Schwarzer Weltmusik, die auch karibische Klänge und afroamerikanische Stile umfasst. In der Musical-Version ist der südafrikanische Musiker und Produzent Lebo M stärker als in der Filmmusik beteiligt, indem er die vorhandenen Stücke um südafrikanische Chorgesänge und Percussion-Arrangements ergänzt. Bei einigen Liedern, wie z.B. zu Beginn des 2. Aktes bei »One by One«, ist nicht mehr klar, ob hier Vögel oder Schwarze Menschen auf der Bühne singen (vgl. Granger 2019). Reproduziert der Disney-Konzern mit dieser Musik die Zuschreibungen, wonach letztlich alle von Schwarzen entwickelte Musik afrikanisch sei und diese zugleich aus dem Tierreich stamme?

Dem Film wurde bereits in den 1990er-Jahren Rassismus vorgeworfen (Gooding-Williams 1995). Ein Grund war, dass die Hautfarbe des bösartigen Onkels Scar dunkler war als die der königlichen Herrscherfamilie und die blutrünstigen Hyänen von Schauspieler*innen mit afroamerikanischem und hispanischem Großstadtdialekt gesprochen wurden (Pinsky 2004, 155). Der positiv dargestellte Teil der Löwenfamilie redete dagegen akzentfreies britisches Englisch (Giroux 1999, 105–106). Diese symbolische Zuordnung von Gut und Böse wird auf der Hamburger Bühne nicht übernommen. Stattdessen hat sich eine an Hautfarben orientierte Besetzungspraxis eingebürgert, die ebenfalls nicht wertfrei ist. Der bösartige Scar, Zazu und Timon sowie kleinere Nebenrollen werden mit *weißen* Darsteller*innen[5] besetzt, für den guten Teil der Löwenfamilie und die anderen afrikanischen Lebewesen werden durchgängig Schwarze ausgewählt. Da alle als Tiere verkleidet und geschminkt die Bühne betreten oder Tierpuppen wie Marionetten vor sich her bewegen, ist diese Besetzungspraxis als rassifizierend zu bezeichnen. Die Darsteller*innen werden zunächst aufgrund ihrer Hautfarbe und nicht aufgrund ihrer stimmli-

5 Um das gesellschaftspolitische Konzept hinter den Begriffen ›Weiße‹ zu verdeutlichen, wird wie in der kritischen Rassismus-Forschung üblich der Begriff durchgängig kursiv geschrieben. Damit wird sowohl die Gruppe von Menschen markiert wie auch ihre normgebende Funktion und ihre Privilegien in den westlichen Gesellschaften (Sow 2015b).

chen, tänzerischen oder schauspielerischen Qualitäten ausgewählt. Zwar wird in dem Stück hin und wieder in südafrikanischen Sprachen mit Klicklauten gesungen, was Muttersprachler*innen leichter fallen mag. Aber längst nicht alle Schwarzen auf der Bühne kommen aus Südafrika. Die Besetzungspraxis wird sogar im Programmheft offen thematisiert, in dem Kinderdarsteller*innen mit der Formulierung »Mädchen und Jungen afrikanischer, afroamerikanischer, südeuropäischer oder asiatischer Abstammung oder Herkunft« für ein Casting gesucht werden (Bombeck 2003, 29). Die enge Verbindung von Schwarzen Darsteller*innen und Tieren in dem Musical ist sogar von der Regisseurin bewusst getroffen worden:

> »Der besondere Reiz für den Zuschauer besteht darin, die Schauspieler und Tänzer hinter den Tiercharakteren zu sehen. Er sieht Tiere und Menschen im harmonischen Einklang. Ich nenne das den ›double event‹. Die Mimik und Bewegung der Darsteller überträgt sich auf die Tier-Puppets. In der Fantasie der Zuschauer verschmelzen die Erzählebenen zu einer Einheit.« (Taymor in Bombeck 2001)

Die rassistischen Bezüge der Handlung nehmen nur wenige der etwa 1.800 Zuschauer*innen pro Vorstellung wahr. Viele von ihnen besuchen ansonsten eher Kinofilme oder Popmusikkonzerte. Für sie ist der Besuch des Musicals ein hochwertiges Live-Erlebnis, das ihnen durch die reichhaltige Inszenierung mit Tierpuppen, Tanzchoreographien und Musik ein unvergessliches Wohlgefühl bereitet. Sie erkennen in der Geschichte zwar Bezüge zu Politik und zum Thema Rassismus. Sie bemerken aber nicht, wie diese Produktion ihr Afrikabild beeinflusst. Der Fan Friedrich (Name v. A. geändert), der das Stück seit vielen Jahren regelmäßig allein oder mit seiner Familie besucht, erklärte mir das auf folgende Weise:

> »Du kannst das so übertragen auf das aktuelle politische Geschehen. Nehmen wir mal das Beispiel ›Seid bereit‹. Wenn Scar da singt, und die Hyänen lassen sich von ihm verführen. [...] Was passiert, wenn ein Verführer das Volk verführt? Er sagt ja auch: ›Macht alle mit und dann werdet ihr nie wieder hungrig sein.‹ Natürlich kannst du das auch in der Corona-Pandemie zeigen. Das kannst du auch auf einen Hitler übertragen. Der hat das im Prinzip auch gemacht. Trump ... alle! [...] Aber ich finde gerade die Hyänen auch wahnsin-

> nig spannend: Die sind ja gar nicht doof. Und am Ende stirbt ja dann auch Scar, weil sie dann alles checken. Dann wird er auch zu Recht aufgefressen.« (Friedrich, 10.10.2022)

Ist der Ort der Handlung möglicherweise vernachlässigbar und geht es in dem Stück vor allem um die dargestellten Konflikte zwischen den Figuren? Dient der afrikanische Kontinent nur als Kulisse für eine leicht nachvollziehbare Handlung um Macht und Liebe?

Es gibt noch eine weitere Perspektive auf dieses Musical. Für talentierte südafrikanische Sänger*innen, bedeutet die Aufnahme in diesen Cast in einem westlichen Land den ersehnten wirtschaftlichen Aufstieg. Die südafrikanische Casting-Agentur im Auftrag des Disney-Konzerns behauptet sogar, mit dieser Besetzungsstrategie bewusst an einer Chancengleichheit zu arbeiten und Schwarzen den internationalen Markt für Gesang und Schauspiel öffnen zu wollen. Südafrikanische Darsteller*innen in den USA berichteten dem Journalisten Michael Paulson (2017), dass sie in der Handlung des Stückes die Geschichte ihres Landes wiedererkennen: Der Löwenjunge Simba kämpft wie Nelson Mandela erfolgreich darum, das Land seines Vaters aus den Händen seines bösartigen Onkels zurückzuerobern. Der Vergleich zur südafrikanischen Geschichte ist nicht aus der Luft gegriffen, da der Zeichentrickfilm 1994 in die Kinos kam, als Mandela gerade der erste Schwarze Präsident Südafrikas wurde, die politische Periode der Apartheid beendete und damit ein neues Bild des afrikanischen Kontinents verkörperte. Unverständlich bleibt nur, warum sich südafrikanische Darsteller*innen gerade mit einer amerikanischen Disney-Fabel über Afrika identifizieren, obwohl ihre eigene Musicalgeschichte zahlreiche Produktionen vorzuweisen hat, die die Geschichte der Apartheid thematisieren und international aufgeführt oder verfilmt wurden, wie etwa *King Kong* (1958), *Sarafina!* (1987) und *The Mandela Trilogy* (2010). Ist *Der König der Löwen* einfach die erfolgreichste Geschichte?

In der Tat kann das Musical durch seine ungewöhnliche Besetzungspraxis beim Publikum eine neue Wahrnehmung erzeugen. Schwarze europäische Darsteller*innen erzählen, dass in diesem ansonsten von *Weißen* dominierten Genre ausgerechnet Musicals wie *Der König der Löwen* sie ermutigt haben, ihrem bis dahin unmöglich erscheinenden Berufswunsch zu folgen. So berichtet etwa die Musicaldarstellerin of Color Madina Frey, die in Süddeutschland aufgewachsen ist:

> »Ich glaube, ich bin schon ins Musical gegangen, weil ich da im Verhältnis zum sonstigen Theater eigentlich dann doch viele People of Color [PoC] gesehen hab. Weil es eben ein amerikanisches Genre ist und weil deshalb Dinge wie *Tina Turner*, *König der Löwen* oder *Bodyguard* auf die Bühne gebracht werden. Weil das am Nürnberger Staatstheater eigentlich nicht passiert ist!« (Frey in Lessing, 2021, Z. 586–590)

Also alles »Hakuna Matata (Es gibt keine Probleme)«, wie Timon, Pumbaa und Simba im Musical singen? Wenn südafrikanische Darsteller*innen ihren antikolonialen Befreiungskampf in *Der König der Löwen* erkennen und die Besetzungspraxis als Schwarzes Empowerment in der Musicalbranche verstanden wird, kann das Stück dann nicht kolonialistisch, exotisierend und rassistisch sein? Ein Blick auf die deutsche Kolonialgeschichte bringt etwas anderes ans Licht. Dieses Disney-Musical schwebt hierzulande historisch betrachtet nicht in einem luftleeren Raum, sondern erinnert an äußerst problematische Vorläufer im Schaugewerbe.

Die Geschichte von Völkerschauen und Exotenfilmen in Deutschland

Der König der Löwen wird ausgerechnet in der Hafenstadt aufgeführt, die zur Zeit des Deutschen Kaiserreichs Ende des 19. Jahrhunderts das Tor zu den Kolonien und dem damit verbundenen Handel war. Durch den Hamburger Hafen kamen die ersten Afrikaner*innen nach Deutschland, hier entstand eine der ersten Schwarzen Communitys in einer deutschen Stadt. An diesem Ort gab es zudem zeitgleich bereits einen Produzenten, der mit der Inszenierung nicht-westlicher Kulturen ökonomische Erfolge feierte. Der Begründer des modernen westlichen Zoos, Carl Hagenbeck (1844–1913), begann hier seine Karriere mit der Ausstellung exotischer Tiere. Er bezog sie von Händlern aus den afrikanischen und asiatischen Kolonien und präsentierte sie in Europa einem städtischen Publikum in nachgebauten Miniaturwelten. Elefanten, Zebras, Giraffen, Antilopen und Affen wurden in Gehegen domestiziert, um dem Publikum einen

Eindruck von den ›wilden‹ Teilen der Welt zu verschaffen. (Debusmann und Riesz 1995; Thode-Adora 2008; Zickgraf 2012). Als der Mahdi-Aufstand[6] im Sudan in den 1880er-Jahren den Tierhandel zum Erliegen brachte, stellte Hagenbeck sein Geschäft auf Menschen aus fernen Regionen um, die er ebenfalls als Kuriositäten ausstellte. Diese wurden jedoch nicht hinter Gittern eingesperrt, sondern in einer Umgebung inszeniert, in der sie täglich ›Wilde‹ spielen mussten. Für die Schwarzen wurden afrikanisch anmutende Dörfer gebaut, in denen sie ein imaginiertes ›primitives‹ Leben mit Essenszubereitung, Handwerk, Tierhaltung und kriegerischen Schaukämpfen zeigten (Wolter 2005; Thode-Adora 2013; Blanchard und Buchner-Sabathy 2012). Das Publikum wurde wie in einem Disney-Freizeitpark durch die Anlagen geführt und mit theatralischen Inszenierungen und akrobatischen Darbietungen unterhalten. Schwarze Darsteller*innen unterschiedlicher Herkunft mussten eine Mischung kultureller Praktiken vorführen: vom Trommeln über Hochzeitstänze, Speer- und Kriegstänze bis hin zu rituellen Zeremonien. Das Ganze geschah vorzugsweise in Verkleidungen von halbnackten Männern und Frauen, um eine fremdartig-erotische Atmosphäre zu schaffen. Die Menschen sollten als ›Mischwesen‹ in Erscheinung treten, die in enger Beziehung zu den Tieren lebten, die neben ihnen zur Schau gestellt wurden oder mit denen sie Umzüge veranstalten mussten. Diese Form der Darstellung begeisterte das deutsche Publikum, das sich nach Exotik sehnte. Zugleich sollten die Ausstellungen den Besucher*innen bestätigen, dass die westlichen Gesellschaften anderen Kulturen überlegen waren.

PoC-Darsteller*innen[7] wurden vielfach mit falschen Versprechungen nach Deutschland gelockt, schlecht bezahlt und lebten unter menschenunwürdigen Umständen. Sie hatten keine Rechte und wurden mehr

---

6 Während des Mahdi-Aufstandes 1881–1899 rebellierten mehrere Provinzen des Sudan gegen die ägyptisch-britische Herrschaft. Er gilt als einer der erfolgreichsten Aufstände eines afrikanischen Volkes gegen eine Fremdherrschaft.

7 Die Bezeichnung Person/People of Color (PoC) ist eine Selbstbezeichnung aller Personen, die sich von der deutschen Mehrheitsgesellschaft als nicht*weiß* behandelt fühlen (Nghi Ha 2010). Der Begriff nimmt bewusst keinen Bezug auf Kultur oder ethnische Zugehörigkeit (Dean 2015). Es handelt sich auch um die Bezeichnung, die von allen Interviewten verwendet wurde.

oder weniger zu den erniedrigenden Darbietungen gezwungen. Einige überlebten das für sie ungewohnte Klima nicht. Bis in die 1930er-Jahre betrieb Hagenbeck solche Menschenzoos in Deutschland und europaweit (Dreesbach 2005).

Stumm- und Tonfilm setzten diese Inszenierung Afrikas in Deutschland nahtlos fort, auch wenn die Dreharbeiten in Europa stattfanden. Schwarze aus den ehemaligen deutschen Kolonien, die nach dem Ersten Weltkrieg nicht in ihre Heimat zurückkehren konnten, sahen in der Unterhaltungsindustrie eine der wenigen Möglichkeiten, ihren Lebensunterhalt zu verdienen (Fuhrmann 2007). In exotisierenden und kolonialrevisionistischen Filmen mussten sie jedoch das Stereotyp des gutmütigen Schwarzen Sklaven, Dieners und kolonialen Untertanen spielen, der in ›primitiven‹ Verhältnissen lebt und dessen Talente vor allem im Tanzen, Trommeln und Singen liegen. Auf der Leinwand verkörperten einige berühmte Schwarze Schauspieler*innen afrikanische Stereotype, für die sie gut bezahlt wurden. Gleichzeitig organisierten sie sich in der Weimarer Republik und kämpften politisch für ihre Rechte (Nagl 2004; 2010).

Der Nationalsozialismus griff diese Darstellungsform auf und versuchte mit Propagandafilmen in der Bevölkerung die Hoffnung auf eine Rückeroberung der deutschen Kolonien zu schüren (Linne 2008). Die Publikumserfolge bewahrten die Schwarzen Darsteller*innen vor rassenideologischer Verfolgung und Vernichtung. Mit Beginn des Zweiten Weltkrieges setzten die Machthaber zudem bevorzugt Schwarze, meist französische Kriegsgefangene, unter Zwang für Massenszenen in diesen Filmen ein. Deutsche Schwarze Zeitzeugen schildern in Autobiographien ausführlich diese politisch bedrohlichen Zeiten für sie (Massaquoi 1999; Michael 2013). Einige von ihnen wurden von den nationalsozialistischen Behörden für mehrere Jahre als Mitglieder in *Die Deutsche Afrika Schau* zusammengefasst, die sich wiederum an dem Konzept der Menschenzoos des 19. Jahrhunderts orientierte. Schwarze unterschiedlicher Herkunft präsentierten in dieser Wanderausstellung eine imaginierte afrikanische Kultur durch Showelemente und verschiedene Handwerkskünste (Lewerenz 2006; Möhle u. a. 2006). Nicht alle Formate dieser Art verschwanden nach dem Zweiten Weltkrieg. Die stereotype Inszenierung von Schwarzen blieb vor allem im Zirkus sowie in verschiedenen kulturellen Veranstaltungen präsent (Brändle 2013).

Die Auswirkungen dieses deutschen Afrikabildes sind bis heute in Film und Fernsehen nachweisbar (Baer 2006). Schwarze Schauspieler*innen beklagen sich, dass sie weiterhin nur gecastet werden, um bestimmte Stereotype zu verkörpern (Cherrat 2005; Eilers 2011). Dieses Afrikabild ist auch im deutschen Alltagsrassismus nachzuweisen, der Schwarze in vielen Lebensbereichen diskriminiert und ausgrenzt (Sow 2008; Hasters 2019; Roig 2021).

Die amerikanischen Disney-Produktionen *Der König der Löwen* und *Tarzan* stehen in Deutschland in der Fortführung dieser Menschenzoos und exotischen Inszenierungen von Afrikaner*innen. Wenn die Besetzungspraxis dazu führt, dass Schwarze bevorzugt Tiere wie Löwen, Zebras, Giraffen und Affen spielen, wird ein Bezug zur deutschen Kolonialzeit und deren rassistischer Weltsicht hergestellt. Wenn Schwarze in Kostümen auftreten, die ihre Hautfarbe betonen, und artistische und musikalische Fähigkeiten demonstrieren oder kämpferische Szenen spielen, sind die historischen Vorbilder der Kolonialausstellungen nicht zu übersehen. Die Frage ist nur, ob Disneys Musicalproduktionen das koloniale und rassistische Afrikabild reproduzieren oder ein neues, realitätsnäheres erzeugen. Führen die Produktionsbedingungen dazu, dass Schwarze weiterhin ausgebeutet werden oder werden sie heutzutage an den Produktionen und den Gewinnen fair beteiligt?

Ausgangslage der Forschung

Für mich als Musikethnologe ist es einerseits spannend zu sehen, wie viele unterschiedliche Perspektiven es auf ein Massenphänomen wie das Disney-Musical *Der König der Löwen* gibt. Mit meinem Forschungsschwerpunkt auf afrikanischen Musikkulturen und ihrer Geschichte fällt es mir jedoch nicht leicht, alle Perspektiven gleichwertig zu beurteilen. Zu schwer wiegt für mich die Geschichte und die Auswirkungen des westlichen Kolonialismus und Rassismus. Nicht zuletzt diente die exotisierende Darstellung afrikanischer Kulturen der deutschen Politik in der Kolonialzeit dazu, die Landnahme, wirtschaftliche Ausbeutung und Vernichtung ganzer Volksgruppen vor der eigenen Bevölkerung zu rechtfertigen. Welche Ausbeutungsstrukturen und Gewalttaten könnten heute durch eine Fortschreibung dieser Darstellung verschleiert werden?

Bei meinen Recherchen zu Diskriminierungserfahrungen Schwarzer Musikstudierender und Opernsänger*innen in Deutschland in den letzten Jahren habe ich zudem andere Berichte über Arbeitsverhältnisse im Kulturbereich erhalten, als dass ich den obigen Aussagen Schwarzer Musicaldarsteller*innen vorbehaltlos zustimmen könnte. Mich interessiert daher, wie die unterschiedlichen Perspektiven auf dieses Musical entstehen und warum einige davon in der Öffentlichkeit dominant erscheinen, während andere bisher kaum thematisiert werden. Widersprüche zwischen einer Produktion und ihrer Rezeption existieren in der Regel nicht ohne Grund, auch wenn die dafür verantwortlichen Strukturen zunächst nicht sichtbar sind.

Allen Perspektiven ist gemein, dass mit *Der König der Löwen* Fragen der Repräsentation einer nicht-westlichen Kultur, kultureller Aneignung und Rassifizierung, aber auch der Partizipation am Produktionsprozess und des Schwarzen Empowerments verhandelt werden. Gerade weil der Handlungsschauplatz in Afrika liegt und das Stück in Lizenz des global agierenden Disney-Konzerns in Hamburg mit internationalen Darsteller*innen aufgeführt wird, ist das Musical keine harmlose Massenunterhaltung. Es ist Teil von Diskussionen um den Umgang mit nicht-westlichen Kulturen und ihren Bevölkerungen sowie um politisches Selbstbewusstsein von PoCs in einer mehrheitlich *weißen* westlichen Gesellschaft. Damit werde ich grundsätzlich dem Forschungsansatz folgen, den der britische Theaterwissenschaftler George Rodosthenous vor einigen Jahren zu Disney-Musicals entwickelt hat:

> »I will suggest that we revisit musicals not only as popular entertainment [...] or as a globalized commercial product [...], but firstly as a political tool for enhancing our understanding of race, sexuality and gender, secondly as an educational tool for younger children and thirdly as a place for artistic innovation.«[8] (Rodosthenous 2017, 2)

8 »Ich schlage vor, dass wir das Musical nicht nur als populäre Unterhaltung [...] oder als globalisiertes kommerzielles Produkt [...] betrachten, sondern erstens als ein politisches Instrument zur Verbesserung unseres Verständnisses von Ethnizität, Sexualität und Gender, zweitens als ein pädagogisches Instrument für Kleinkinder und drittens als einen Ort künstlerischer Innovation.« (Übers. d. A.)

Die Auseinandersetzung mit Rassismus, Sexualität und Gender lässt sich allerdings nicht allein an den Filmen und Bühnenwerken ablesen. Sie erfordert in gleicher Weise eine Untersuchung des sozialen Kontextes, in dem die Stücke aufgeführt und rezipiert werden. Eine solche qualitative ethnographische Forschung wird in diesem Buch vorgenommen. Dazu wird der Kreis der untersuchten Stücke erweitert.

Was bei der Hamburger Produktion von *Der König der Löwen* auffällig ist, spielt auch bei anderen Disney-Musicals eine Rolle, die nicht-westliche Handlungsorte besitzen, wie *Aladdin*, *Tarzan* oder *Aida*. Es lässt sich eine generelle Strategie hinter den Stückentwicklungen, ihren Aussagen und den Vermarktungsstrategien erkennen. Dieses Vorgehen ist bislang in der deutschen Gesellschaft kaum kritisch diskutiert worden. Disneys Produkte werden von der Mehrheit als hochwertige Unterhaltung und pädagogisch unbedenklich angesehen – mit Ausnahme gelegentlicher Kritik an den propagierten Frauenbildern (Vonier und Krause 2005). Amerikanische Wissenschaftler*innen, die seit einiger Zeit kritische Disney-Studien betreiben, berichten von ähnlichen Erfahrungen. Elizabeth Bell und ihre Kolleg*innen beschreiben frustriert aus Seminaren, dass Studierende oft ablehnend auf ihre kritischen Forschungen reagieren und Disney-Produkte mit den immer gleichen Argumenten verteidigen: »It's only for children, it's only fantasy, it's only a cartoon, and it's just good business.«[9] (Bell, Haas, und Sells 1995, 4). Ein Grund für diese Reaktionen sind die unterhaltsamen, märchenhaften und magischen Erzählstoffe, die Disneys Kreativteams, bestehend aus Produzent*innen, Autor*innen, Animator*innen und Komponist*innen, ihrem Publikum präsentieren. Der Erziehungswissenschaftler Henry Giroux warnte allerdings vor Jahren bereits eindringlich vor einer Verblendung des Publikums durch diese Geschichten.

> »Media conglomerates such as Disney are not merely producing harmless entertainment, disinterested news stories, and unlimited access to the information age; nor are they removed from the realm of power, politics, and ideology. But recognition of the pleasure that Disney provides should not

9 »Es ist nur für Kinder, es ist nur Fantasie, es ist nur ein Zeichentrickfilm, und es ist einfach ein gutes Geschäft.« (Übers. d. A.)

blind us to the realization that Disney is about more than entertainment.«[10] (Giroux 1999, 4–5)

In diesem Sinne möchte ich mit dem folgenden Buch eine Lücke schließen und ausgehend von den anglophonen kritischen Disney-Studien die deutschen Disney-Musicalproduktionen untersuchen. Aus meiner musikethnologischen Perspektive lege ich den Schwerpunkt auf Stücke, die nicht-westliche Kulturen mit Musik repräsentieren. Dieser Stil soll nicht als Musiktheater, sondern als populäre ›Weltmusik‹ verstanden werden, mit allen positiven wie kritischen Assoziationen, die dieser Begriff beinhaltet. Ausgehend von den Stücken soll dann die Rezeption analysiert und der Frage nach Partizipation im Produktionsprozess und Möglichkeiten des Empowerments von PoC-Darsteller*innen nachgegangen werden.

Meines Erachtens ist es eine wichtige Frage, ob die deutsche Gesellschaft es unterstützen sollte, dass ein internationaler Unterhaltungskonzern, der einen dominanten Einfluss auf die hiesige Musicalbranche hat, ein bestimmtes Welt- und Menschenbild verbreiten darf, obwohl seine Produktionsbedingungen in vielen Bereichen fragwürdig erscheinen. Dabei geht es nicht um künstlerische Freiheit und Innovation im kommerziellen Musiktheater. Die großen Musicalhäuser wurden und werden von der deutschen Politik seit Jahren großzügig mit Infrastrukturförderungen unterstützt. Musical-Theaterbauten wurden mit öffentlichen Geldern gefördert, Traditionshäuser wie das Theater des Westens in Berlin für symbolische Summen an private Betreiber abgegeben. Die größte kommerzielle Musical-Produktionsfirma, die Stage Entertainment, erhielt staatliche Unterstützungsleistungen im Rahmen des NEUSTART KULTUR-Programms nach der Corona-Pandemie. Zudem werden kommerzielle Musicals vorbehaltlos für die großstädtische Tourismuswerbung genutzt, wie etwa der Slogan »Musicalmetropole Hamburg« belegt. Der deutsche Staat hat außerdem an mehreren Hochschulen in den 1990ern

10 »Medienkonglomerate wie Disney produzieren nicht nur harmlose Unterhaltung, uneigennützige Nachrichten und unbegrenzten Zugang zum Informationszeitalter; sie sind auch nicht unabhängig von den Sphären der Macht, der Politik und der Ideologie. Die Anerkennung des Vergnügens, das Disney bietet, sollte keinesfalls darüber hinwegtäuschen, dass es bei Disney um mehr als Unterhaltung geht.« (Übers. d. A.)

eigene Studiengänge gegründet, um Darsteller*innen für diesen Markt auszubilden. Eine Untersuchung der Inhalte der Werke, der Methoden der Aneignung sowie der rassifizierenden Besetzungspraktiken und ihrer Auswirkungen soll dazu anregen, darüber nachzudenken, ob sich diese Stücke und ihre Produktionsweisen mit den demokratisch legitimierten Werten der Inklusion und Antidiskriminierung vereinbaren lassen. Die Filmwissenschaftlerin Amy Davis hat die Notwendigkeit dieser Diskussion vor einigen Jahren mit den Worten zusammengefasst:

> »In discussing Disney, we are discussing not just a film studio, not just a corporation, but a significant aspect of Western popular culture. Not to discuss it is to ignore one of the greatest forces of the twentieth and twenty-first centuries.«[11] (Davis 2019, 13)

Es ist kein Geheimnis, dass der Disney-Konzern sich freizügig Geschichten und Musiken anderer Kulturen aneignet, aber schnell reagiert, wenn es um den Schutz seiner eigenen Urheberrechte geht. Selbst kleine, unwesentliche Fälle unerlaubter Nutzung seiner Zeichentrickfiguren verfolgt er (Wasko 2001, 83–86; Grover 1992, 335–359). Ich kann mir vorstellen, dass sich das Unternehmen dagegen wehren wird, wenn ich sein weitgehend makelloses Image in Deutschland durch dieses Buch in Frage stelle. Als *weißer* Deutscher bin ich mir aber meiner historischen Verantwortung für die deutsche Kolonialzeit und den von meinem Land ausgegangenen Rassismus im 20. Jahrhundert bewusst. Ich fühle mich ebenso der demokratischen Grundordnung unserer Gesellschaft verpflichtet, die sich besonders in den letzten Jahren durch verstärkte Migration nachhaltig verändert hat. Deswegen halte ich es für notwendig, darüber zu diskutieren, wie wir in diesem Land ein faires, gleichberechtigtes und diskriminierungsfreies Miteinander auch in unserem Kulturleben verwirklichen können. Dieser Zustand ist nicht erreicht, solange beispielsweise Schwarze Musicaldarsteller*innen gecastet werden, die auf der Bühne Affen verkörpern, dabei Rasta-Perücken tragen und sich in

11 »Wenn wir über Disney sprechen, sprechen wir nicht nur über ein Filmstudio, nicht nur über ein Unternehmen, sondern auch über einen wichtigen Aspekt der westlichen Populärkultur. Nicht über Disney zu sprechen hieße, eine der größten Kräfte des 20. und 21. Jahrhunderts zu ignorieren.« (Übers. d. A.)

einer von der afrobrasilianischen Capoeira inspirierten Choreographie bewegen wie in Disneys Musical *Tarzan*.

Struktur des Buches

Das Buch gliedert sich in drei Abschnitte, in denen ich mich in verschiedenen Analysezyklen nach und nach den unterschiedlichen Perspektiven auf die Disney-Musicalproduktionen widme. Nach einer allgemeinen Darstellung der deutschen Musicalszene und einer Beschreibung von Disneys Weltmusik-Musicals werden im ersten Hauptteil die Handlungen, Kompositionen und Inszenierungen der Stücke mit Text- und Musikanalysen deduktiv untersucht. Anhand postkolonialer und rassismuskritischer Forschungsansätze erfolgt eine Analyse der Drehbücher und Libretti. Dadurch wird deutlich, welche kolonialen und rassistischen Muster in den Filmen und Musicals reproduziert werden. Anschließend wird die Vertonung der Werke unter dem Aspekt der Verbreitung von Weltmusik betrachtet und aufgezeigt, nach welchen Kategorien *weißer* Überheblichkeit der Disney-Konzern die Kreativteams zusammenstellt und welche Methoden diese bei ihren Kompositionen anwenden. Schließlich werden verschiedene Formen kultureller Aneignung und rassifizierender Kategorien analysiert, die sich in den Inszenierungen im Bühnenbild, bei den Kostümen und in der Maske sowie in den Besetzungspraktiken manifestieren. Die Gestaltung der visuellen Ebene setzt sich in gleicher Weise in Merchandising-Produkten fort. Im zweiten Teil geht es um die unterschiedlichen Rezeptionen der Werke. Ausgehend von einer induktiven ethnographischen Untersuchung von Publikumsreaktionen und qualitativen Interviews mit Fans wird unter der Fragestellung eines kritischen Bewusstseins für rassistische Diskriminierung analysiert, warum die problematischen Elemente der Produktionen in der deutschen Presse kaum Beachtung finden. Als Untersuchungsmaterial bieten sich hier Rezensionen und Zeitungsartikel an, da sie die einzige kontroverse öffentliche Diskussion darstellen, die von Personen geführt wird, die sich mit den Stücken und der deutschen Musicalszene beschäftigen. Daran schließt sich der dritte Teil an, der sich damit beschäftigt, warum die problematischen Inszenierungsformen von PoC kaum thematisiert werden. Dies beinhaltet eine übergreifende Darstellung der Struktur des Disney-

Konzerns und eine qualitative Inhaltsanalyse von Aussagen ausgewählter PoC-Darsteller*innen. Erweitert wird der Blick auf das Feld durch eine Darstellung der Aktivitäten im Bereich von Diversity, wie sie betriebsintern von der Stage Entertainment durchgeführt werden und künstlerisch in den Projekten des Studiengangs Musical/Show an der Universität der Künste (UdK) Berlin zu erkennen sind. Daran lässt sich die herausfordernde Tätigkeit ablesen, Möglichkeiten des Widerstands und des Empowerments in der Musicalszene zu finden. Im abschließenden Kapitel werden anhand exemplarischer künstlerischer Auseinandersetzungen mit dem Disney-Konzern und der Musicalszene Vorschläge unterbreitet, wie die Dominanz von Disney-Produktionen vielleicht nicht gebrochen, aber doch kreativ unterlaufen werden kann.

Die deutsche Musicalszene besteht aus vielen Akteur*innen. Ich habe versucht, alle mir erreichbaren Personen in die Untersuchungen einzubeziehen. Manche Analysen können nicht abschließend verifiziert werden, weil die dafür Verantwortlichen nicht erreichbar sind. Einige Situationen und Erlebnisse bleiben Einzelfallbeschreibungen. Ich habe mich bemüht, ein breites Bild der Diskussionen um Disney-Musicals von PoC und *weißen* Personen abzubilden und nehme die verschiedenen Meinungen, Erfahrungen und Biographien der Befragten ernst. Alle Beteiligten tragen meiner Meinung nach bewusst oder unbewusst Verantwortung für den aktuellen Zustand der deutschen Musicalszene. Meine Recherchen zeigen aber auch, dass politische Einstellungen und Engagement für Gerechtigkeit nicht immer an der Hautfarbe festzumachen sind.

Solche kritischen Untersuchungen mögen für einen Teil der Leserschaft zunächst überraschend klingen. Dies liegt daran, dass Disneys Musical-Produktionen in den letzten zwanzig Jahren unhinterfragt eine wirtschaftlich dominierende Funktion übernommen haben, ohne die die deutsche Musicallandschaft nicht mehr denkbar wäre.

»Mein, mein, mein!«
Der Disney-Konzern und die deutsche Musicalszene

Rettung oder neue Abhängigkeit?

Für die deutsche Musicalszene der kommerziellen Großproduktionen kam Disneys *Der König der Löwen* 2001 wie eine Retterin in der Not. Nach einer Wachstumsphase zu Beginn der 1990er-Jahre mit zahlreichen Spielstätten in deutschen Großstädten ließ die Publikumsnachfrage nach den seit Jahren laufenden Stücken zum Ende des Jahrzehnts nach. Die Erfolgskomponisten Andrew Lloyd Webber (*1948) und Claude-Michel Schönberg (*1944) erreichten mit ihren neuen Werken keine Laufzeiten mehr, die für einen en-suite Betrieb[12] wirtschaftlich attraktiv waren. Zeitweise sah es sogar so aus, als würde der Markt für diese Art der Unterhaltung in Deutschland ganz zusammenbrechen. Der Disney-Konzern mit seinem immensen finanziellen Investitionskapital, mit einem in Deutschland weitgehend positiv wahrgenommenen Branding und mit einem durch die populären Zeichentrickfilme bereits vorhandenen Publikum war der ideale Partner für die Stage Entertainment, den fast monopolartigen Produzenten sogenannter Megamusicals. Auch musikalisch entsprach die Mischung aus populärer Musik und orchestralen Soundtracks den Gewohnheiten des deutschen Musicalpublikums. Dass ein Großteil der Einnahmen der Merchandising-Produkte direkt an das Unternehmen ging, wurde in Kauf genommen. Weniger bekannt ist, in welche Abhängigkeit sich die Produktionsfirma dadurch begab. Die amerikanische Journalistin Liane Bonin berichtet, dass der Disney-Konzern seit *Der König der Löwen* mit internationalen Musicalproduktionsfirmen nur noch Paketverträge mit hohem wirtschaftlichem Risiko abschließt.

12 En-suite Betrieb im Musicalbereich bedeutet, dass an einem Standort über einen längeren Zeitraum ausschließlich ein Stück gespielt wird, in der Regel 7–8 Mal pro Woche.

> »In the case of *The Lion King*, Disney has chosen to change the very rules by which the theatrical game is played. For producers who want to showcase *The Lion King* in other parts of the world, the rights are available only if they accept a package deal of five more productions. While packaging is common in the film industry, it is a rarity in theatre, when even a hit show can operate on the red for years.«[13] (Bonin in Giroux, 1999, 46)

Ein Blick auf die Spielpläne der Stage Entertainment zeigt, dass dieser Deal auch hierzulande zu gelten scheint. Die deutsche Produktionsfirma kann sich glücklich schätzen, dass die Musicals *Tarzan* und *Aladdin* in Deutschland erfolgreicher waren als in den USA, wo sie nie die Gewinnzone erreichten. Der Disney-Konzern will mit seinem Erfolgswerk, wie der Löwenjunge Simba singt, »jetzt gleich König sein« und kulturimperialistischen Einfluss auf die deutsche Musicalszene ausüben. Durch seine Lizenzierungsstrategie verdrängt er damit andere Werke, da die Aufführungsorte in Deutschland und das Publikum für dieses Genre begrenzt sind. Das Unternehmen bestimmt seither maßgeblich die Form und die Inhalte der kommerziellen Musicalszene, die in den 1980er-Jahren anders begonnen hatte.

Die deutsche Musicalszene

Mit der Uraufführung von Lloyd Webbers *Cats* (1981) etablierte sich zunächst am Londoner Westend, dann auch am New Yorker Broadway eine neue Form der Massenunterhaltung und ihrer internationalen Vermarktung. Die sogenannten Megamusicals orientierten sich nicht mehr an den Formen des Sprechtheaters, sondern dramaturgisch an den Techniken der actionreichen und handlungsorientierten Blockbuster-Drehbücher des Hollywoodkinos (besonders auffällig bei *Les Misérables* (1985) und *Das Phantom der Oper* (1986)). Musikalisch versuchten die Stücke im Gegensatz zum amerikanischen Broadway-Musical des

13 »Im Fall von *Der König der Löwen* hat Disney beschlossen, die Spielregeln für Theaterproduktionen zu ändern. Produzenten, die *Der König der Löwen* in anderen Teilen der Welt aufführen wollen, erhalten die Rechte nur, wenn sie ein Paket von fünf anderen Produktionen akzeptieren. Während Paketangebote in der Filmbranche gang und gäbe sind, sind sie im Theater selten, da dort selbst ein Erfolgsstück jahrelang in den roten Zahlen bleiben kann.« (Übers. d. A.)

frühen 20. Jahrhunderts, populäre Musikformen mit Elementen europäischer romantischer Operntraditionen zu verbinden, und präsentierten durchkomponierte Werke. Als besonders erfolgreich erwiesen sich Adaptionen populärer literarischer Vorlagen, Aktualisierungen von Opern- und Filmstoffen sowie Biographien berühmter Persönlichkeiten. Die Idee, Sportereignisse zu dramatisieren, war nur teilweise erfolgreich, ebenso wie Vertonungen des populären literarischen Genres von Kriminalromanen. Die Produktionsteams setzten auf eine illusionistische Inszenierung des Bühnengeschehens durch historisierende Kulissen und Kostüme. Vergleichbar mit den Filmkopien in der Kinobranche werden Megamusicals seither in Form von Lizenzen für identische, durchchoreographierte Inszenierungen international meistbietenden Produktionsfirmen angeboten. Wirtschaftlich erfolgreich kann nur sein, wer die Stücke bis zu acht Mal pro Woche fortlaufend in wechselnder Besetzung aufführt. Auf der Bühne stehen hauptsächlich Darsteller*innen zwischen 20 und 40 Jahren, die eine Ausbildung in populärem Gesang, Modern Dance und Schauspiel erhalten haben. Die Stimmen werden mit Funkmikrofonen abgenommen und mit einem kleinen Ensemble von maximal 40 Instrumentalist*innen abgemischt. Letztere spielen nicht immer im Orchestergraben, sondern können aus anderen Räumen übertragen werden. Im Laufe der Jahre wurden Teile des Instrumentalklangs als Playback eingespielt oder durch weitere computergenerierte Sounds ergänzt. Daneben sind spektakuläre Bühneneffekte oder Kostümideen wichtiger Bestandteil der Megamusicals: seien es die tanzenden Katzen in *Cats* oder die auf Rollschuhen fahrenden Züge in *Starlight Express* (1984), der über dem Publikum schwingende Kronleuchter in *Das Phantom der Oper*, der Hubschrauber auf der Bühne in *Miss Saigon* (1989) oder der fliegende Teppich in *Aladdin* (2011). Ohne ein solches Alleinstellungsmerkmal, das nur durch den individuellen Besuch zu erleben ist, können Musicals nicht über Jahre hinweg ein Publikum in dieser Größenordnung anziehen. Darüber hinaus entwickelten die Produzenten seit Beginn der 1980er-Jahre ein einheitliches Branding ihrer Werke mit rechtlich geschützten Bildern, Logos und Merchandising-Artikeln, das den Kreativteams der Uraufführungen eine dauerhafte Beteiligung an den Einnahmen aller weltweiten Aufführungen sicherte. Lloyd Webber gründete gar mit The

Really Useful Group eine eigene Produktionsfirma, die sich weitgehend auf die Vermarktung seiner Werke konzentriert.

Erhalten blieb das Konzept eines Musiktheaterwerkes, das auf den individuellen Ideen eines Komponisten und Librettisten beruht, auch wenn diese weitere Personen für das Libretto und Arrangement engagierten. Die Genialität der Einfälle von Komponisten wie Lloyd Webber oder Schönberg wurde zunächst nicht in Frage gestellt und deren Misserfolge von Neuproduktionen in den 1990er-Jahren zunächst in Kauf genommen (Sternfeld 2006).

Anders als in der österreichischen Hauptstadt Wien, wo die britischen Megamusicals in den 1980er-Jahren rasch in einem Verbund von drei Bühnen gezeigt wurden, verlief die Entwicklung von Musical-Großproduktionen in Deutschland zunächst schleppend. Den Anfang machte *Cats*, das ab 1986 fast 15 Jahre lang ununterbrochen im Hamburger Operettenhaus aufgeführt wurde. Daraus entwickelte sich das Konzept kommerzieller Langzeitproduktionen in neu errichteten Theatergebäuden mit mehr als 1.500 Sitzplätzen in verschiedenen deutschen Städten (*Starlight Express* in Bochum ab 1988, *Das Phantom der Oper* in Hamburg ab 1990, *Miss Saigon* in Stuttgart ab 1994, *Les Misérables* in Duisburg ab 1996, *Der Glöckner von Notre Dame* in Berlin ab 1999).

Wolfgang Jansen (2008) und Jonas Menze (2018) zeichnen in ihren Büchern die Entwicklung der deutschen Musicalszene detailliert nach. Der folgende Überblick soll nur grundlegende Entwicklungslinien und Unterschiede der Produktionen im Vergleich zu Disneys Musicals aufzeigen. Das Megamusical hatte in Deutschland anfangs einen so hohen Neuigkeitswert, dass insbesondere mit den opernhaften Stücken der 1980er-Jahre Publikumsschichten bis ins Bildungsbürgertum erreicht werden konnten. Mit *Starlight Express* zeigte sich jedoch, dass vor allem die sportbegeisterte Mittelschicht angesprochen werden musste, um langfristig erfolgreich zu bleiben. Statt eines Theaterviertels wie im Londoner Westend oder am New Yorker Broadway setzten sich in Deutschland dezentrale Produktionen in einzelnen Großstädten durch, die sich zugleich mit städtetouristischen Angeboten verbinden ließen und über Busreiseveranstalter vermarktet wurden. Die Einrichtung von staatlichen Musicalstudiengängen und privaten Musicalschulen sollte diese Szene fördern und deutsche Darsteller*innen mit der Dreifachqualifikation Musical-Gesang, Tanz und Schauspiel für die Produktionen ausbilden. Waren die Anfangsjahre von Einzelproduzenten wie Friedrich Kurz (*1948) und Rolf Deyhle (1938–2014) geprägt, entstand später die monopolartige Produktionsfirma Stella AG, die nach ihrer Insolvenz 1999 zunächst vom Konzertveranstalter Peter Schenkow (*1954) übernommen wurde, bis sie 2002 in den Besitz der internationalen Stage Holding Gruppe von Joop van den Ende (*1942) überging. Der seit 2005 unter dem Namen Stage Entertainment agierende Unterhaltungskonzern mit Hauptsitz in Amsterdam produziert europaweit verschiedene Bühnenshows. Deutschland ist dabei sein größter Markt. Von 2003 bis 2017 besaß das Unternehmen mit der Joop van den Ende Academy eine eigene Ausbildungsstätte für Musicaldarsteller*innen in Hamburg. Seit 2018 gehört Stage Entertainment dem amerikanischen Medienunternehmen Advance Publications.

Nach einem ersten Hype mit fast einem Dutzend neu eröffneter kommerzieller Musicaltheater, die von verschiedenen Produzenten betrieben und oft auch von der öffentlichen Hand in der Hoffnung auf wachsende Tourismuszahlen unterstützt wurden, hat sich das Angebot in den 2000er-Jahren in Deutschland reduziert. Ein direktes Engagement von Lloyd Webbers The Really Useful Group mit einem Standort bei Frankfurt und einem in der Schweiz endete bereits nach wenigen Jahren mit Verlusten. Es kam zu einer Konzentration der von der Stage Entertainment produzierten Stücke auf die Großstädte Hamburg (vier Bühnen), Stuttgart (zwei Bühnen) und Berlin (zwei Bühnen). Diese tauschen inzwischen regelmäßig einen Teil ihrer Produktionen untereinander aus. Als letzter Standort im bevölkerungsreichen Ruhrgebiet wurde 2020 das Stage Metronom Theater in Oberhausen abgegeben. Die Produktionsfirma Semmel Concerts versucht ab Ende 2024 dieses Musical-Theater mit kleineren Produktionen wiederzueröffnen. Lediglich der *Starlight Express*, der beständig von einer eigenständigen Gesellschaft produziert wurde, erlebt seit 1988 ununterbrochen in Bochum Aufführungen und wurde bis 2018 von 16,5 Millionen Zuschauer*innen gesehen. Ein Standort für Megamusicals im finanzstarken Bundesland Bayern hat sich erstaunlicherweise nie durchgesetzt, sieht man von dem zeitweiligen privaten Betrieb des Festspielhauses Neuschwanstein und Produktionen mit kürzeren Laufzeiten am Deutschen Theater München ab.

Die Gründe für den Rückgang der Musicalstandorte sind zunächst wirtschaftlicher Natur. Zum einen erfordern Musiktheaterproduktionen enorme Investitionen und haben hohe laufende Kosten, so dass sie sich privatwirtschaftlich nur rechnen, wenn sie über mehrere Jahre ausverkauft laufen. Nach den überwältigenden Erfolgen der Übernahmen von Westend-Produktionen in den 1980–90er-Jahren wurde ein Mangel an vergleichbar populären Werken deutlich. Neue Großproduktionen in England oder den USA hatten kürzere Laufzeiten und waren damit für den deutschen Markt mit seinen festen Strukturen wenig attraktiv. Einige Werke Lloyd Webbers erlebten in Deutschland nur noch einzelne Aufführungen an Stadt- und Landestheatern. Schönberg zog sich nach zwei Misserfolgen in den 1990er-Jahren ganz aus der Musicalsparte zurück. Gleichzeitig entstand der Wunsch nach deutschsprachigen Eigenproduktionen, die sich aber nicht dauerhaft und international durchsetzen konnten. Ausnahmen bilden nur die österreichischen Produktionen *Elisabeth* (1992) und *Mozart!* (1999) von Sylvester Levay und Michael Kunze sowie *Tanz der Vampire* (1997) von Jim Steinman und Michael Kunze. Zudem reagierten die zahlreichen Stadt- und Landestheater auf die private Konkurrenz mit eigenen Musicalproduktionen von Werken, die nicht exklusiv lizenziert waren, mehr künstlerische Freiheit boten und intellektuellen Anspruch besaßen als die englischen und amerikanischen Großproduktionen. Damit wurde diesen ein Teil des bildungsbürgerlichen Publikums wieder abgeworben. Die Musicalproduktionsfirmen versuchten, diese Abwanderung durch ein neues Publikumssegment zu ersetzen und präsentierten ab den 2000er-Jahren eine Reihe von sogenannten Jukebox-Musicals, deren Handlung mit Songs aus dem Pop- und Schlagerbereich untermalt wurden. In diesen Jahren investierten auch einige private Unternehmen mit unterschiedlichem Erfolg in Tourneeproduktionen nationaler und internationaler Musicals. Die zum Teil mit geringen finanziellen Mitteln realisierten Stücke führten zu einer gewissen Enttäuschung beim deutschen Publikum, das mit der Bezeichnung Musical hohe qualitative Erwartungen verband und in der Folge nicht mehr vorbehaltlos verhältnismäßig teure Eintrittskarten für unbekannte Werke kaufte.

Grundsätzlich stellt die Produktion von kommerziellen Megamusicals eine hohe und riskante Investition dar. Ein Musicalbesuch im unteren

Preissegment entspricht in der Regel dem mittleren bis oberen Preissegment deutscher staatlich subventionierter Opernhäuser oder Theater. Dies brachte Produzenten wie Rolf Deyhle auf die Idee, eine Querfinanzierung durch die Verknüpfung des Musicalbesuchs mit weiteren Konsumangeboten zu erreichen, die ebenfalls zu seinem Unternehmen gehörten. Anders als in Wien entschied er sich in Deutschland für die Investition in Theaterneubauten. Sein erstes eigenes Haus in Stuttgart-Plieningen zeugt bis heute von diesem Konzept. In den 1990er-Jahren übernahm er das Hotel Schwaben International (SI) an der Stadtgrenze, das durch die Nähe zum Flughafen und zum Stammsitz der Benz AG verkehrstechnisch sehr gut mit dem Umland verbunden war, und baute daneben eine eigene Musicalhalle sowie ein Erlebnisbad und eine Spielbank. Wenige Jahre später folgten ein Cinemaxx-Kino sowie eine zweite Musicalbühne und weitere Hotels mit Bars und Restaurants. Dieser Erlebniskomplex soll die Besucher*innen bewusst dazu animieren, ihr Geld ausschließlich hier auszugeben und nicht die Angebote der Stadt Stuttgart wahrzunehmen, die für ihr umfangreiches Kulturleben mit mehreren Theatern, einer Oper sowie zahlreichen Möglichkeiten zum konsumorientierten Ausgehen bekannt ist. Für ein Wochenende soll ein Publikum aus dem Umland nun ins Musical gelockt werden, das nie eine Oper oder ein Stadttheater besucht. Solange es auf dem Areal in Plieningen bleibt, verdient die Stage Entertainment mehr an den Zusatzangeboten als an den Veranstaltungstickets.

Trotz der Konzentration auf wenige Großproduktionen in Deutschland und einer Vielzahl kleinerer staatlicher und privater Aufführungen ist die deutsche Musicalszene nach wie vor vielfältig. Eine vergleichbare Dichte an Produktionen gibt es in Europa neben dem Londoner Westend nur noch in Wien und in den Niederlanden. In Frankreich hat das eigene Genre des französischen Musicals zwar einen festen Platz im Musikleben, allerdings haben die Stücke dort kürzere Laufzeiten und sind oft als Tourneeproduktion entwickelt. Da sie sich weitgehend an französischer Popmusik orientieren, lassen sie sich kaum außerhalb des Landes vermarkten. In keinem anderen europäischen Land außerhalb Englands gibt es vergleichbare En-suite-Produktionen wie in Deutschland. Für den Disney-Konzern ist das Land damit ein zentraler Partner für die Bühnenfassungen seiner Zeichentrickfilme, die ansonsten nur in den USA, Großbritannien, Japan, Australien, den Philippinen und Schweden über einen längeren Zeitraum aufgeführt werden. Kürzere Produktionsperioden und Tourneen gibt es allerdings in weiteren Ländern.

Disneys Musical-Sparte

Disneys Einstieg in die Musicalbranche

Disneys Musicalproduktionen sind eine Steigerung des von Lloyd Webber in den 1980er-Jahren im Londoner Westend begonnenen Vermarktungskonzepts. Der börsennotierte Disney-Konzern betreibt internationale Massenunterhaltung und will in erster Linie nicht Kultur fördern, sondern wirtschaftlichen Gewinn machen. Das Scheitern soll gezielt minimiert werden, indem der individuelle künstlerische Ausdruck Marktforschungsstrategien weicht (Wasko 2001, 186–195). Das schlägt sich nieder in einer größeren Spezialisierung und Arbeitsteilung in allen Bereichen der Produktentwicklung, verbunden mit hohen Investitionen in die bestmögliche technische Umsetzung der effektvollen Shows, so dass die Endprodukte von der Konkurrenz in diesem Bereich nicht zu übertreffen sind. Die wirtschaftliche Ausrichtung setzt sich fort in einem größeren Angebot von Merchandising-Produkten, Formen der Cross-Promotion mit Coverversionen der Filmsongs durch internationale Topstars, mehrteiligen TV-Casting-Serien für die Bühnenproduktionen oder kurzen Showausschnitten in den Disney-Freizeitparks (Hermanson 2005). Musicals sind nur ein Teil einer umfassenden Produktpalette unter einem Label innerhalb einer globalen Unterhaltungsindustrie (vgl. Klein 1999). Der größte Gewinn wird nicht mit den Stücken, sondern mit dem Merchandising gemacht. Oder um es anders auszudrücken: Die Musicals sollen die Merchandising-Produkte bewerben (Davis 2019).

Für viele unerwartet kam der Einstieg des Disney-Konzerns in das Musicalgeschäft und dessen überwältigender internationaler Erfolg. Das 1923 von den Brüdern Walt und Roy Disney gegründete Medienunternehmen mit einem Fokus auf Kinder-Zeichentrickfilmen und Freizeitparks geriet nach dem Tod der Gründer in den 1970er-Jahren in eine ernsthafte Krise. Michael Eisner und Frank Wells sanierten den Konzern ab 1984, indem sie die Produktionskosten senkten, die Einnahmen erhöhten und die Produktpalette erweiterten. Dazu gehörten neben einer Filmproduktionsgesellschaft für ein erwachsenes Zielpublikum, für die Jeffrey Katzenberg zuständig war, eigene Fernseh- und Radiosender, der Ausbau der Freizeitparks mit eigenen Hotels, die Gründung einer Kreuzschifffahrtslinie, der Bau einer Planstadt namens Celebration in den USA, der Vertrieb von Videokassetten, die Gründung eines Musiklabels und eines Verlages vor allem verstärkte Aktivitäten im Bereich des Merchandising. So gelang es, innerhalb eines Jahrzehnts die Gewinne und den Aktienwert zu vervielfachen (Grover 1992; Eisner 1999; Stewart 2006). In den 1990er-Jahren erlebte der Zeichentrickfilm eine Renaissance und Popularität, die vor allem auf neue Animationstechniken und eine neue Dramaturgie der Handlungen zurückzuführen ist. Außerdem steuerten bei der musikalischen Gestaltung erstmals Musiker aus dem Bereich der Broadway Musicals und der populären Musik einzelne Songs zu den Filmen bei, wodurch diese auch über die Musik vermarktet werden konnten.

Seit 1994 ist der Disney-Konzern in der Musicalszene am Broadway aktiv. Auch wenn Michael Eisner in seiner Autobiographie dafür nur seine persönliche Vorliebe für das Theater angibt (1999, 334), ist offensichtlich, dass Disney bei der Breite seiner Geschäftstätigkeiten nicht den Markt der Megamusicals, der sich am Broadway seit den 1980ern entwickelt hatte, ignorieren konnte. Disney Theatrical Productions erwarb mit dem New Amsterdam Theatre eine eigene Spielstätte und eröffnete gleich nebenan einen Disney-Store für Merchandising-Produkte (Stein 2011, 147–163). Die Investitionen trugen zur Wiederbelebung des Theaterviertels bei, das in den Jahren zuvor an Attraktivität verloren hatte (Wasko 2001, 47–48). Unter der Leitung von Geschäftsführer Thomas Schumacher entstand das Konzept, aus erfolgreichen Zeichentrickfilmen für Kinder und Jugendliche erweiterte Bühnenversionen für Familien zu entwickeln. Was auf den ersten Blick als Zweitverwertung erscheinen mag, ist in der Musicalbranche auch außerhalb von Disney-Produktionen durchaus eine erfolgsversprechende Methode, wie Musicals nach Filmvorlagen beweisen (*Sunset Boulevard*, *The Producers*, *Tanz der Vampire* oder *Monty Python's Spamalot*). Ein wirtschaftlicher Erfolg kann auch umgekehrt funktionieren, wie die Verfilmungen von Musicals wie *The Rocky Horror Show*, *Mamma Mia!*, *Les Misérables* oder *Evita* zeigen. Das erste Bühnenstück war *Die Schöne und das Biest*, dessen Handlung auffällig an *Das Phantom der Oper* erinnert. Offensichtlich zielte der Disney-Konzern von Anfang darauf ab, mit seinen Produkten das Publikum der Megamusicals zu umwerben, zu dem das Unternehmen bislang keinen Zugang hatte. Gleichzeitig brachte es ein an den eigenen Produkten vorgeprägtes Familienpublikum mit, das zuvor nicht zu den typischen Musicalbesucher*innen zählte und mit deren Sehgewohnheiten nicht vertraut war. Bald ging es aber nicht mehr nur darum, andere Musicals zu imitieren, sondern ein eigenes Genre an Werken zu etablieren.

Die Weltmusik-Filme und Musicals

Bei den Disney-Musicals, die in diesem Buch zu einem Genre zusammengefasst werden, handelt es sich um eine Reihe von Zeichentrick- und Animationsfilmen sowie deren Bühnenversionen mit Handlungsorten in nicht-westlichen Kulturen. Das erste Produkt war der in Indien spielende Zeichentrickfilm *Das Dschungelbuch* (1967). Fortgesetzt wurde das in den 1990er-Jahren mit dem in einem arabischen Land spielenden *Aladdin* (1992). Es folgten dicht aufeinander die Filme *Der König der Löwen* (1994) über das Schicksal einer afrikanischen Löwenfamilie, *Pocahontas* (1995) über die Begegnung europäischer Kolonisatoren mit einem indigenen Volk in Nordamerika und *Mulan* (1998) über eine als Mann verkleidete Kriegerin im Alten China. In *Tarzan* (1999) lebt ein *Weißer* mit Affen im 19. Jahrhundert in Afrika, und *Ein Königreich für ein Lama* (*The Emperor's New Groove*) (2000) schildert einen Thronstreit bei den südamerikanischen Inkas. Nach mehr als einem Jahrzehnt Pause wurde die Strategie mit den 3D-Animationsfilmen *Vaiana (Moana)* (2016), der von einem Götterkampf in Polynesien handelt, und *Encanto* (2021) mit einer kolumbianischen Familiengeschichte wieder aufgenommen. Erfolgreiche Zeichentrickfilme wurden als Actionfilme erneut real mit zusätzlichen 3D-Animationen verfilmt: *Das Dschungelbuch* (2016), *Der König der Löwen* (2019), *Aladdin* (2019) und *Mulan* (2020). Daneben entstanden Fortsetzungen und Spin-offs für den TV- und Videomarkt, auf die ich aber nur am Rande eingehen werde, wie z.B. *Der König der Löwen 2: Simba's Pride*, *Pocahontas 2: Journey to a New World* oder *Tarzan II*, da sie alle bei weitem nicht die Aufmerksamkeit wie die Erstversionen erhielten. Hinzu kommt das in Ägypten spielende Stück *Aida* (1998), von dem es nur eine Musicalversion gibt. Von den Zeichentrickfilmen

Aladdin, *Der König der Löwen* und *Tarzan* gibt es Bühnenfassungen, die seit Jahren in Deutschland aufgeführt werden. Beliebte Filmsongs werden darüber hinaus in tourenden Disney-Galas präsentiert. Dieses Repertoire wird auch im Musical-Gesangsunterricht und bei Castings verwendet.

Nicht zu dem Genre zähle ich hingegen Disney-Filme, die sich mit Rassismus innerhalb der amerikanischen Gesellschaft auseinandersetzen, wie *Küss den Frosch* (*The Princess and the Frog*) (2009), oder die in einer imaginierten amerikanischen Tiergesellschaft mit rassistischen Unterscheidungen spielen, wie *Zootopia* (*Zoomania*) (2016). Ebenso werde ich nicht auf die märchenhaften Zeichentrick- und Animationsfilme eingehen, die im europäischen Kontext verankert sind und teilweise das Thema Rassismus ebenso behandeln, wie *Arielle, die Meerjungfrau (The Little Mermaid)* (1989) oder *Der Glöckner von Notre-Dame (The Hunchback of Notre-Dame)* (1996). Von diesen Filmen gibt es auch Bühnenfassungen, an denen zum Teil dieselben Kreativteams beteiligt waren, sie konstruieren aber kein Bild von einer nicht-westlichen Kultur. Die Animationsfilme der seit 2006 zum Disney-Konzern gehörenden Pixar Studios werde ich ebenso nicht näher in die Untersuchung einbeziehen. Sie behandeln zwar vergleichbare Themen wie *Coco* (2017) oder *Soul* (2020). Bislang ist aber nicht erkennbar, dass daraus Musicalversionen entstehen sollen.

Der Disney-Konzern steht mit dieser Ausrichtung auf nicht-westliche Handlungsorte nicht allein. Vergleichbare Thematiken finden sich auch in anderen Zeichentrick- und Animationsfilmen sowie deren Bühnenadaptionen, wie z.B. *Der Prinz von Ägypten* (1998), *Der Weg nach El Dorado* (2000) oder *Madagascar* (2005) von DreamWorks Animation, das der ehemalige Disney-Manager Jeffrey Katzenberg 1994 mit Steven Spielberg und David Geffen gründete. Dieses Unternehmen arbeitete teilweise auch mit denselben Kreativteams wie der Disney-Konzern zusammen. Die Filme und Musicalversionen werden jedoch anders vermarktet, da diese Filmstudios nicht als globale Unterhaltungskonzerne agieren.

Vom Drehbuch zum Libretto

Disneys Zeichentrick- und Animationsfilme sind hauptsächlich für Kinder und Eltern der westlichen *weißen* Mittelschicht gedacht. Damit beide Zielgruppen angesprochen werden, beinhalten sie einerseits märchenhafte und magische Elemente, die sich an der westlichen Kinderliteratur orientieren, anderseits abgemilderte Erzähltechniken aus Hollywood-Filmgenres für Erwachsene. Zu letzterem gehören die obligatorischen rasanten Verfolgungs- und virtuosen Kampfszenen, die eine Vorstufe des Actionfilmgenres darstellen. Die Bösewichte werden in Form der negativen Figuren aus Thrillern und Krimis charakterisiert. Elemente der Komödie bilden sich in den mit Slapstick versehenen Beziehungen zwischen den Hauptfiguren und ihren Begleittieren ab. Das Genre der romantischen Liebesgeschichte wird zusammen mit einer Coming-of-Age-Handlung erzählt. Die Frage nach Familienzusammenhalt oder Zugehörigkeit zu einer bestimmten gesellschaftlichen Gruppe durchzieht alle Disney-Filme und bietet damit für dieses Publikum in jedem Alter positive Identifikationsfiguren.

Durch die Erzähltechniken dieser Disney-Filme werden die Kinder auf das Hollywood-Kino für Erwachsene vorbereitet, damit sie später auch Realfilme der verschiedenen Genres konsumieren. Die Zeichentrickfilme sind sozusagen die Alkopops für die großen Blockbuster, für die der Disney-Konzern wiederum eine eigene Produktionsfirma besitzt. Diese bewusste Strategie lässt sich zum einen daran erkennen, dass einige Zeichentrickfilme auf Realfilmvorlagen beruhen wie *Tarzan* oder *Aladdin*. Andere stellen entfernte Imitationen erfolgreicher Realfilme dar, wie *Pocahontas* (1995) als Kinderversion von *Der mit dem Wolf tanzt* (1990) oder *Vaiana* (2016) als harmlosere Variante von *Der Herr der Ringe* (2001–2003). Auch die Auswahl der Schauplätze in nicht-westlichen Kulturen folgt bereits erfolgreichen Realfilmen. So lassen sich in der Eingangssequenz von *Der König der Löwen* animierte Variationen der Überflugszenen aus *Jenseits von Afrika* (*Out of Africa*) (1985) erkennen oder in *Mulan* eine animierte Fassung der Verbotenen Stadt in Peking, wie sie durch *Der letzte Kaiser* (*The Last Emperor*) (1987) dem Filmpublikum bekannt war. Zitate aus anderen Erwachsenenfilmen sind mehrfach zu erkennen, wie etwa die Faschismus-Phantasie »Waiting for the Worms« aus Pink Floyds *The Wall* in Scars Lied »Seid bereit (Be Prepared)« in *Der König der Löwen*. Anderseits stellen die Realverfilmungen von Disneys Zeichentrickfilmen in den letzten Jahren Remakes für Erwachsene dar, die dem Action-, Martial Art- und Thrillerbereich zuzuordnen sind. Damit soll ein Publikum erneut abgeholt werden, das in seiner Kindheit bereits die Zeichentrickfilme gesehen hat.

Für den Bereich der Musicalversionen ist der Disney-Konzern ebenfalls an einem Familienpublikum interessiert, das die Filmhandlungen erneut mit Livemusik und als Bühnenshow sehen möchte. Der Hintergedanke bei der Produktionsform ist, dass auf diese Weise mehrere Karten auf einmal verkauft werden können und zugleich das Musicalpublikum der Zukunft gewonnen wird. Dazu müssen die filmischen Genreelemente auf Formen der Bühneninszenierung transformiert werden. Um die actionreichen Handlungsverläufe in den Filmen überhaupt auf einer Bühne präsentieren zu können, orientieren sich Disneys Musicals weniger an dem europäischen Musik- oder Sprechtheater, sondern an Techniken des unterhaltenden Schaugewerbes wie karnevalesken oder gruseligen Verkleidungen, Zirkus- und Artistiknummern und Zauber- oder Bühneneffekten. Die Stücke besitzen zwar eine Handlung, die eher schwachen Dialoge und wenig originellen Gesangstexte zeigen aber, dass es den Kreativteams weniger um eine komplexe und dramatische Handlungsentwicklung geht, bei der die Charaktere ihre Gefühle reflektieren, sondern vorrangig um eine effektvoll inszenierte Bühnenshow. Dementsprechend muss die musikalische Gestaltung an das neue Genre angepasst werden.

Vom Soundtrack zum Musical

Die Produktion von Disneys Zeichentrick- und Animationsfilmen folgt zunächst dem Prinzip, dass ein*e Filmkomponist*in einen klassischen orchestralen Hollywood-Soundtrack erstellt. Im Stil von romantischen Opern und Operetten des 19. und 20. Jahrhunderts wird mit den Mitteln westlicher Instrumente das Lokalkolorit des jeweiligen Handlungsortes erzeugt, die sogenannte ›coleur locale‹. Diese kann durch nicht-westliche Instrumente ergänzt werden, um exotische Klangfarben zu integrieren. Auch die den jeweiligen Kulturen zugeschriebenen Rhythmen und Musikgenres werden imitiert. Die Action- oder Verfolgungsszenen gleichen dagegen dem musikalischen Standard von amerikanischen Hollywoodfilmen. Andere Komponisten, meist international erfolgreiche Popmusiker, schreiben dazu bis zu zehn Lieder, die sie selbst einsingen oder die von den Hauptfiguren gesungen werden. Diese sind entweder im jazzigen, swingenden Broadway-Stil gehalten oder orientieren sich an Genres der Pop- und Weltmusik. Die Lieder folgen gewissen Standards, die in allen Filmen zu finden sind: Die Eröffnungsnummer wird von einem Solo mit

Chor gesungen und führt in die Geschichte ein; der ›I want‹-Song der Hauptperson schildert ihre Sehnsüchte; verschiedene Nummern stellen Charakterbeschreibungen einzelner Personen dar, darunter die Selbstvorstellung des Antagonisten und das Lied des komödiantischen Freundes oder der Freundin, das auf einer Lebensweisheit beruht; das Liebesduett; sowie das Selbstreflexionslied der Hauptperson mit spirituellem Inhalt oder im Duett mit einer religiösen Autorität. Durch die Arbeitsteilung von Soundtrack und Filmsongs entstehen zwei unterschiedliche, oft hörbar voneinander getrennte musikalische Ebenen. Eine Ausnahme bilden die Kompositionen von Alan Menken, der sowohl den Soundtrack als auch die Lieder schreibt und damit relativ einheitliche musiktheatralische Werke schafft.

Die Filmsongs sind auf Hitpotential ausgelegt, das der Disney-Konzern durch mehrere Strategien zuverlässig zu erreichen versucht: Zum einen sollen die internationalen Musiker mit ihren bisherigen Erfolgen weitere Hits garantieren und die eigene Fangemeinschaft zum Konsum des Films animieren. Darüber hinaus stellen insbesondere die Balladen und Liebesduette vielfach Variationen von Melodien dar, die in der westlichen Welt bereits bekannt sind und die durch Metrum- und Tempoänderungen sowie kleinere Eingriffe abgewandelt werden. Der Ohrwurmcharakter bestimmter Disney-Songs deutet häufig darauf hin, dass populäre klassische Melodien bei der Entwicklung Pate gestanden haben. So erinnert der Refrain von Phil Collins »Dir gehört mein Herz (You'll Be In My Heart)« aus *Tarzan* an die Titelmelodie des Films *Love Story* (1970) oder Alan Menkens Strophe »In meiner Welt (A Whole New World)« aus *Aladdin* sowohl an den Erfolgssong »Some Enchanted Evening« aus dem Musical *South Pacific* sowie an Johannes Brahms' ersten Ungarischen Tanz in g-Moll. Diese Methode hat im Musicalbereich eine jahrzehntelange Tradition, wie z.B. Lloyd Webbers »Memory«-Melodie aus *Cats* durch eine Bearbeitung von Maurice Ravels »Bolero« entstanden ist. Solche Ähnlichkeiten zwischen klassischen Vorlagen und Eigenkompositionen sind gerade im Filmbereich nicht verwunderlich. Bei Hollywood-Produktionen ist es üblich, während der Montage von Bild und Ton Ausschnitte aus bekannten Musikstücken als vorläufige Filmmusik zu verwenden, bevor am Ende ein Komponist einen Soundtrack schreibt, der sich an den bereits ausgewählten Stilen orientiert.

Bei der Bearbeitung der Zeichentrickfilme für die Bühne werden grundlegende Änderungen an der Dramaturgie und der Musik vorgenommen. Zum einen muss aus der auf etwa 90 Minuten begrenzten Filmlänge eine Bühnenfassung von mindestens 120 bis 150 Minuten entstehen. Das ist kein einfaches Unterfangen, denn im Verhältnis zum romantischen europäischen Musiktheater fehlen in Disney-Filmen bestimmte Personenkonstellationen und deren dramatische Gesänge: Es gibt keine Dreiecksbeziehungen, keine enttäuschten Liebhaber*innen, keine gesungenen Streitsituationen und keine groß angelegten Ensemblenummern. Hinzu kommt, dass die zentralen Songs im Film nicht immer von den Hauptfiguren gesungen werden oder wichtige Nebenfiguren keine Gesangsparts haben. Deswegen übernehmen Disneys Komponisten zunächst die vorhandenen Lieder und passen sie an die Bühnenhandlung an. Dann werden etwa zehn weitere Nummern neu hinzugefügt oder aus dem Soundtrack, aus anderen Veröffentlichungen oder aus vorhandenen Fortsetzungsfilmen entnommen. Das musikalische Material wird an eine Liedstruktur angepasst und neu betextet. Gelegentlich werden weitere Komponisten um Beiträge für die Bühnenfassungen gebeten oder Lieder aus anderen Zusammenhängen in den Stücken zitiert.

Aus einem durchgehenden Film werden dann zwei etwa gleich lange Akte mit jeweils einem eigenen Spannungsbogen entwickelt. Dramaturgische Schwächen zeigen sich deswegen bei den Disney-Musicals vor allem in der ersten Hälfte des zweiten Aktes, in der neue Nebenhandlungen und längere Shownummern eingebaut werden. Schwach fallen oft auch die Showdowns am Ende des zweiten Aktes aus, die im Film nur durch dramatische Instrumentalmusik begleitet werden. Auf einer Musiktheaterbühne werden diese allerdings klassischerweise durch temporeiche Ensemblenummern im Wechsel von Chören und Solostimmen vertont. Letzteres verlangt allerdings nach kompositorischen Kompetenzen für musikalische Großformen, die oft weder Filmkomponisten noch internationale populäre Musiker besitzen.

Die oft lange und aufwendige Produktionszeit der Disney-Musicals mit mehrwöchigen Entwicklungsworkshops und Probeaufführungen ergibt sich aus diesen Herausforderungen an das Kreativteam. Die hohen Anforderungen an die Umwandlung von Zeichentrickfilmen zu Bühnenmusicals schränken den individuellen Ausdruck der beteiligten Komponisten erheblich ein. Es entstehen hybride Produkte, in denen sowohl die Filmvorlagen erkennbar bleiben müssen, die gleichzeitig innovative Bühnenversionen darstellen sollen, aber dennoch in das Konzept der bereits entwickelten Merchandising-Produktpalette passen. Diese Form der Musicalproduktion ist weit von den Stücken herausragender Komponisten- und Autorenpersönlichkeiten entfernt, für die das Broadway und das Westend im 20. Jahrhundert standen.

Auseinandersetzungen um Megamusicals in Deutschland

Der koloniale Eroberer John Ratcliffe, der Bösewicht in *Pocahontas*, verkörpert mit seinem Lied »Mein, mein, mein« idealtypisch die Haltung, mit der der Disney-Konzern seit Jahren versucht, den deutschen Musicalmarkt zu erobern. Etwa die Hälfte der von Stage Entertainment in den letzten Jahren produzierten Musicals stammt von diesem Unternehmen. Kritik oder Widerstand gegen diese Dominanz regt sich bislang in der Presse oder Bevölkerung nicht. Dabei waren kommerzielle Musicals in Deutschland nicht immer unumstritten. Im Jahr 1989 eskalierten die Proteste linkspolitischer Gruppen gegen den Bau des Theaters Neue Flora im Hamburger Schanzenviertel und die damit verbundene Massenunterhaltung derart, dass schließlich ein anderer Standort gesucht werden musste. Auch dieser Bau wurde von Demonstrationen begleitet und die Premiere von Lloyd Webbers *Das Phantom der Oper* wurde 1990 mit Polizei und Wasserwerfern geschützt.

Bei der Beschäftigung mit Disney-Musicals wundert mich, wie unwidersprochen sich ausgerechnet diese Stücke in den letzten zwei Jahrzehnten in Deutschland verbreiten konnten. Disneys Musicalproduktionen stellen weit mehr ein künstlich konstruiertes Industrieprodukt dar, das in arbeitsteiligen Prozessen unter Maßgabe von Marktforschungen entsteht, als jedes Lloyd Webber Stück. Während letztere noch künstlerischen Werkcharakter besitzen, der international einheitlich vermarktet wird, ist bei Disneys Bühnenstücken nicht zu verkennen, dass es sich nur um eine Variante einer Produktpalette handelt, in der der Film, das Merchandising oder das Computerspiel ohne Abstufungen nebeneinanderstehen, mit dem das Publikum zum mehrfachen Konsum aufgefordert werden soll. Dabei wendet der Disney-Konzern bei der Lizenzierung seiner

Stücke einen Zwang an, der offensichtlich kulturimperialistische Züge trägt. Gleichzeitig ist der Erfolg gerade dieser Musicals in Deutschland so überwältigend, dass das Genre nicht von der Presse und Wissenschaft als bedeutungslos ignoriert werden sollte.

Die folgenden kritischen Werk- und Inszenierungsanalysen sollen zunächst aufzeigen, welche gesellschaftspolitischen Aussagen in den Stücken enthalten sind, mit welchen Methoden der Disney-Konzern bei der Entwicklung der Stoffe und der Musik vorgeht und welche Aneignungsprozesse sich in den Inszenierungen finden lassen. Die Tatsache, dass sich einige ältere Theorien der postkolonialen Forschung immer noch hervorragend dazu eignen, auf den unterschiedlichen Ebenen die zentralen Elemente herauszuarbeiten, ist ein Zeichen für das konservative und rückwärtsgewandte Weltbild, das in den Werken weiterhin steckt.

Teil 1: Werk- und Inszenierungsanalysen

»Ich aber hab' das Affenleben hier satt« Orientalismus, Exotismus und Rassismus in magischen Handlungen

Rassismusvorwürfe gegenüber dem Disney-Konzern

Die Vorwürfe, dass der Disney-Konzern seit seinem Bestehen rassistische Inhalte in Zeichentrick- und Animationsfilmen verbreitet, sind nicht neu. Belege finden sich in wissenschaftlichen Untersuchungen (Towbin u. a. 2004; Cappiccie u. a. 2012; Cheu 2013) ebenso wie in zahlreichen aufklärerischen Videos, die frei zugänglich im Internet kursieren. Dabei werden allerdings verschiedene Aspekte von Rassismus thematisiert. Zum einen geht es um rassistische stereotype Darstellungen von Personengruppen, wie etwa der Afroamerikaner*innen in *Song of the South* (1946) oder der Native Americans in *Peter Pan* (1953). Anderseits werden geschichtsverfälschende Darstellungen von PoC-Charakteren problematisiert, die verwestlicht werden, wie etwa die sexualisierte Darstellung einer erwachsenen Pocahontas in Gestalt eines westlichen Models, obwohl die historische Figur zur Zeit der Handlung noch ein Kind war. Ein solches sogenanntes ›Whitewashing‹ (Gabriel 1998) wurde auch bei der chinesischen Figur Mulan vorgenommen. Davon zu unterscheiden sind wiederum Darstellungen von anthropomorphen Tierfiguren, die aufgrund ihres Aussehens, ihres Verhaltens und ihres Dialekts in einem rassistischen Kontext zu verstehen sind, wie etwa die antisemitische Charakterisierung des Wolfes in *Die drei kleinen Schweinchen* (1933), die rassistische überzogene afroamerikanische Charakterisierung der Krähen in *Dumbo* (1941) oder die rassistische, vemeintlich japanische, Darstellung der Siamkatzen in *Lady and the Tramp* (1955). Dass es sich dabei nicht nur um historische Darstellungsmethoden handelt, die als Ausdruck einer zeithistorischen Wahrnehmung abgetan werden könnten, zeigt sich daran, dass sich diese Methode bis in die 1990er-Jahre fortsetzt und auch die musikalische Ebene betreffen kann. So wird ein schwarzer

Fisch in *Arielle* in einer Unterwasserwelt mit afrokaribisch anmutender Musik abgebildet, die mit einem stereotypen sorglosen, faulen und kindlichen Lebensstil assoziiert wird (Murphy 1995). Die jüngste Form der Thematisierung von Rassismus stellt der Film *Zoomania* dar, eine Fabel über das labile soziale Klima in der amerikanischen Gesellschaft, in der Beute- und Raubtiere im selben prozentualen Verhältnis zusammenleben wie *Weiße* und Schwarze in den USA. Durch die Vielzahl der Belege aus unterschiedlichen Filmen und zu unterschiedlichen Zeiten lässt sich von einer generellen Strategie des Disney-Konzern sprechen, rassistische Weltbilder und Themen in seinen Produkten zu behandeln.

Der Disney-Konzern reagiert auf solche Vorwürfe abwehrend und verharmlosend. Der Film *Aladdin* beispielsweise kam zwei Jahre nach dem ersten Irakkrieg der USA in die Kinos. Unmittelbar äußerte die South Bay Islamic Association öffentlich Kritik an der rassistischen Darstellung der arabischen Figuren. Dschafar erinnere äußerlich an Ayatollah Khomeini, den politischen und religiösen Führer der Islamischen Revolution im Iran 1979. Die klischeehafte Darstellung von bösartigen Arabern mit langen, gebogenen Nasen, dunkler Hautfarbe, langen Bärten und arabischem Akzent stehe im Gegensatz zu der Charakterisierung Aladdins. Dieser habe ein Whitewashing durchlaufen und erinnere äußerlich an den amerikanischen Schauspieler Tom Cruise. Seine ebenfalls hellhäutige Freundin Jasmin entspreche der westlichen Vorstellung einer orientalischen Haremsfrau (Giroux 1999, 86). Außer einer neuen Textzeile im Eröffnungslied nahm das Kreativteam bei der Bearbeitung für die Bühne keine Veränderungen an der Darstellung arabischer Charaktere in dem Stück vor. Dabei verweist der Journalist Mark Pinsky (2004, 153) darauf, dass die im Film propagierten Stereotypen gegenüber der arabischen Welt gerade nach den islamistischen Attentaten am 11. September 2001 in den amerikanischen Medien wiederbelebt wurden.

Öffentliche Kritik wurde auch bei *Pocahontas* geäußert, da der Film mit einer friedlichen Lösung zwischen Kolonialisten und Native Americans endet. Der Widerspruch zwischen der Handlung und der historischen Realität war so groß, dass der Film als »a sanitized version of American history (eine gesäuberte Version der amerikanischen Geschichte)« (Giroux 1999, 30) bezeichnet wurde. Thomas Schumacher, zwischen 1999 und 2003 Direktor von Disneys Animationsabteilung und seitdem Direktor von Disneys Theaterabteilung, versuchte die Kritik an dem Film zurückzuweisen, indem er die Handlung völlig losgelöst von den historischen Ereignissen als positive imaginierte Geschichte einer Völkerverständigung interpretierte:

> »It is a story that is fundamentally about racism and intolerance, and we hope that people will gain a greater understanding of themselves and the world around them. It's also about having respect for each other's culture.«[14] (Schumacher in Pinsky, 2004, 162)

Michael Eisner, damaliger Geschäftsführer des Disney-Konzerns, wich dem Thema ebenso aus, indem er argumentierte, der Film würde vor allem den Umgang mit der globalen Umweltkrise behandeln:

> »It's about an American legend. It's about a Native American. It's pro environment. It's about the earth. It's about respecting one another.«[15] (Eisner in Pinsky 2004, 256)

Die einzige Maßnahme, zu der der Disney-Konzern bislang hin und wieder greift, sind Warnhinweise vor Ausstrahlungen der kritisierten Werke auf seinen Fernsehsendern und seinem Streaming-Portal, ohne dass dadurch irgendeine Wirkung nachweisbar wäre (Block 2017, 84). Erstens werden viele Filme heute nicht mehr linear konsumiert, so dass niemand sicher sein kann, dass das Publikum die Warnungen zur Kenntnis nimmt, zweitens wird durch solche Hinweise nur auf Rassismus aufmerksam gemacht, nicht aber die Reproduktion von rassistischen Stereotypen beseitigt. Rückendeckung erhält der Disney-Konzern nur von einzelnen Wissenschaftlern wie Douglas Brode (2005). Dieser will keinen Rassismus in den Filmen erkennen, ordnet sie zeithistorisch ein und versucht mit relativierenden Analysen nachzuweisen, dass der Disney-Konzern stets ein Förderer des Multikulturalismus gewesen sei. Dabei übersieht

---

14 »Es ist eine Geschichte, in der es im Wesentlichen um Rassismus und Intoleranz geht, und wir hoffen, dass die Menschen sich dadurch selbst und die Welt um sie herum besser verstehen. Es geht auch darum, die Kultur des jeweils anderen zu respektieren.« (Übers. d. A.)

15 »Es geht um eine amerikanische Legende. Es geht um eine Native American. Es geht um die Umwelt. Es geht um die Erde. Es geht um gegenseitigen Respekt.« (Übers. d. A.)

Brode jedoch, dass es sich bei Disneys Filmen nicht um Nachrichten oder zeitaktuelle Kommentare handelt. Die Produkte sind von vornherein auf langfristige Nutzung und Wiederverwertung ausgelegt und sollen sich weit über ihren Entstehungskontext verbreiten. Aus diesem Grund sind sie jederzeit und in jedem kulturellen Kontext danach zu befragen, ob sie vorhandene rassistische Einstellungen beim Publikum verstärken können. Zudem lassen sich Karikaturen *weißer* und PoC-Figuren in den Filmen nicht relativistisch betrachten, solange sich eine *weiße* Mehrheit im Publikum über die als PoC charakterisierten Figuren lustig machen kann, ohne dass diese die Möglichkeit haben, sich zu wehren.

Insgesamt haben die rassistischen Darstellungen in den Filmen und die Kritik daran kaum Auswirkungen auf das positive Branding des Unternehmens. Dies liegt daran, dass sie abwehrend als historische Einzelfälle diskutiert und einer künstlerischen Freiheit eines Privatunternehmens zugeschrieben werden, die eben nicht immer politisch korrekt sein muss. Hinzu kommt, dass der Disney-Konzern in den letzten Jahren versucht, sein Image durch Diversity- und Empowerment-Kampagnen aufzubessern. In dem Film *Küss den Frosch (The Princess and the Frog)* tritt erstmals eine Schwarze Hauptfigur in einer Geschichte auf. Allerdings reduziert die Handlung Rassismus in New Orleans auf die Zugehörigkeit zu einer sozialen Schicht und behauptet, dass dieser durch harte Arbeit überwunden werden kann (Breaux 2010). Die Realverfilmung von *Arielle (The little Mermaid)* (2023) mit der Besetzung einiger weiblicher Haupt- und Nebenrollen durch PoC ist eine bewusste Entscheidung, um mehr Vielfalt auf der Ebene der Schauspielerinnen zu präsentieren. Die männlichen Rollen wurden allerdings weiterhin alle mit *Weißen* besetzt. Die Besetzung der Hauptperson und der drei Musen in Disneys Musical *Herkules* (2024) mit Schwarzen Darsteller*innen erscheint zunächst als politisch gewagt, wird dadurch doch ein urgriechischer Mythos aus einer PoC-Perspektive erzählt. Die verwendeten afroamerikanischen Musikgenres, das Libretto und die Charakterzeichnung der Personen macht aus der ursprünglichen Geschichte allerdings eine Komödie im Stile eines Hollywoodfilmes. Dadurch werden Stereotype über Afroamerikaner*innen reproduziert und die Hauptperson als sorgloser, naiver Held dargestellt, dessen besonderen Talente nur im Singen, Tanzen und seiner erotischen Ausstrahlung liegen.

Die anglophonen kritischen Disney-Studien weisen dagegen seit Jahren darauf hin, dass es beim Thema Rassismus im Disney-Konzern keineswegs nur um die Repräsentation von Figuren und Gruppen in den Filmen geht. Das Thema muss im Hinblick auf das gesamte Unternehmen und die politischen Ansichten der Verantwortlichen betrachtet werden. Beginnend mit den rassistischen politischen Ansichten des Firmengründers Walt Disney, seinen antijapanischen Aktivitäten im Zweiten Weltkrieg und seiner Beteiligung an der antikommunistischen Hetze in der McCarthy-Ära (Wasko 2001, 19), finden sich rassistische Strukturen gleichermaßen in der Inszenierung von Native Americans als »redskins (›Rothäute‹)« in den Disney-Themenparks (Giroux 1999, 103–107) und im generellen Umgang mit Angestellten, die nach Prinzipien eines Racial Profiling[16] ausgewählt und behandelt werden (Goldberg 2016, 33–36).

Rassismus ist also ein vielfältiges Thema im Disney-Konzern, das sowohl die Produktinhalte als auch die Produktionsweisen betrifft. Die Methoden sind aber nur zu verstehen, wenn die verschiedenen Perspektiven zunächst erst einzeln untersucht werden. Im Anschluss kann deren Gesamtwirkung beurteilt werden. Gerade in Disneys Musicalproduktionen, die einen nicht-westlichen Handlungsort besitzen und in denen PoC auf der Bühne Tiere verkörpern, treten rassistische Diskriminierungsformen geballt auf. Um zunächst den einem Raubtier ähnlichen Instinkt des Disney-Konzerns bei der Aneignung der Stoffe und die gesellschaftspolitischen Aussagen seiner Stücke zu verstehen, eignen sich Theorien der postkolonialen und rassismuskritischen Forschung als Werkzeuge zur Analyse der Handlungen.

Der orientalisierende und exotisierende Blick auf Kulturen

Disneys Zeichentrick- und Animationsfilme sind bislang alle aus einer westlichen, *weißen* Perspektive verfasst. Dieser sogenannte ›Eurozentrismus‹ (Wintle 2021) zeigt sich besonders in der Art der Erzählweise. Die Charaktere und Handlungsentwicklungen sind angelehnt an das

16 Racial Profiling beizeichnet eine Praxis, bei der die Polizei Personen verdachtsunabhängig allein aufgrund ihres physischen Erscheinungsbildes kontrolliert.

Muster europäischer Märchen, antiker Heldensagen oder biblischer Geschichten. Stets muss sich eine Hauptperson in Kämpfen beweisen, um gesellschaftliches Ansehen und eine auserwählte partnerschaftliche Liebe zu erhalten. Europäische Normen und Persönlichkeitsentwicklungen werden damit als universell auf andere Regionen und deren Bevölkerungen übertragen. Erzählungen aus nicht-westlichen Kulturen werden von Disneys Kreativteams einem sogenannten ›Whitewashing‹ unterzogen, bei dem die Charaktere und Handlungsentwicklungen an westliche *weiße* Erzählformen angeglichen werden.

Die Geschichten der hier thematisierten Filme beschreiben entweder das Aufeinandertreffen verschiedener Kulturen, wie in *Pocahontas, Tarzan* oder *Aida*, eine Kultur, die von *Weißen* imaginiert wird, wie in *Aladdin*, *Mulan* und *Vaiana*, oder eine animalische Fantasiewelt, wie ein anthropomorphes Tierreich in Indien in *Das Dschungelbuch* oder in Afrika in *Der König der Löwen*. Für diese Konstruktionen nicht-westlicher Gesellschaften hat der Literaturwissenschaftler Edward Said (1978) den Begriff des ›Orientalismus‹ geprägt. Darin sieht er eine Methode des Westens, sich geographisch und kulturell einen ›Orient‹ als Gegenwelt zu schaffen, diesen pseudowissenschaftlich zu begründen und das Konzept aufgrund der eigenen politischen, militärischen und ökonomischen Überlegenheit durchzusetzen. Die Konstruktion des Orients funktioniert dabei so, dass der *weiße* Westen sich selbst als zivilisiert und überlegen ansieht und all seine Ängste auf den imaginierten Orient projiziert, den er in einem beliebigen nicht-westlichen geographischen Raum verortet. Diese Kulturtechnik entwickelte sich in der Periode des neuzeitlichen Kolonialismus, um die Ausbeutung, Unterdrückung und Versklavung der Menschen in Asien, Afrika und Amerika und die europäische Landnahme in diesen Gebieten zu rechtfertigen.

Für die Imagination einer orientalisierten Welt, die vor allem die unterdrückten Sehnsüchte der *Weißen* repräsentiert, wird der Begriff ›Exotismus‹ verwendet (Hayn und Hornscheidt 2010; Danielzik und Bendix 2015). In diesem Fall erscheint die fremde Welt positiver als die eigene. Ihre Bevölkerung soll stärker naturverbunden sein und wird als besonders erotisch und sexuell attraktiv dargestellt. Diese Welt lockt mit Angeboten, die nach den kulturellen und religiösen Normen des Westens nicht offen ausgelebt werden können.

Gerade die Widersprüchlichkeit zwischen abwertender Konstruktion und übertrieben positiver Imagination zeichnet die Kulturtechnik der Orientalisierung und Exotisierung aus und ist in künstlerischen Werken meist zugleich zu finden. Dahinter steht die politische Idee der Überlegenheit des *weißen* Westens, der sich seiner eigenen Position immer wieder in Geschichten versichern muss, indem er nicht-westliche Kulturen abwertet oder mit einer historischen Vergangenheit gleichsetzt und ihnen damit einen minderwertigen Platz in der Weltpolitik zuweist. Diese Konstruktion betrifft nicht nur die Handlungsverläufe, sondern auch die Personencharakterisierungen.

Rassentheorien in Darstellungen von Charakteren

Eng mit dem Orientalismus verbunden sind Konzepte von Menschenrassen, wie sie sich in der Neuzeit seit Arthur de Gobineaus Essay *Essai sur l'inégalité des races humaines* (*Versuch über die Ungleichheit der Menschenrassen*) (1853) verbreitet haben. Menschliche ›Rassen‹ sind für ihn weniger an einen geographischen Raum gebunden – auch wenn die klimatischen Bedingungen bestimmter Weltregionen einen Einfluss auf den Charakter der dort lebenden Menschen haben sollen – als vielmehr an das äußere Erscheinungsbild. Daraus werden pseudowissenschaftliche Unterscheidungskriterien abgeleitet (vgl. Geulen 2007). Westlicher Rassismus bedeutet zunächst, dass *Weiße* behaupten, es gäbe auf der Welt verschiedene, klar voneinander trennbare Menschenrassen. Die Zugehörigkeit zu einer Menschenrasse bestimme unveränderlich die charakterlichen und körperlichen Eigenschaften des Einzelnen. Dabei verfolgt die Theorie nicht nur die Einteilung der Menschheit in verschiedene Gruppen, die sich durch die Pigmentierung der Hautfarbe, die Beschaffenheit des Haares oder die Form der Augen und Lippen unterscheiden, sondern auch eine Hierarchisierung, in der die konstruierten *Weißen* stets an der Spitze stehen (vgl. Koller 2009). Besonderen Auftrieb erhielten rassistische Konzepte durch die darwinistische Evolutionstheorie. Forschende versuchten nun pseudowissenschaftlich, vermeintliche Menschenrassen auf anderen Stufen der Evolution zu verorten, etwa Schwarze näher an der Tierwelt und den Affen. Charakterliche Unterschiede wurden daraufhin so konstruiert, dass die Minderwertigen entweder angeblich faul, kindlich und sorglos seien und deshalb der Führung durch die intelligenten, rationalen und vorausschauenden *Weißen* bedürften. Oder die Minderwertigen wurden als impulsiv, triebhaft und aggressiv konstruiert, und die *Weißen* hätten die Aufgabe, sie zu kontrollieren und ihre Gewalttätigkeit zu zähmen. Solche konstruierten Eigenschaften werden als rassistische Stereotype bezeichnet (vgl. Hund 2007).

In Disneys Zeichentrickfilmen werden immer wieder solche rassistischen Stereotype verwendet, allerdings nicht um Menschen, sondern um anthropomorpher Tierfiguren zu charakterisieren, wie etwa in *Das Dschungelbuch*, *Der König der Löwen* oder *Tarzan*. Sie sind auch bei den Begleittieren und Fabelwesen der Hauptdarsteller*innen zu erkennen, wie etwa in *Mulan*. Die jeweiligen rassistischen Stereotype lassen sich an der Gestalt der Tiere, ihrem Aussehen, Verhalten, Dialekt und Gesangsstil festmachen. Auffallend ist, dass Afroamerikaner*innen häufig durch Tiere verkörpert werden, wie z.B. die Affen in *Das Dschungelbuch* oder die Hyänen in *Der König der Löwen*. Diese Assoziation setzt sich auch beim Drachen Mushu in *Mulan* oder dem jazzliebenden Alligator in *Küss den Frosch* fort. Durch diese Technik erfolgt eine problematische Erweiterung des europäischen Genres der Fabel, in der jedes Tier symbolisch für eine menschliche Charaktereigenschaft steht, auf konstruierte Rassekriterien, die auf die Tiere projiziert werden. Es besteht ein großer Unterschied zwischen einem schlauen Fuchs, einem gutmütigen Bären oder einem diebischen Raben, die nur eine menschliche Eigenschaft verkörpern, und einem Affen, der in afroamerikanischem Dialekt spricht, in afroamerikanischen Musikstilen singt und einen naiven, kindlichen Charakter hat, aufgrund dessen er von anderen Tieren beherrscht werden muss. So werden Unterschiede zwischen Gruppen beschrieben, die nicht mehr überbrückbar sind. Ein Tier kann sich nicht in ein anderes verwandeln oder mit einem anderen Nachkommen zeugen. Die rassistische Unterscheidung kann so innerhalb der Tierwelt nie überwunden werden, auch wenn vielfältige Tierpopulationen gezeigt werden, die einen gemeinsamen Raum bewohnen, ähnliche Leben führen und miteinander kommunizieren können. Möglich ist nur ein tolerantes Zusammenleben, nicht aber eine Vermischung und Überwindung der rassistischen Unterscheidungen. Wissenschaftler wie Richard deCordova beschreiben seit langem, dass gerade anthropomorphe Tiere im

Kuscheltier-Stil von Disneys Kreativteams dazu benutzt werden, um das ›Andere‹ in der eigenen Gesellschaft zu symbolisieren (1994, 213). Die Literaturwissenschaftlerin Julianne Burton-Carvajal weist ebenfalls darauf hin, dass solche Darstellungen von Tierfiguren in Zeichentrickfilmen immer symbolisch für Machtfragen in der Gesellschaft – und letztlich für faschistische Ideologien – stehen.

> »Animated cartoons offer up a fascinating zone within which to examine how a dominant culture constructs its subordinates. [...] Animated cartoons reinforce this otherworldliness when their ›subjects‹ are not humanoid but ›animaloid‹, and in this category, Disney stands *über alles.*«[17] (Burton-Carvajal 1994, 139)

Rassistische Stereotype sind aber kein harmloses Stilmittel zur Charakterisierung fiktiver Figuren und verlieren auch nicht ihre Bedeutung, wenn sie auf die Tierwelt übertragen werden. Pseudowissenschaftliche Rassetheorien dienen in erster Linie der Machtausübung westlicher *weißer* Gesellschaften gegenüber anderen Kulturen. Wenn rassistische Stereotype in Disneys Filmen und Musicalversionen erscheinen, geht es deswegen nicht um einzelne Situationen innerhalb der Filmhandlungen. Vielmehr müssen die dahinterstehenden sogenannten hegemonialen Machtverhältnisse betrachtet werden, die es den Kreativteams ermöglichen, solche Darstellungen im Produktions- und Vermarktungsprozess durchzusetzen. Von hegemonialen Machtverhältnissen spricht man, wenn die Äußerungen und Handlungen von Angehörigen westlicher Industrienationen aufgrund ihrer Zugehörigkeit zu einer ökonomisch, politisch und militärisch dominanten Gruppe mehr Macht besitzen als die von Personen aus marginalisierten nicht-westlichen Gemeinschaften (vgl. San Juan 1995). Eine Analyse der Handlungen muss deswegen auch die Grundmotive und deren Herkunft herausarbeiten, die dem jeweiligen Drehbuch und Libretto zugrunde liegen. Besonders bei Verarbeitungen literarischer und historischer Stoffe lassen die Autor*innen erkennen, aus welcher Perspektive sie eine Geschichte betrachten und

17 »Zeichentrickfilme bieten ein faszinierendes Feld, um zu untersuchen, wie eine dominante Kultur ihre Untergebenen konstruiert. [...] Zeichentrickfilme verstärken diese Andersartigkeit, wenn ihre ›Subjekte‹ nicht humanoid, sondern ›animaloid‹ sind, und in dieser Kategorie steht Disney *über alles.*« (Übers. d. A.)

welche Freiheiten sie sich aufgrund ihrer Stellung in dem hegemonialen Machtsystem herausnehmen können. Dabei ist zu beachten, dass es einen ›umgekehrten‹ oder ›positiven‹ Rassismus nicht gibt, da eine rassistisch diskriminierte Minderheit im Einzelfall nicht die Macht hat, ihre eigene Perspektive aus einer einflussreichen Position aus zu verbreiten (Arndt 2012, 30–31). Kritik an den Handlungen von Disneys Stücken von Wissenschaftler*innen oder politischen Aktivist*innen ist deswegen bislang eine Randerscheinung geblieben, die positive Darstellung und Förderung von PoC in Filmen und Bühnenwerken ist weiterhin von dem guten Willen der *weißen* Mehrheit im Disney-Konzern abhängig. Der Soziologe Albert Memmi hat diesen Zusammenhang zwischen Rassismus und hegemonialen Machtverhältnissen wie folgt ausgedrückt:

> »Der Rassismus ist die verallgemeinerte und verabsolutierte Wertung tatsächlicher oder fiktiver Unterschiede zum Vorteil des Anklägers und zum Nachteil seines Opfers, mit der seine Privilegien oder seine Aggressionen gerechtfertigt werden sollen.« (Memmi 1992, 103)

Aufgrund der gesellschaftspolitischen und ökonomischen Machtverhältnisse auf der Welt ist gerade die Konstruktion von rassistischen Stereotypen in Disneys Filmen und Musicalversionen niemals nur ein Ausdruck eines gewissen gesellschaftlichen Zeitgeistes. Der wirtschaftlich-dominante westliche Unterhaltungskonzern will mit seinen Stücken immer auch politisch etwas bewirken. Dabei kann es sich darum handeln, dass er die vorhandene politische Meinung seiner Zielgruppe bestätigen will, um auf diese Weise den Konsum der eigenen Produkte zu steigern: Oder aber er möchte eine Wirtschaftspolitik unterstützen, die förderlich für die Ausbreitung der eigenen Märkte und damit für die eigene Unternehmensstruktur ist.

Rassistische Stereotype können zudem aufgrund der strukturellen Diskriminierungsform nicht nur das Aussehen und angebliche Charaktereigenschaften von Menschen betreffen. Sie erscheinen auch in Form von kulturellem oder religiösem Rassismus. Darunter sind Unterscheidungen von Menschengruppen zu verstehen, denen aufgrund ihrer Zugehörigkeit zu einer nicht-westlichen Kultur oder einer nichtchristlichen Religion unveränderliche Eigenschaften zugeschrieben werden (Arndt 2012, 28–30). Auch hier können durch Aussehen,

Charaktereigenschaften und Verhalten Gegensätze konstruiert werden. Besonders Bösewichte in Disneys Filmhandlungen, deren Motivationen nicht erklärt werden und die nie die Möglichkeit erhalten, sich charakterlich zu verändern, sind oft ein Zeichen für solche kulturrassistische Weltsichten. Konflikte, die nicht in Kompromissen enden, sondern auf die Vernichtung des Gegners zielen, verlangen von den positiv gezeichneten Protagonist*innen, dass sie einen Kampf auf Leben und Tod führen, um sich am Ende durchzusetzen. Dabei ähneln ihre autoritären und aggressiven Methoden oft strukturell denen ihrer Gegner*innen, sie agieren letztlich nur intelligenter oder taktisch klüger. Die Konflikte und ihre Lösungen folgen damit einer Einteilung der Menschen in Gut und Böse und entsprechen einem Weltbild, das bereits unveränderliche und sich gegenseitig ausschließende Eigenschaften zwischen Menschen behauptet und damit in seiner Grundstruktur rassistischen Theorien folgt. Mit demokratischen Werten westlicher Gemeinschaften und deren politischen Entscheidungsprozessen oder der Partizipation der Bürger*innen an gesellschaftlichen Veränderungen haben solche Handlungsstoffe nichts gemein.

Obwohl die Wissenschaft den biologischen Rassismus seit Jahrzehnten entschieden ablehnt (Cavalli-Sforza und Cavalli-Sforza 1994), spielt er nach wie vor im politischen Leben westlicher Gesellschaften eine Rolle. In den letzten Jahren äußert er sich nicht nur in seiner pseudo-biologischen Konstruktion, sondern angesichts der weltweiten Bedrohung durch den islamistischen Terror und großen Flüchtlingsbewegungen aus arabischen Kriegsregionen besonders in der Form eines kulturellen und religiösen Rassismus. In diesem Fall werden Menschen muslimischen Glaubens oder arabischer Herkunft essentielle und unveränderliche Charaktereigenschaften zugeschrieben, mit denen *Weiße* in westlichen Gesellschaften ihre rassistische Diskriminierung dieser Personen rechtfertigen. Andererseits sind in den westlichen Gesellschaften zahlreiche PoC-Empowerment-Bewegungen entstanden, die gegen strukturelle rassistische Diskriminierungen aufbegehren und gleichwertige Teilhabe an ökonomischen Prozessen fordern. Aus diesem Grund ist es kein Wunder, dass das Thema auch im kommerziellen Musiktheater, das weitgehend von *Weißen* dominiert wird, eine Rolle spielt. Allerdings kann der Umgang mit diesen Themen sehr unterschiedlich sein. Disneys Werke stehen dabei in einer gesellschaftspolitischen Tradition von Orientalisierung und Exotisierung nicht-westlicher Kulturen, gegen die sich jedoch auf internationalen Bühnen schon lange Widerstand regt.

Diskurse über Rassismus in der amerikanischen Musicalszene

Orientalismus, Exotismus und Rassismus sind Konzepte, die in der Geschichte der Broadway-Musicals im 20. Jahrhundert mehrfach auftauchen und nicht auf Disneys Musicalproduktionen beschränkt sind (Taylor und Symonds 2014). Dazu gehören Stücke, in denen rassistische Gesellschaftsordnungen unhinterfragt dargestellt werden, wie etwa die Rassensegregation in den USA in *Show Boat* (1927) von Jerome Kern und Oscar Hammerstein II, die Rassenhierarchien in von den USA besetzten Gebieten während des Zweiten Weltkriegs in *South Pacific* (1949) oder die Überlegenheit der westlichen Zivilisation gegenüber einer asiatischen in *The King and I* (1951) von Richard Rogers und Oscar Hammerstein II. Letztere veröffentlichten zudem mit *Oklahoma!* (1943) ein Musical, das die Problematik des Umgangs mit den Native Americans in dem gleichnamigen Bundesstaat vollkommen ausblendete (Smith 2005; Matyas 2010).

Gleichzeitig gab es seit Beginn des 20. Jahrhunderts mehrere Versuche von Afroamerikaner*innen, eigenständig Stücke mit ihrer Weltsicht zu produzieren und Schwarze Darsteller*innen gleichberechtigt auf der Bühne zu etablieren (Woll 1989; Gaines 2021). Bei der Schwarzen Empowerment-Bewegung in der Musicalszene, die in den letzten Jahren in den USA begonnen hat, handelt es sich demnach um keine neue Erscheinung, wie die Theaterwissenschaftlerin Sarah Whitfield betont: »The musical as a form exists because of Black performance practice and the work of African American performers, creatives, and collaborators racialized as Black.«[18] (Whitfield 2019, xv)

Eine kritische Thematisierung mit der auf ethnischer Herkunft beruhenden amerikanischen Gesellschaftsordnung fand beispielsweise

18 »Das Musical als Form existiert aufgrund der Schwarzen Aufführungspraxis und der Arbeit von afroamerikanischen Darsteller*innen, Kreativen und Mitarbeiter*innen, die als Schwarze rassifiziert wurden.« (Übers. d. A.)

bereits in *The West Side Story* (1957) von Leonard Bernstein und Stephen Sondheim statt. In Bezug auf Einwanderer- und Rassismuserfahrungen wurde das in *Ragtime* (1996) von Stephen Flaherty, Terrence McNally und Lynn Ahrens und in *In the Heights* (2005) von Lin-Manuel Miranda und Quiara Alegría Hudes fortgesetzt. An der Segregation von *Weißen* und Schwarzen in den USA wird in *Hairspray* (2002) von Marc Shaiman, Mark O'Donell und Thomas Meehan Kritik geübt. *The Color Purple* (2005) von Brenda Russell und Allee Willis erzählt das Schicksal einer Schwarzen lesbischen Frau zu Beginn des 20. Jahrhunderts in den USA. Hinzu kommen die Band- und Lebensgeschichten afroamerikanischer Sängerinnen, etwa in *Dreamgirls* (1981) von Henry Krieger und Tom Eyen sowie in den Jukebox-Musicals *Bodyguard* (2012) mit Musik von Whitney Houston und *Tina – Das Tina Turner Musical* (2018). Afroamerikanische Charaktere erscheinen außerdem in Musicals wie *Moulin Rouge!* (2019) oder *Six* (2017). Der Umgang mit rassistischen Stereotypisierungen wird in diesen Stücken bewusst behandelt.

Zu einer kontroversen Diskussion über die Darstellung von Interkulturalität auf der Musicalbühne kam es dagegen bei der amerikanischen Erstaufführung von *Miss Saigon* 1991. Die westlich orientalisierte Darstellung des amerikanischen Vietnamkrieges, in der die asiatischen Männer die Bösewichter darstellen, wurde problematisiert (Jansen 2008, 187). Darüber hinaus wurde sowohl das Casting von Asiatinnen für Nebenrollen kritisiert, die nur das Stereotyp von vietnamesischen Prostituierten darstellen sollten, wohingegen die männlich asiatische Hauptfigur Thuy mit einem *Weißen* besetzt wurde, der durch Yellow-Facing und Augenprothese zu einem Vietnamesen gemacht wurde (Shimakawa 2002; Pao 2010). Zusätzlich entstand eine Debatte, als das erste Mal der beste Freund des *weißen* amerikanischen Protagonisten, ein amerikanischer Soldat, mit einem Schwarzen besetzt wurde (White 2017).

Die Satire über die amerikanische Mission in Afrika in *The Book of Mormon* (2011) von Trey Parker, Matt Stone und Robert Lopez war dagegen ein humoristischer Zugang zu postkolonialen Thematiken mit einer Kritik an dem missionarischen Elan amerikanischer Christ*innen. Die Geschichte eines Gründungsvaters der USA mit einem vorgeschriebenen Schwarzen Cast in *Hamilton* (2015) von Lin-Manuel Miranda und Stephen Bray sollte bewusst transformierend auf die amerikanische

Musicalszene wirken und die *weiße* Geschichtsschreibung aufbrechen. Die Inszenierung von rassistischen Gesellschaften sowie die kritische Auseinandersetzung damit hat demnach eine lange Tradition am New Yorker Broadway, auch wenn sie in den letzten Jahren deutlich zugenommen hat.

Dass gesellschaftspolitische Themen auch bei der Stoffauswahl der Disney-Filme und Musicals eine Rolle spielen, obwohl immer wieder die märchenhaften und magischen Elemente betont werden, lässt sich zunächst daran erkennen, dass in den meisten Handlungen politisch-militärische Machtkämpfe im Mittelpunkt stehen, wie in *Aladdin*, *Der König der Löwen*, *Pocahontas*, *Mulan* oder *Ein Königreich für ein Lama*. Im Gegensatz zu der kritischen Thematisierung der Geschichte des Rassismus ist bei Disneys Produktionen dagegen ein Schwerpunkt auf der Rezeption von rassistischer Kolonialliteratur zu erkennen wie bei *Das Dschungelbuch* oder *Tarzan*. Es ist geradezu auffällig, dass nach dem Ende des Kalten Krieges in den 1990er-Jahren, in einer Zeit großer globaler Machtverschiebungen, Disneys Kreativteams ausgerechnet ältere literarische Stoffe wie *Aladdin* und *Tarzan* für Zeichentrickfilme auswählten, die schon damals kaum noch der aktuellen populären Kinderbuchliteratur entsprachen. Die Stücke wirken wie eine westliche kulturelle Selbstvergewisserung in einer sich globalisierenden Welt.

Die politische Aktualität der Stücke wird sogar von den Kreativteams der Musicals bestätigt, selbst wenn die Handlungen in historischen Zeiten und anderen Weltregionen spielen. So sieht etwa der amerikanische Produktionsleiter von *Aida*, Robert Falls, in dem Musical Bezüge zu aktuellen Auseinandersetzungen in seinem Land und auf der Welt:

> »It's a mythic story of doomed love set against extraordinary times, […] but […] it is a story for our own times set against battlefields, warring countries, and racial prejudice. It's as contemporary as today's headlines.«[19] (Lassell 2000, 20)

19 »Es ist eine mythische Geschichte über eine Liebe, die in einer außergewöhnlichen Zeit zum Scheitern verurteilt ist. […] Aber […] es ist auch eine Geschichte für unsere Zeit, die sich auf den Schlachtfeldern, in kriegführenden Ländern und unter Rassenvorurteilen abspielt. Sie ist so aktuell wie die Schlagzeilen von heute.« (Übers. d. A.)

Der südafrikanische Komponist Lebo M beschreibt seine Arbeit an *Der König der Löwen* als individuelle und kollektive südafrikanische Erfahrung. Die Rolle des Simba erinnert ihn an seine eigene Flucht aus dem Apartheidstaat und seine spätere Rückkehr. In der Figur des Mufasa erkennt er Nelson Mandela.

> »Ich lernte das Projekt in einer schwierigen und kritischen Phase in meinem Leben und der Geschichte meiner Heimat kennen – zu einer Zeit, als schwerwiegende politische Veränderungen einsetzten. Vor fünf Jahren bin ich in meine Heimat als Erwachsener und mit einem Beruf zurückgekehrt. Die Arbeit an Disneys DER KÖNIG DER LÖWEN wurde für mich zu einer sehr persönlichen Reise.« (Bombeck 2001)

Die Kreativteams sind sich ihrer Aussagen demnach bewusst und haben keineswegs das Gefühl, nur eine magische Fantasiewelt in ihren Stücken zu konstruieren. Wie sehr Disneys Zeichentrickfilme in den USA als Thematisierung von Rassismus wahrgenommen werden, zeigt sich auch daran, dass die fiktionalen Figuren immer wieder als Symbole in politischen Auseinandersetzungen benutzt werden. Sei es, dass Barack Obama 2011 im Rahmen einer öffentlichen Veranstaltung die Geburtsszene aus dem Film *Der König der Löwen* ironisch zitierte, um Donald Trump und seinen Anhängern zu beweisen, dass er ein amerikanischer Staatsbürger sei (Schulman 2011), oder dass Trump 2017 mit Elizabeth Warren über deren ethnische Herkunft stritt, wobei der damalige Präsident die US-Senatorin abfällig als »Pocahontas« bezeichnete (Der Spiegel 2017).

Die Handlungen der Disney-Filme und ihrer Musicalversionen mit nicht-westlichen Handlungsorten sind deswegen nicht harmlos und unpolitisch, wie in Deutschland in Werbetexten und der Presse gerne behauptet wird. Sie nehmen zu gesellschaftspolitischen Themen gezielt Stellung. Dabei wird nun in den einzelnen Werken zu sehen sein, dass sie keine politischen Lösungsansätze anbieten, sondern beständig – mit ganz wenigen Ausnahmen – rassistische Konfliktszenarien reproduzieren.

Die Geschichten hinter Disneys Geschichten

Verarbeitungen literarischer Stoffe

Auffällig an Disneys Adaptionen literarischer Stoffe mit nicht-westlichen Handlungsorten ist, dass sie alle auf orientalisierende oder koloniale Literatur des 19. und frühen 20. Jahrhunderts zurückgehen. Nie wird eine Erzählung aus dem Globalen Süden adaptiert. Aus diesem Grund enthalten die Geschichten historische rassistische Ansichten über Afrikaner*innen, Araber*innen und Inder*innen, die in den Zeichentrickfilmen und deren Bühnenversionen nie vollständig beseitigt werden. Der Vorteil für den Disney-Konzern bei diesen Stoffen liegt darin, dass sie in westlichen Gesellschaften bereits seit Generationen bekannt sind und weitgehend gemeinfrei zu nutzen sind. Außerdem haben die jeweils dargestellten Kulturen keinerlei Möglichkeiten, Einspruch gegen die Darstellung zu erheben, da die Geschichten fiktional sind und keinen Bezug zu nicht-westlichen Erzählungen besitzen.

Das Dschungelbuch (1967) ist der erste Disney-Zeichentrickfilm, der in einer nicht-westlichen Kultur spielt. Bis heute erfreut er sich großer Beliebtheit. Auch wenn die Handlung nur am Rande auf die indische Kultur eingeht, ist hier bereits Disneys Grundmuster der Verarbeitung literarischer Vorlagen zu erkennen. Der Titel des Films geht auf die gleichnamige Sammlung von Erzählungen des Autors Rudyard Kipling (1865–1936) zurück, der seine Kindheit und einen Teil seines Erwachsenenlebens in der britischen Kolonie Indien verbrachte. Zweifelhafte Berühmtheit erlangte er durch sein Gedicht »The White Man's Burden«, in dem er den amerikanischen Imperialismus als Notwendigkeit propagierte und den westlichen Kolonialismus verherrlichte. Die Drehbuchautoren behalten den populären Titel des Romans bei, verwenden aber nur Elemente der Erzählung um den Jungen Mogli, der im Dschungel unter Tieren aufwächst, und konstruieren daraus eine Coming-of-Age Geschichte. Dabei stellen sie Analogien zu biblischen Erzählungen und europäisch-vorderasiatischen Mythen her: die Rettung eines Babys am Flussufer wie bei Moses im Alten Testament, die Aufzucht eines Kindes unter Wölfen wie in der römischen Sage von Romulus und Remus und die Zivilisierung eines Wilden durch eine Frau wie im babylonischen Gilgamesch-Epos. Mit Indien hat die Geschichte nichts zu tun, außer dass eine Szene in einer verlassenen Tempelruine spielt, die von Affen bewohnt wird. Dies ist als abwertendes Zeichen für den Untergang der indischen Kultur zu verstehen. Einer weiteren Interpretation nach ist *Das Dschungelbuch* überhaupt nicht in einer indischen, sondern in einer exotisierten nordamerikanischen Umgebung angesiedelt, da Wölfe und Bären im Dschungel gar nicht heimisch sind. Es würde sich bei der Geschichte damit um eine Fabel auf die amerikanische Gesellschaft handeln (Murphy 1995, 130). Die Affen repräsentieren afroamerikanische Sänger, allen voran King Louie mit seinem jazzigen Gesangsstil. Die Geier sind dagegen der Band The Beatles nachempfunden. Auch über die Dialekte werden rassistische Hierarchien bekräftigt: Britisches Englisch sprechen die Guten, afroamerikanisches Englisch die Ausgestoßenen. Damit wird die orientalisierende Konstruktion der gesamten Geschichte offensichtlich. Eine offizielle, vom Disney-Konzern autorisierte Musicalfassung des Werkes gibt es bislang nicht, obwohl weltweit ab und zu kleinere Produktionen auf Grundlage des Films aufgeführt werden (Clark u. a. 2017).

Auch bei *Tarzan* (1999) handelt es sich um die Geschichte der Rettung eines Waisenkindes, das in diesem Fall unter Affen im Kongo aufwächst. Die Geschichte geht auf den ersten Band des Romans *Tarzan of the Apes* von Edgar Rice Burroughs (1875–1950) zurück, der selbst nie in Afrika war. Es ist ein typisches Werk eines *weißen* Autors mit rassistischem Weltbild zur Zeit des europäischen Kolonialismus. Die Handlung basiert unter anderem auf Shakespeares Drama *Der Sturm* und anderen Legenden von Schiffbrüchen. Burroughs zeichnet das Bild einer wilden afrikanischen Natur mit kannibalischer Bevölkerung, unter denen die europäischen Forscher und Eroberer als zivilisierende Retter erscheinen. Tarzan, der unter Affen aufgewachsen ist, gehört zu den *Weißen.* Er behandelt die Schwarzen Bewohner Afrikas brutal, während er von den *Weißen* fasziniert ist (Bernhard 1986). Disneys Kreativteam reduziert die Handlung auf einen Konflikt zwischen Affen und westlichen *weißen* Forschern und Eroberern sowie einer gebildeten jungen Frau. Damit wird das Bild eines von Menschen unbewohnten afrikanischen Kontinents erzeugt, was zu einer größeren Identifikation der anthropomorph dargestellten Affen mit Afrikaner*innen beiträgt (Pinsky 2004, 185). Der Elefant, der die Worte »Der Horror!« ausruft, weist darauf hin, dass das Autorenteam auch von Joseph Conrads kolonialer Afrikaerzählung *Herz der Finsternis* (1899) inspiriert wurde. Der David Livingstone (1813–1873) nachempfundene Forscher Archimedes Porter soll im Gegensatz zum rassistischen Großwildjäger Clayton das verbindende Element zwischen Tier- und Menschenwelt darstellen.

In der Disney-Variante der Geschichte wird der gestrandete Waisenjunge Tarzan von einem Gorillarudel aufgezogen, in dem er sich in einem Vater-Sohn-Konflikt mehrfach gegen den Anführer behaupten muss. Nur seine Gorillafreundin Terk und der Elefantenjunge Tantor halten zu ihm. Als der etwas bizarr dargestellte Naturforscher Archimedes Porter mit seiner Tochter Jane im Dschungel auftaucht, beschützt Tarzan die Frau, verliebt sich in sie und erkennt dadurch seine Menschlichkeit. Wieder wird der Protagonist wie Gilgamesch durch eine Frau zivilisiert. Die Porters bringen Tarzan Lesen und Schreiben bei, machen ihn mit moderner Technik vertraut und führen ihn in die *weiße* Menschenwelt ein. Angesichts von Großwildjägern, die Tarzans Affenvater töten, muss er sich schließlich zwischen Mensch- und Tierfamilie entscheiden. Anders als im Buch wird Tarzan am Ende des Films zum neuen Anführer des Affenrudels. Jane und ihr Vater entscheiden sich, bei ihm zu bleiben. Die Musicalfassung von 2006 folgt weitgehend der Filmvorlage, wobei die Beziehung zwischen den Gorilla-Eltern ausgebaut wird. Die Rollen des Gorillamädchens und des Elefantenjungen werden in dem besten Freund Terk zusammengefasst. In der deutschen Neuinszenierung des Musicals 2023 wurde die Rolle des Archimedes Porter gestrichen und Jane als unabhängige Wissenschaftlerin dargestellt, die sich gegen die Ausbeutung der Tierwelt auflehnt. Die zivilisierende Wirkung ihres Handelns auf Tarzan blieb jedoch erhalten.

Bei Disneys *Tarzan* stellt sich ebenfalls die Frage, ob die Geschichte nicht eine Parabel auf das Verhältnis zwischen *Weißen* und Schwarzen in den USA sein soll und der afrikanische Schauplatz nur eine Kulisse dafür ist. Die Handlung ist idealisiert und unrealistisch. Der Jahre zuvor erfolgreiche Spielfilm *Gorillas im Nebel* (1988), der auf der Biographie der Zoologin und Verhaltensforscherin Dian Fossey basiert, zeigt das Leben eines Menschen, der tatsächlich eine Zeit lang mit einer Affenpopulation zusammengelebt hat. Auch hier stehen die Konflikte mit Forschenden und der Kampf gegen Wilderer im Mittelpunkt. Die viel gewalttätigere Inszenierung zeigt allerdings realitätsnäher, wie sich das Verhalten von Menschen ändern kann, wenn sie sich entschließen, mit Affen zusammenzuleben.

Disneys *Aladdin* (1992) wiederum basiert auf der Erzählung *Aladin und die Wunderlampe* aus der Sammlung der *Märchen aus 1001 Nacht*. Schon bei der Vorlage ist fraglich, ob sie ursprünglich Bestandteil der indo-persischen Märchensammlung war oder ob sie vom französischen Übersetzer der arabischen Urfassung im 18. Jahrhundert aus anderen Quellen ergänzt wurde. Das Märchen besteht aus zwei Teilen. Der erste Teil schildert die Jugend des verarmten Halbwaisen und Taugenichts Aladin in China, der durch den Kontakt mit einem afrikanischen Zauberer auf abenteuerliche Weise in den Besitz einer Wunderlampe gelangt. Von dem Geist, der in ihr wohnt, können er und seine Mutter sich ein dauerhaftes Auskommen erhoffen. Der zweite Teil erzählt die wechselvolle Liebesgeschichte zwischen Aladin und der Tochter des Sultans, für die er mit Hilfe des Lampengeistes einen neuen Palast herbeiwünscht. Der Zauberer versucht das Glück der beiden zu vereiteln, versetzt den Palast nach Afrika, unterliegt aber in einem Kampf gegen Aladin. Am Ende wird der ehemalige Taugenichts zum neuen Sultan. Bereits in der Buchfassung handelt es sich um eine orientalisierte Geschichte, in der die Orts- und Namensnennungen keinen konkreten Handlungsort erkennen lassen, sondern einen geographischen Raum zwischen China, Asien und Afrika beschreiben. Aufgrund des ausgeprägten Geisterglaubens lässt sich die Erzählung keiner bestimmten Religion zuordnen, auch wenn mehrfach auf den Islam Bezug genommen wird.

In der Disney-Version werden die beiden Erzählungen miteinander verbunden, so dass der Held, der nun Aladdin heißt, von Anfang an um die Gunst der Sultanstochter Jasmin buhlt. Die Handlung spielt in einer imaginären arabisch-muslimischen Stadt namens Agrabah, was beinahe ein Akronym für Bagdad ist. Aus dem afrikanischen Zauberer wird der intrigante Wesir Dschafar, der ohne ersichtliche Motivation mit Magie den Sultan beseitigen und selbst Herrscher werden will. Aladdin hingegen möchte mit Hilfe seiner Lampe und deren gütigem Geist Dschinni (engl.: Genie), der ihm wie in einem europäischen Märchen drei Wünsche erfüllen kann, seine Geliebte gewinnen. Vor ihr gibt er jedoch vor, von höherer Herkunft zu sein. Die Prinzessin Jasmin wünscht sich, den monarchischen und islamischen Gesetzen ihrer Zeit zu entfliehen und nicht die von ihrem Vater arrangierte Ehe mit einem anderen Prinzen einzugehen. Der Dschinni wiederum träumt davon, von seinem Leben in der Wunderlampe befreit zu werden. Im Film werden die Charaktere durch kleine Affen, Papageien und Elefanten als Partner ergänzt. Ein fliegender Teppich rettet und unterstützt den Straßenjungen bei seinen Abenteuern. Am Ende gewinnt Aladdin listig gegen Dschafar, wird mit Jasmin an seiner Seite neuer Sultan und schenkt Dschinni mit seinem letzten Wunsch die Freiheit. Aladdin verkörpert damit den klassisch amerikanischen Typus des Aufsteigers vom Tellerwäscher zum Millionär, der am Ende unter Glockengeläut heiratet. Aufgrund seines neugewonnenen Reichtums kann er seinen magischen Diener ohne Verlust in die Freiheit entlassen. Jasmin soll eine moderne westliche Frau repräsentieren, die ihren eigenen Willen erst von ihrem Vater zugestanden bekommt, nachdem es Aladdin gelungen ist, Dschafar zu besiegen. Der Dschinni erfüllt weniger die Rolle eines Geistes als die eines komischen, unterhaltenden Hofnarren. Seine Texte sind durchsetzt mit humorvollen Anspielungen auf die westlich-amerikanische Lebensweise, so dass das Werk insgesamt eher als Parodie eines orientalischen Märchens erscheint. Die Handlung mit einem orientalischen Liebespaar aus unterschiedlichen sozialen Schichten, das gegen Widerstände und Selbstbilder ankämpfen muss, bis es zusammenfinden kann, erinnert zudem an Konstellationen international erfolgreicher Bollywood-Filme.

Die Bühnenfassung folgt fast vollständig der Handlung des Films. Lediglich die Funktionen der Begleittiere werden in drei Freunde Aladdins bzw. einen Diener Dschafars umgewandelt. Die Rolle des Dschinni erfährt dagegen eine tiefgreifende Veränderung. Von einem blauen Geistwesen wird er zu einer Figur, die an die afroamerikanischen Entertainer der ersten Hälfte des 20. Jahrhunderts, Fats Waller und Cab Calloway, erinnern soll. Damit greift das Kreativteam auf ein ursprünglich von dem Librettisten Howard Ashman entwickeltes Rollenkonzept zurück, das für den Film verworfen worden war (Baltimore 2017, 213). Die imaginierte fremde arabische Welt wurde so um eine afroamerikanische Komponente in Form eines magischen komödiantischen Geistes erweitert, den Aladdin wie einen Sklaven hält. Das stellt eine Steigerung der ohnehin orientalisierten Geschichte dar und nimmt Elemente der rassistischen Ministrel-Shows auf.

Der englische Titel *The Emperor's New Groove* (2000) bezieht sich auf das Kunstmärchen *Des Kaisers neue Kleider* von Hans Christian Andersen (1805–1875), ohne dass eine inhaltliche Übereinstimmung zwischen den Werken besteht. Der Film mit dem deutschen Titel *Ein Königreich für ein Lama* ist eine Variante des Grimmschen Märchens *König Drosselbart* mit Spiegelung der Geschlechter, das mit Elementen des Kunstmärchens *Kalif Storch* von Wilhelm Hauff (1802–1827) kombiniert wird. Der zentrale Konflikt um ein Stück Land erinnert zudem an die biblische Geschichte von König Ahab in Israel. Die Lösung des Streits wird möglich, da die Hauptfigur wie im Märchen *Schneewittchen* nicht getötet, sondern nur in ein fernes Exil verbannt wird, aus dem sie sich befreien und in einen Menschen zurückverwandeln kann.

Geographisch spielt Disneys Geschichte nicht in einem orientalisierten Bagdad wie in Hauffs Märchen, sondern in einem imaginierten Inkareich in Südamerika vor der Ankunft der Europäer*innen. Der hochmütige und rücksichtslos herrschende König Kuzco – der Name entspricht einer peruanischen Stadt – wird von seiner intriganten aschgrauen Beraterin Yzma und ihrem naiven Diener Kronk in ein Lama verwandelt. Erst als sich Kuzco mit dem einfachen Bauern Patcha verbrüdert, dessen Dorf er für einen neuen Sommerpalast opfern wollte, gelingt es ihm, seine ursprüngliche Gestalt und Herrschaft wiederzuerlangen.

Mediale Aufmerksamkeit erregte der Film, weil Kuzco homosexuell dargestellt wird und Patcha in der entstehenden Männerfreundschaft seine homophobe Haltung überwinden kann. Dieses Element mag auf die legendäre Überlieferung einer größeren sexuellen Liberalität im peruanischen Raum vor der Ankunft der christlichen Europäer zurückgehen, die sich vor allem in Skulpturen mit homosexuellen Handlungen belegen lässt (Mathieu 2003). Allerdings lebt Kuzco in dem Film seine Sexualität nicht aus, sondern wird im Finale lediglich zum engen, unverheirateten Freund des heteronormativen Bauernpaars. Die quasi katholisch lebende Familie domestiziert den ›verirrten‹ König, dem in Gewissensfragen immer wieder die dem Christentum entlehnten Engelchen und Teufelchen auf den Schultern erscheinen. Die Darstellung der Kultur der Inkas besteht aus einem Herrscherhof, an dem europäische Rosenkriege ausgetragen werden, während in den Dörfern glückliche, aber arme Bauernfamilien leben. Abgesehen von den landschaftlichen Gegebenheiten, die an das peruanische Hochland um Machu Picchu erinnern sollen, bietet der Film nichts, was mit südamerikanischen Kulturen zu tun hat. Weder die Staatsreligion mit ihren zahlreichen Symbolen, die in Architektur und Kleidung zitiert werden, noch die religiöse Bedeutung von Lamas in peruanischen Kulturen werden thematisiert (vgl. Flores-Blanco u. a. 2022). Der kulturelle Hintergrund dient lediglich als exotische Kulisse für eine eher oberflächliche Geschichte, bei der eine Reihe von Stereotype über indigene Bevölkerungen Südamerikas reproduziert werden (Silverman 2002).

Verarbeitungen historischer Stoffe

Im Bereich der historischen Stoffe aus nicht-westlichen Kulturen lässt sich feststellen, dass Disneys Kreativteams in ihren Adaptionen für Film und Bühne sehr frei mit geschichtlichen Fakten umgehen und nicht davor zurückschrecken, diese ins Gegenteil zu verkehren. Die Handlungen sind an außereuropäischen Schauplätzen angesiedelt, folgen aber weiterhin europäischen Erzählmustern. Dabei geht es im Wesentlichen um die Selbstvergewisserung *weißer* Normen im Spiegel einer exotisierten Umwelt. Auch in diesem Bereich kann sich der Disney-Konzern darauf verlassen, dass niemand rechtlich gegen die Übernahme und Bearbeitung der Geschichten Einspruch erheben oder Rechte geltend machen kann. Die Kritik, die möglicherweise von den jeweiligen Herkunftskulturen geübt wird, wird als so gering eingeschätzt, dass sie das positive Image des Unternehmens nicht beschädigen kann. Allerdings zeigt sich in der Rezeption der Filme, dass Disneys Methoden der Aneignung und Bearbeitung von Stoffen dennoch wirtschaftliche Auswirkungen haben und dem Kulturimperialismus gewisse Grenzen gesetzt werden können.

Pocahontas ist eine legendäre amerikanische Frauengestalt, die das romantische europäische Ideal der ›Edlen Wilden‹ verkörpert und als Rechtfertigung für die Inbesitznahme des amerikanischen Landes durch die Europäer*innen diente. Tatsächlich war Pocahontas aus Matoaka (1595–1617), die Tochter des Wahunsonacock, genannt Powhatan, dem Anführer der Virginia-Algokin in Nordamerika. Sie vermittelte mit den englischen Kolonialisten und lehrte deren Kapitän John Smith ihre Muttersprache. 1613 wurde sie von den Engländern entführt, christlich missioniert und auf den Namen Rebecca getauft. 1614 heiratete sie aus diplomatischen Gründen den englischen Siedler John Rolfe, gebar ihm ein Jahr später einen Sohn und starb bereits 1617 auf einer Reise nach England, nachdem sie noch vom königlichen Hof empfangen worden war. Dass sie John Smith vor einem tödlichen Angriff ihres Vaters bewahrt haben soll, ist historisch umstritten (Allen 2004). Trotz Rechercheреisen in die Region, Shirly Little Dove Custalow McGowan als Native American Beraterin und einer Beschäftigung mit den Kulturen der Native Americans (Schweizer und Schweizer 1998, 152–157) orientiert sich die Filmhandlung vor allem an den legendären Berichten über die Person Pocahontas, die zu einem »shapely, contemporary, high-fashion supermodel (wohlgeformtes, modernes, topmodisches Supermodel)« (Giroux 1999, 101) umgeformt wird. Sie steht in einer spirituellen Verbindung zur Natur, wird von einem Kolibri und einem Waschbären begleitet und kann wie Aschenputtel mit einer Ahnin in einem Baum sprechen. Visuell wird das durch Anleihen bei Gemälden von Caspar David Friedrich und Maltechniken der Impressionist*innen unterstützt. Mit dem heldenhaften, gut aussehenden John Smith geht sie eine Romeo-und-Julia-Liebesgeschichte ein. Am Ende des Films heiratet sie jedoch nicht, sondern vermittelt im Konflikt zwischen europäischen Siedlern und Native Americans, so dass die Briten unverrichteter Dinge freiwillig die Heimreise antreten. Aufopferungsvoll verzichtet Pocahontas auf ihre individuellen Gefühle. Deutlicher kann der Kontrast zwischen dieser fiktiven Liebesgeschichte und der historischen Realität der europäischen Kolonialisierung des amerikanischen Kontinents kaum sein (Edwards 1999). Dementsprechend harsch fiel die Kritik unter Wissenschaftlern über dieses Werk aus.

> »This is a Hollywood rewrite of history that bleaches colonialism of its genocidal legacy. No mention is made of the fact that John Smith's countrymen would ultimately ruin Pocahonta's land, bring disease, death, and poverty to

her people, and eventually destroy their religion, economic livelihood, and way of life. In the Disney version of history, colonialism never happened, and the meeting between the old and new worlds is simply fodder for another ›love conquers all‹ narrative. One wonders how this film would have been viewed by the public if it had been about a Jewish woman who falls in love with a blond Aryan Nazi while ignoring any references to the Holocaust.«[20] (Giroux 1999, 101–2)

Dem Erfolg des Filmes, der im deutschen Untertitel zusätzlich mit einem rassistisch konnotierten Begriff als »eine indianische Legende« vermarktet wurde, konnte die an verschiedenen Stellen geäußerte Kritik nichts anhaben. Als der Disney-Konzern jedoch plante, einen Themenpark zur amerikanischen Geschichte in Virginia, wo die Geschichte von *Pocahontas* spielte, zu errichten, regte sich so großer öffentlicher Protest, dass das Projekt vom Disney-Konzern schließlich verworfen wurde (Pinsky 2004, 166; Stewart 2006, 146–147). Es ist beinahe zynisch, dass Michael Eisner in seiner Autobiographie keine Verbindung zwischen der Darstellung der amerikanischen Geschichte in *Pocahontas* und dem Widerstand gegen diesen Themenpark herstellt (Eisner 1999, 424–451). Immerhin wurde bislang auch keine Bühnenversion des Filmes geplant, obwohl der Soundtrack unter Musicalfans sehr beliebt ist und gerade in Deutschland das Image von Native Americans als ›Edle Wilde‹ aufgrund der exotisierenden *Winnetou*-Romane von Karl May (1842–1912) weiterhin sehr erfolgreich vermarket wird.

Die Legende von Hua Mulan geht auf eine chinesische Ballade aus dem 5.–6. Jahrhundert zurück, die das Leben einer heldenhaften und aufopferungsvollen Frau und Kriegerin beschreibt. Mulan ist ein Mädchen,

20 »Es ist eine von Hollywood umgeschriebene Geschichte, die den Kolonialismus von seinem genozidalen Erbe reinwäscht. Es wird nicht erwähnt, dass die Landsleute von John Smith letztlich Pocahontas Land ruinierten, Krankheit, Tod und Armut über ihr Volk brachten und schließlich ihre Religion, ihre wirtschaftliche Existenz und ihre Lebensweise zerstörten. In der Disney-Version der Geschichte hat der Kolonialismus nie stattgefunden, und die Begegnung zwischen der Alten und der Neuen Welt ist nichts weiter als eine weitere ›Liebe erobert alles‹-Geschichte. Man fragt sich, wie der Film beim Publikum angekommen wäre, wenn er von einer Jüdin handeln würde, die sich in einen blonden arischen Nazi verliebt, und dabei alle Anspielungen auf den Holocaust ignoriert hätte.« (Übers. d. A.)

das sich als Mann verkleidet, um an Stelle ihres Vaters in den Krieg zu ziehen. Nachdem sie über zehn Jahre lang trotz aller Entbehrungen erfolgreich als Soldatin gekämpft hat, erfüllt ihr der Kaiser den Wunsch, zu ihrer Familie zurückzukehren. Dort zieht sie wieder ihre Frauenkleider an und überrascht damit alle Soldaten, die ihre Verkleidung nie bemerkt haben. Das Disney-Kreativteam verlegt die Handlung im Film in eine frühere Epoche der chinesischen Geschichte zur Zeit eines Überfalls durch Hunnen. Zunächst wird geschildert, wie sich das rebellische Mädchen von einer stereotyp japanisch aussehenden Heiratsvermittlerin nicht zähmen lässt (Ward 2002, 98). Mulan folgt dann gegen den Willen ihres Vaters dem Ruf zu den Waffen und erhält den von ihren Ahnen gesandten Drachen Mushu an ihre Seite, der im afroamerikanischen Jive-Talking-Stil spricht (Giroux 1999, 106), amerikanischen Humor verbreitet und auch aus seinem Bezug zum afroamerikanischen Christentum keinen Hehl macht (Pinsky 2004, 181–182). Außerdem wird Mulan eine Liebesbeziehung zu einem Hauptmann namens Li Shang hinzugedichtet, die ein wenig an die chinesische Sage von den Schmetterlingsliebenden erinnert. Die anderen Soldaten werden als unfähige Krieger dargestellt, die Mulan zweimal aus katastrophalen Situationen rettet. Dabei glänzt sie nicht durch kämpferische Kraft, sondern durch List und Tücke. Einmal löst sie geschickt mit Raketen eine Schneelawine aus, die das überlegene feindliche Hunnenheer weitgehend vernichtet. Dann sollen ihre Soldaten sich als Konkubinen verkleiden, um unbemerkt in den Königspalast einzudringen und die Feinde dort zu vernichten. Disneys chinesische Mulan verkörpert damit das Ideal des europäischen Odysseus, der seine Feinde nicht durch körperliche Kraft, sondern durch innovative technische Ideen und List besiegt. Mit chinesischer Geschichte hat diese Handlung wenig gemein (Yin 2013). Es handelt sich, wie die Kommunikationswissenschaftlerin Annalee Ward formuliert, um »a ›chop-suey‹ mix of Eastern and Western cultures (eine ›chop-suey‹-Mischung aus westlichen und östlichen Kulturen)« (2002, 94). In dem Film geht es vor allem um die Frage der Gleichberechtigung der Geschlechter und die Überwindung von Geschlechterstereotypen, für die China eine exotische Kulisse bietet. Am Ende des Films passt sich Mulan jedoch wieder allen familiären heteronormativen Werten an: »Mulan becomes an exoticized version of the All-American girl who manages to catch the most handsome boy on the block, square jaw and all."[21] (Giroux 1999, 103)

Der Film erwies sich entgegen der Hoffnung des Disney-Konzerns in asiatischen Ländern als nicht besonders erfolgreich. Die Aneignung und Bearbeitung der chinesischen Geschichte und Überlieferung wurde vor allem in der Volksrepublik China nicht positiv aufgenommen. Dies mag neben der wenig erfolgreichen Musik mit ein Grund sein, warum bislang keine Bühnenversion des Filmes geplant wurde.

Plagiierte Erzählungen

Die folgenden Zeichentrickfilme und ihre Bühnenfassungen werden vom Disney-Konzern als eigene Stoffentwicklungen dargestellt. Tatsächlich ist jedoch nachweisbar, dass grundlegende Handlungsmuster, Figurenkonstellationen bis hin zu Bildelementen aus anderen populären literarischen oder filmischen Werken übernommen und mit christlich-religiösen Erzählungen sowie europäischen Märchenelementen ergänzt wurden. Das Plagiieren ist in den folgenden Filmen nachweisbar und kann als bewusste Methode einer Aneignung bezeichnet werden, ganz unabhängig davon, ob der Disney-Konzern dafür rechtlich belangt werden kann. Mit dieser Technik soll zum einen der Erfolg der Filme kalkulierbar werden, da auf Bewährtes zurückgegriffen wird, zum anderen zeigt sich, dass Disneys Kreativteams nicht nur Märchen, Sagen, Legenden und Mythen weltweit als gemeinfrei betrachten. Für sie stellen alle Werke der Literatur- und Filmgeschichte Material dar, aus dem sie sich bedienen können, ohne über geistiges Eigentum nachzudenken. Es ist nicht nachweisbar, dass die Erben*innen der jeweiligen Autoren gegen dieses Plagiieren vorgegangen sind. Das liegt zum einen daran, dass sich der genaue Prozess der Übernahme nur schwer beweisen lässt. Zum anderen wird schlichtweg keine Einzelperson oder Erbengemeinschaft finanziell in der Lage sein, ein Unternehmen in der Größe des Disney-Konzerns zu verklagen, zumal die Aggressivität und Hartnäckigkeit deren Rechtsabteilung bekannt ist (Grover 1992, 335–359). Kritik an Disneys Praxis wird allerdings

21 »Mulan wird zu einer exotisierten Version des amerikanischen Mädchens, dem es gelingt, sich den attraktivsten Jungen der Gegend zu angeln, mit kantigem Kiefer und allem Drum und Dran.« (Übers. d. A.)

von den jeweiligen Herkunftskulturen geäußert, wenn sie sich durch die Filme falsch repräsentiert fühlen. Inwieweit diese Einsprüche die weitere Vermarktung der Stücke beeinflussen werden, bleibt noch abzuwarten. Auf jeden Fall wird deutlich, dass in diesem Bereich das hegemoniale Machtverhältnis zwischen dem Disney-Konzern, ethnischen Gruppen und Einzelpersonen immer wieder zu Konflikten führt.

Die Handlung von *Der König der Löwen* basiert auf der japanischen Manga-Serie *Kimba the White Lion* (1950–1954) von Osamu Tezuka, der selbst ein begeisterter Anhänger von Walt Disney war. Sie wurde von 1965–1989 für das japanische Fernsehen animiert und ab 1966 auch in den USA und verschiedenen europäischen Ländern ausgestrahlt. Unter dem Titel *Kimba, der weiße Löwe* wurden Teile davon ab 1977 in deutscher Synchronfassung im ZDF gezeigt. Die Serie schildert das Leben eines königlichen Löwenjungen, der seinen Vater durch Tierfänger verloren hat und fern seiner Heimat von seinen neuen Freunden, einer Ratte und einem Menschenkind, aufgezogen wird. Um den Thron zurückzuerobern, muss er den bösartigen Löwen Bubu besiegen, der inzwischen die Macht im Reich seines Vaters an sich gerissen hat. Disneys Kreativteam übernahm nicht nur die Grundkonstellation und Handlungsentwicklung in seinen Film, sondern auch die Schauplätze, weitere Tiercharaktere wie den Pavian und den Nashornvogel, die Kommunikation mit dem verstorbenen Vater durch die Sterne am Nachthimmel bis hin zur dunkleren Fellfarbe des antagonistischen Löwen. Die Veränderungen beschränken sich darauf, die Geschichte ganz in die Tierwelt zu verlegen und den Konflikt auf die Familie zu konzentrieren. Ein Bezug zu afrikanischen Märchen ist nicht erkennbar, da weder die Dramaturgie solcher Erzählungen noch die Charaktereigenschaften der handelnden Personen berücksichtigt werden. Es fehlen auch die dort zentralen Tiere wie Spinne, Schakal oder Schildkröte (Meinhof 1917). Tatsächlich kommen in Disneys Version nur die afrikanischen Tiere vor, die auch die Hauptattraktionen jedes westlichen Zoos sind.

Michal Eisner erwähnt in seiner Autobiographie die japanische Vorlage für Disneys *Der König der Löwen* mit keinem Wort, obwohl der Animationsfilm einen der größten wirtschaftlichen Erfolge des Konzerns darstellt und die Genese des Stückes deswegen von großer Bedeutung ist.

Ausgangspunkt von Disneys Version ist der gewaltsame Tod des Löwenvaters Mufasa, für den sich das Löwenkind Simba verantwortlich fühlt und vor dessen Folgen es in den Dschungel flieht. Dort wächst Simba scheinbar unbeschwert mit seinen Außenseiter-Freunden Timon, einem Erdmännchen, und Pumbaa, einem Warzenschwein, auf, bis ihn seine Jugendfreundin, die Löwin Nala, aufspürt und an seine Verantwortung als politischer Führer erinnert. Sein brutaler Onkel Scar hat inzwischen mit ausbeuterischen Hyänen die Herrschaft übernommen und ruiniert das Land und seine Bewohner*innen. Simba kehrt daraufhin zurück, besiegt seinen Onkel, übernimmt die Herrschaft und befreit die anderen Tiere aus der Unterdrückung.

In der Disney-Version lassen sich neben der japanischen Vorlage verschiedene alttestamentliche Erzählungen erkennen, wie die von Adam und Eva im paradiesischen Garten Eden mit der bösartigen Schlange, die sie zum Verzehr der verbotenen Frucht verführt, in Gestalt von Simba, Nala und Scar, der sie auf den verbotenen Elefantenfriedhof lockt. Ebenso folgt die Handlung dem Erzählmuster von Moses' Flucht nach Midian nach der Ermordung eines Ägypters und seiner Rückkehr, um die Israeliten mit Hilfe göttlicher Plagen aus der Sklaverei zu befreien (Ward 2002, 20). Auch hinduistische religiöse Vorstellungen und Praktiken werden im Film zitiert, wie das Konzept vom Kreislauf des Lebens und die Meditationspraxis im Lotussitz (Pinsky 2004, 154). Aus der griechischen Mythologie wird – aus Sicht der modernen Psychologie – der Ödipuskomplex in der Handlung thematisiert. Simba muss sich gegen die unumschränkte Macht, Kraft und Autorität seines Vaters auflehnen und überwindet ihn erst, als er seinen Onkel Scar in einem Zweikampf besiegt, den sein Vater verloren hat. Daraufhin kann er eine Beziehung mit Nala eingehen, die in ihrem Verhalten ganz seiner Mutter entspricht. Aus Shakespeares *Hamlet* wird schließlich das Motiv des Vatermordes und die konflikthafte Verarbeitung des Vorfalls durch den Thronfolger übernommen. *Der König der Löwen* projiziert also vorwiegend europäische Erzählelemente auf einen imaginierten afrikanischen Kontinent.

Die amerikanische Film- und Theaterregisseurin Julie Taymor hat in ihrer Bühnenfassung von 1997 die Filmhandlung weitgehend übernommen. Dramaturgisch hat sie den Familienkonflikt weiter verstärkt, indem Nala vor Scars übergriffigem Verhalten fliehen muss und erst dabei Simba wiederfindet. Dieser erhält seine Motivation zur Rückkehr dadurch, dass er Timon bei einem Unfall das Leben rettet und sich so an seinen Vater und an seine Verpflichtung gegenüber seinem Land erinnert. Den Affen Rafiki verwandelt Taymor in eine menschenähnliche Schamanin, um das Geschlechterverhältnis in der Besetzung auszugleichen. Die Erfahrungen mit internationalen Theaterformen lässt die Regisseurin nur in die Inszenierung einfließen, obwohl ihr mit Sicherheit bewusst war, dass das Stück keine afrikanische Erzählung darstellt. Sie rüttelt auch nicht an den stereotypen Geschlechterrollen, bei denen die Löwinnen immer den Löwen dienen, noch stellt sie den Sieg der absolutistischen Monarchie in Frage, die die Handlung im Finale propagiert.

Obwohl viele Erwachsene in den 1970–80ern die japanische Originalserie im deutschen Fernsehen gesehen haben, die auch als Hörspielplatte vertrieben wurde, wurde hierzulande nie auf diese Technik des Plagiierens hingewiesen. Das Stück gilt allen als erfolgreiche, unübertroffene Eigenleistung des Disney-Konzerns.

Die Rettung der Welt vor einer Umweltkatastrophe ist das Hauptthema des Animationsfilms *Vaiana* (2016). Disneys Kreativteam greift damit das aktuelle Thema des Klimawandels und seiner Folgen auf und erzählt eine positive Geschichte mit dem Handlungsort Polynesien. Diese Inselgruppe ist tatsächlich vom Untergang durch den menschengemachten Klimawandel bedroht. Musik spielt eine Rolle in den verschiedenen Protestbewegungen der indigenen Bevölkerungen gegen die internationale Klimapolitik (vgl. Grant 2019). Der Animationsfilm verlegt das Bedrohungsszenario in eine mythische Zeit und schreibt die Verantwortung für den drohenden Untergang nicht den Menschen und der westlichen Zivilisation zu, sondern dem Halbgott Maui. Dieser hat einst das Herz der Schöpfergöttin Te Fiti gestohlen und damit den Abfall von einer harmonischen Schöpfung ausgelöst. Die Aufgabe der mutigen Vaiana, Tochter des Herrschers der Insel Moto Nui, ist es nun, Maui dazu zu bewegen, das Herz zu Te Fiti zurückzubringen, es ihr wieder einzusetzen und damit die Welt neu zu erschaffen. Dieses Ziel erreicht Vaiana auf Umwegen, wodurch sie ihr Volk retten kann und zur neuen unumschränkten Herrscherin wird. Obwohl der Film mit Motiven polynesischer Mythen spielt, hat die Handlung nur wenig mit deren religiösen Vorstellungen gemein, wie sich leicht nachprüfen lässt (Miethe 2003). Der Zeichentrickfilm ist dagegen in auffälliger Weise nach dem Roman *Der Herr der Ringe* (1954/55) des britischen Autors John Ronald Reuel Tolkien (1892–1973) gestaltet. Durch Peter Jacksons Filmtrilogie (2001–2003), deren Produktion der Disney-Konzern ablehnte, erlangte die Erzählung erneut weltweit Berühmtheit. Der Roman erzählt von einer Hauptfigur, die in einer idyllischen Gegend lebt, von einer alten weisen Gestalt einen wertvollen Gegenstand erhält, der an seinen Ursprungsort zurückgebracht werden muss, um weiteres Unheil abzuwenden. Auf seiner Reise benötigt der Protagonist Helfer, die ihn vor Feinden in Tiergestalt und vor Naturgewalten beschützen. Wasser und Berge müssen überwunden, Türme erklommen und Wassertiere überlistet werden, bevor es zum Finale an einem lavaspuckenden Vulkan kommt, bei dem sich die Hauptfigur erneut bewähren muss. *Vaiana* greift aber nicht nur die Handlung dieses Buches auf, sondern erzählt im Kern die christliche Botschaft von Schöpfung, Sündenfall, Ankunft einer Messiasgestalt, Kampf gegen die Mächte des Bösen und spiritueller Neuschöpfung. Dabei spielt die alttestamentliche Verheißung eines ›neuen Herzens‹ eine wichtige Rolle bei der Konfliktlösung, wie sie beim Propheten Hesekiel beschrieben wird. Die Götter- und Messiasfiguren werden zwar feminisiert, aber kämpferische Fähigkeiten, körperliche Auseinandersetzungen und der stellvertretende Einsatz des Lebens gehören zum Handlungsverlauf. Die Vereinfachung, Verfremdung und Umdeutung polynesischer Mythen wurde aus diesem Grund scharf kritisiert (Ka'ili 2016; Diaz 2018). Die Rettung der Welt wird im Film allein der jungen, kämpferischen Vaiana zugeschrieben, womit erneut wie in *Mulan* und *Pocahontas* das Erwachsenwerden eines Mädchens erzählt wird, das in diesem Fall auf die tatkräftige Unterstützung der Ozeanwellen zählen kann. Damit verharmlost Disneys Kreativteam jedoch die reale Bedrohung der Welt durch den menschengemachten Klimawandel, an dem das global agierende Unternehmen nicht ganz unbeteiligt ist, spricht dem Einzelnen die Verantwortung dafür ab und bietet als Lösung nur einen spirituellen Weg an.

Die Handlung von *Encanto* (2021) greift das weltweit aktuelle Thema der Vertreibung und Integration in eine neue Umgebung anhand einer Familiengeschichte im Kolumbien des 20. Jahrhunderts auf. Das Drehbuch basiert auf Elementen des Romans *100 Jahre Einsamkeit* (1967) des kolumbianischen Schriftstellers und Nobelpreisträgers Gabriel García Márquez (1927–2014), der mit seinem Stil des magischen Realismus berühmt wurde. Aus dem Roman übernommen wurden unter anderem das Grundkonzept des Handlungsortes in einem schwer zugänglichen Dorf im Urwald, das vom Bürgerkrieg bedrohte Leben in der ersten Hälfte des 20. Jahrhunderts und die Konzentration auf ein matriarchalisch geführtes Mehrgenerationenhaus, das je nach Zustand der zwischenmenschlichen Beziehungen Bestand hat oder zerfällt. Die Einsamkeit zahlreicher Familienmitglieder, ihre Hellsichtigkeit sowie der perfektionistische Schönheitswahn einzelner tauchen ebenso im Disney-Film auf. Selbst in Details wie den gelben Schmetterlingen lassen sich Elemente des Buches entdecken.

Die Filmhandlung erzählt von Alma, einer Mutter von Drillingen, die auf der Flucht vor einem Bürgerkrieg auf magische Weise gerettet wird und sich plötzlich behütet in einem märchenhaften, friedlichen Bergtal wiederfindet. Dort entsteht für sie aus dem Nichts ein Zauberhaus und eine ewig brennende Kerze verleiht ihren Kindern und Enkeln magische Gaben. Das seelische Trauma des Verlustes von Mann und Heimat trägt Alma jedoch durch einen autoritären Erziehungsstil in der Familie über Generationen weiter, worunter alle ihre drei Kinder leiden und die magische Kraft der Familie insgesamt in Gefahr gerät. Erst die jüngste Enkelin Mirabel, die wider Erwarten keine magische Gabe erhalten hat, erkennt die psychosozialen Brüche in der Familie und kämpft, bis sie ihre Großmutter zur Nachsicht mit ihren Kindern und Enkeln bringt. So wird der Familienfrieden wiederhergestellt und die magischen Kräfte in der Verwandtschaft und im Mehrgenerationenhaus können wieder positiv wirken.

Mit der Figur der Mirabel wurde der Roman von García Márquez um die geschlechtergespiegelte europäische Märchenfigur des Dummlings erweitert, des jüngsten und unbegabten Sohnes, der allein durch seinen Mut und seine Güte seine Ziele erreicht und den Familienfrieden wiederherstellt. Die Handlung trägt auch Züge einer geschlechtergespiegelten biblischen Variante der Geschichte des verlorenen Sohns. Hier ist es die Tochter, die die Familie verlässt, am Ende aber vom Familienoberhaupt, der Großmutter Alma, mit offenen Armen wieder aufgenommen wird.

Der christliche Bezug wird im Film dadurch verstärkt, dass die Hochzeitskerze der katholischen Großeltern das Ewigkeitslicht der Familie symbolisiert und wie in der Metapher der Bergpredigt so aufgestellt wird, dass sie allen im Mehrgenerationenhaus Licht spendet. Die Trennung des Gründerehepaars auf der Flucht an einem Fluss erinnert an die alttestamentlichen Erzählungen der israelitischen Überquerung des Jordans ins Gelobte Land, das der männliche Anführer Moses ebenfalls nicht mehr betreten durfte. Das christliche Fundament wird durch weitere magische Komponenten, Wahrsagefähigkeiten und einige Elemente indigener religiöser Praktiken zu einer hybriden, neu geschaffenen Religion im Film zusammengefügt.

Kolumbianische Wissenschaftler*innen heben positiv hervor, dass erstmals in einer westlichen Produktion ihr Land nicht nur auf Drogen, Kriminalität und Machtmissbrauch reduziert wird (Pratidina, Wuryantoro, und Purnomosasi 2023). Zugleich gibt es Kritik aus den USA an der weiterhin stereotypen Darstellung lateinamerikanischer Kulturen (Dosch 2023). Auf die literarische Vorlage, die plagiiert wurde, verweisen die Kritiker dagegen nicht. Trotz des aktuellen Bezugs zu Migrationsgeschichten bietet die Handlung auf jeden Fall keine politischen Lösungsansätze, die gerade im kolumbianischen Kontext nach Jahrzehnten politischer Instabilität notwendig wären. Die Familie zieht sich in ein abgelegenes Bergdorf zurück, wo sie scheinbar ungestört mit einer ethnisch vielfältigen Bevölkerung in Frieden leben kann. Die teilweise erstaunlichen magischen Kräfte der einzelnen Personen sind aber nur für den positiven Einsatz in der Dorfgemeinschaft und nicht als Waffen gegen die feindlichen Bürgerkriegssoldaten geeignet. Mirabel kann durch die magischen Zimmertüren ihrer Familienmitglieder in deren märchenhaftes Unterbewusstsein eindringen und psychologisch heilend auf sie einwirken. Dadurch werden die magischen Kräfte der Familie am Ende wiederhergestellt, aber der Verlust von Heimat und Ehemann kann nicht ersetzt werden. Der Film beschreibt eine Symptom-, aber keine Ursachenbehandlung der Problematik von Krieg und Vertreibung.

Aktualisierung von Musiktheaterwerken

Elton John und Tim Rice wollten ihre erfolgreiche Zusammenarbeit nach *Der König der Löwen* fortsetzen und wählten dafür eine weitere

Geschichte, die auf dem afrikanischen Kontinent spielt. Diesmal griffen sie auf das Libretto der Oper *Aida* von Giuseppe Verdi (1813–1901) zurück. Dieses Werk unterscheidet sich von allen bisher beschriebenen dadurch, dass es nur in einer Bühnenfassung existiert. Die Übernahme und Aktualisierung eines Opernlibrettos ist jedoch keine Besonderheit in der Musicalszene: Giacomo Puccinis Oper *Madame Butterfly* diente als Vorlage für *Miss Saigon* und seine *La Bohème* für *RENT* von Jonathan Larson. Carl Maria von Webers *Der Freischütz* wurde von Tom Waits in *The Black Rider* aktualisiert. In Disneys Produktreihe passt dieses Stück, weil es erneut eine Geschichte aus der europäischen Kolonialzeit aufgreift.

Verdis Oper *Aida* wurde von Ismail Pascha, dem Khediven der osmanischen Provinz Ägypten, für sein neues Opernhaus in Kairo in Auftrag gegeben und dort 1871 uraufgeführt. Die Idee zur Handlung stammte von dem französischen Ägyptologen und Gründer des Ägyptischen Museums in Kairo, Auguste Mariette (1821–1881). Dieser schuf aus historischen Ereignissen und legendären Überlieferungen eine für eine Opernhandlung typische tragische Dreiecksgeschichte zwischen der ägyptischen Pharaonentochter Amneris, ihrem Geliebten, dem Feldherrn Radames, und der versklavten äthiopischen Prinzessin Aida. Für Ismail Pascha symbolisierte die Geschichte seine politische Überlegenheit über die südlich gelegenen afrikanischen Länder. Für das europäische Publikum steht die so genannte Hochkultur Ägyptens mit ihrer Schrift, Architektur und ihrem ausgeprägten religiösen Kult für eine *weiße* europäische Kultur, die der äthiopischen überlegen ist. Die Oper symbolisierte in den Jahrzehnten nach der Uraufführung auch die realen Expansionsinteressen der italienischen Nation, die 1890 zur Gründung der Kolonie Eritrea führten.

Das Werk wird aufgrund seines orientalisierenden Charakters und der Darstellung eines Rassenkonfliktes seit Jahrzehnten aus postkolonialer Perspektive kritisch diskutiert (vgl. Said 1987; Assmann 2002). Der Textautor Tim Rice ist sich der aktuellen weltpolitischen Bezüge der Handlung bewusst und verstärkt gegenüber dem Opernlibretto in seinen Liedtexten das überhebliche Auftreten der ägyptischen Soldaten, als handele es sich um amerikanische im Auslandseinsatz:

Nothing is an accident	Nichts ist ein Zufall
We are free to have it all	Wir sind frei, alles zu haben
We are what we want to be	Wir sind, was wir sein wollen
It's in ourselves to rise or fall	Es liegt an uns, aufzusteigen oder zu fallen

Diese Neuinterpretation zeigt sich auch in der Rolle der Amneris, die als westliches *weißes* Topmodel inszeniert wird. Ansonsten übernimmt Rice den Handlungsverlauf weitgehend aus dem Libretto, fügt lediglich eine Verschwörung am ägyptischen Hof durch Radames' Vater Zoter sowie kleinere Nebenrollen hinzu. Überhaupt gilt sein Interesse den individuellen Konflikten zwischen den Figuren. Die Massenszenen in der Oper, wie der Triumphmarsch oder religiöse Zeremonien, entfallen. Aus Äthiopien wird das Königreich Nubien, um den Blick auf ein innerafrikanisches Land zu lenken, das durch den Nil mit Ägypten verbunden ist.

Im Gegensatz zu den anderen Musicals handelt es sich bei *Aida* nicht um eine Familien-, sondern um eine Erwachsenenunterhaltung. Das Stück schildert als einziges keine Coming-of-Age Geschichte, sondern einen rassistischen Konflikt anhand einer tragischen Liebesgeschichte. Die Szenen des Musicals bestehen im Stil der Oper des 19. Jahrhunderts aus dramatischen Dialogen und monologischen Selbstreflexionen, die in Musiknummern ausgedrückt werden. Umrahmt wird die historische Handlung von einer Szene in einer zeitgenössischen ägyptischen Sammlung, in der sich das wiedergeborene Liebespaar Radames und Aida als Tourist*innen erneut begegnen und ihre Liebe am Ende des Stückes endlich ausleben dürfen. Dadurch wird der Bezug zwischen Gegenwart und Vergangenheit noch enger gefasst. Dieser dramaturgische Kunstgriff könnte auch als Hinweis auf die Aktualität der Konflikte in Ägypten verstanden werden. Zeitgleich mit der Entstehung des Stücks ereigneten sich 1997 die islamistischen Anschläge in Luxor, bei denen zahlreiche westliche Tourist*innen ums Leben kamen. Die Gefahr einer erneuten kriegerischen Auseinandersetzung zwischen der westlichen und der arabischen Gesellschaft war dadurch ausgerechnet am Handlungsort des Musicals konkret gegeben.

Was das Libretto von anderen Disney-Musicals unterscheidet, ist die detaillierte Beschreibung der Themen Heimat und Fremde sowie der unterschiedlichen Wahrnehmungen dieser Begriffe für die handelnden

Personen. Hier wird nicht schematisch in Freund und Feind unterteilt, sondern es werden Unterschiede anerkannt, andere Perspektiven toleriert und auch persönliche Wandlungen akzeptiert. Rice arbeitet detailliert an der Charakterzeichnung der Personen, wie er es bereits für Lloyd Webber in *Jesus Christ Superstar* (1971) und *Evita* (1974) oder für Benny Andersson und Björn Ulvaeus in *Chess* (1984) getan hat. Dies zeigt sich zum Beispiel in den Dialogen zwischen Radames und Aida, in denen sie ihre unterschiedlichen Wahrnehmungen austauschen und sich gegenseitig akzeptieren:

> RADAMES: Woher kommst du?
>
> AIDA: Ikaita. Das ist ein Dorf in der Nähe...
>
> RADAMES: ...in der Nähe des Zweiten Katarakts. Der Fluss hat dort eine ganz andere Farbe.
>
> AIDA: Nein, er hat hier eine ganz andere Farbe.
>
> RADAMES: In Ordnung.

Auch kulturell unterscheiden sich die Länder nicht grundsätzlich voneinander. Es werden Übergänge akzeptiert, die Gemeinsamkeiten ermöglichen. Mit Hilfe einer geographischen Metapher können Radames und Aida ihre Annäherung thematisieren:

> AIDA: Mein Vater war der Meinung, dass der Erste Katarakt, der so nahe an der Grenze zu Ägypten liegt, ein zu gefährlicher Ort ist, um mich dorthin zu bringen.
>
> RADAMES: Aber es gibt keine Ägypter im Ersten Katarakt. Nur diese winzigen, grasbewachsenen Inseln. Und das Sonnenlicht ist dort anders. In Ägypten ist es direkt und grell. Aber dort schimmert es. Es ist der schönste Ort, den ich je gesehen habe.
>
> AIDA: Natürlich, das ist Nubien. Ich würde gerne diesen Teil meines Landes sehen.

An diesem Zwischenort träumt Radames am Ende von einer gemeinsamen Zukunft mit Aida:

> RADAMES: Ich werde die Hochzeit absagen. Ich werde dir ein Haus auf einer Insel an der Grenze unserer Länder bauen. Und wir werden auf dem Nil segeln.

Auch Fragen nach Freiheit und Gefangenschaft, nach Reichtum und Raub, nach erlebter Fremde und inneren Bildern von Heimat werden im Verlauf des Stücks aus verschiedenen Blickwinkeln reflektiert, so dass sich vielschichtige Persönlichkeitsprofile der Hauptfiguren ergeben. Im Spannungsfeld zwischen grenzüberschreitender Liebe und politischem Machtkalkül gibt es am Ende kein richtig oder falsch. Radames und Aida opfern ihr Leben für ihre Überzeugung, dass eine interkulturelle Liebe wichtiger ist als politische Machtansprüche. Im Vergleich zu anderen Adaptionen des Disney-Konzerns wird hier das politische Thema von Krieg, Migration, Versklavung und interkulturellen Beziehungen ausnahmsweise vielschichtig und nicht mit Hilfe von Stereotypen behandelt.

Disneyfication von nicht-westlichen Kulturen

Der afroamerikanisch singende King Louie äußert in *Das Dschungelbuch*: »Ich aber hab' das Affenleben satt.« Sein Wunsch nach einer Lebensveränderung wird ihm weder in der Handlung des Filmes gestattet, noch ist zu erkennen, dass der Disney-Konzern sich in seinen Werken ernsthaft von solchen stereotypen rassistischen Darstellungen verabschieden will. Die postkolonialen Analysen der Handlungen der Zeichentrick- und Animationsfilme sowie deren Bühnenversionen mit nicht-westlichen Handlungsorten decken sich mit Forschungsergebnissen zu Disney-Filmen unter anderen thematischen Schwerpunkten. Es lässt sich bei der Bearbeitung vorhandener Erzählstoffe das erkennen, was unter dem Begriff der ›Disneyfication‹ verhandelt wird (Schickel 1986). Damit ist die Adaption und Transformation europäischer Märchen in ein Disney-Format gemeint (Zipes 1995), die mit einer Vulgarisierung kultureller und religiöser Vorstellungen einhergeht sowie die stereotype Darstellung männlicher und weiblicher Hauptfiguren für ein Massenpublikum beinhaltet (Wasko 2001, 132–136). Disneys Kreativteams wählen orientalisierende Geschichten aus, die nicht-westliche Regionen als Kulisse nutzen, um westliche Geschichten mit Elementen von Märchen, Mythen, Legenden, Bibelgeschichten und literarischen Werken neu zu erzählen. Außer bei dem Musical *Aida* geht es offensichtlich darum, ein koloniales Weltbild zu reproduzieren und angesichts der realen politisch-militärischen Konflikte der westlichen Welt mit den arabischen Ländern eine westliche kulturelle Vormachtstellung gegenüber Afrika und Asien zu zelebrieren.

Der Überblick über die Filme zeigt zudem, dass Disneys Kreativteams im Sinne einer Serienproduktion oft ähnliche Handlungselemente in unterschiedlichen kulturellen Kontexten wiederholen, z.B. Waisenkinder in einer für sie unbekannten Umgebung, die durch eine Liebesgeschichte in einen Konflikt getrieben werden, aus dem sie als Erwachsene hervorgehen. Die weiblichen Figuren dienen dabei mehrheitlich aufopferungsvoll den Männern. Die orientalisierende Erzählweise funktioniert dabei scheinbar überzeugend, weil sie auf europäischen Narrativen der Coming-of-Age Geschichten von Außenseitern basiert, die sich im Verlauf der Konflikte durchsetzen können. Damit werden allerdings keine realistischen Geschichten rassistisch diskriminierter und marginalisierter Gruppen in nicht-westlichen Weltregionen erzählt, die niemals gegen eine westliche hegemoniale Macht gewinnen. Aus diesem Grund wird, wie mehrfach erwähnt, wissenschaftliche Kritik von Vertreter*innen der jeweiligen Herkunftskulturen an diesen Repräsentationen geübt. Für sie sind die orientalisierenden Geschichten eben nicht nur fantasiereiche, magische Imaginationen, sondern haben konkrete Auswirkungen auf die Wahrnehmung ihrer Kulturen und damit auch ihre Stellung in westlichen Gesellschaften.

Was mir bei der Analyse der Handlungen unverständlich bleibt, ist, warum der Disney-Konzern mit diesen Stücken auch bei Erwachsenen so erfolgreich geworden ist. Die Filme und deren Bühnenversionen besitzen relativ simple Handlungsverläufe und schablonenhafte Charaktere. Im Vergleich mit den Megamusicals der 1980–90er-Jahre von Lloyd Webber und Schönberg stellt das einen Rückschritt in der Charakterzeichnung dar. Die Figur des Phantoms in *Das Phantom der Oper* verkörpert zwar die klassische antagonistische Rolle, ist aber zugleich eine schillernde Persönlichkeit zwischen exzellentem Gesangslehrer, gewieftem Verführer und aggressivem Rächer, wenn es sich aufgrund seines abstoßenden Äußeren ausgegrenzt fühlt. Der Reiz des Stückes liegt darin, dass es weder ganz Licht noch ganz Schatten ist. Der gnadenlose Polizeiinspektor Javert in Schönbergs *Les Misérables* verfolgt zwar sein Leben lang die vermeintlichen Verbrechen seines Gegenspielers Jean Valjean. Doch am Ende lässt er Gnade vor Recht ergehen, auch wenn ihn sein eigenes Verhalten in den Selbstmord treibt. Der Vietnamkrieg traumatisiert die Vietnamesin Kim in Schönbergs *Miss Saigon* ebenso wie den Amerikaner Chris. Ihre Projektion einer großen Liebe über kulturelle Grenzen hinweg wird als ebenso illusionär inszeniert wie der Traum vom Aufstieg im freien Amerika für den gerissenen Zuhälter namens Engineer. In keinem der über viele Jahre erfolgreichen Stücke werden die Figuren schablonenhaft charakterisiert, noch läuft die Handlung auf ein unbeschwertes Happy End für die strahlenden Sieger hinaus. Gleiches gilt für die in Österreich entstandenen Erfolgsproduktionen wie *Elisabeth*, *Mozart!* oder *Tanz der Vampire*.

Mir sind in der deutschsprachigen Szene von Megamusicals in den 1980–90er-Jahren auch nie vergleichbare rassistische Charakterisierungen von nicht-humanoiden Bühnenfiguren begegnet. In *Cats* verkörpern alle Darsteller*innen – abgesehen von wenigen Spielszenen – Katzen. Die Handlung besteht im Wesentlichen aus einer Aneinanderreihung von Porträts verschiedener Katzencharaktere, die viel Ähnlichkeiten mit Persönlichkeiten des britischen und amerikanischen öffentlichen Lebens haben. Diese werden jedoch nicht nach rassistischen Kategorien eingeteilt oder inszeniert. Das einzige Werk von Lloyd Webber, in dem diskriminierende Stereotype zu erkennen sind, ist *Starlight Express*, in dem vor allem zwischen männlichen Lokomotiven und weiblichen Waggons unterschieden wird. Zwar werden die von Selbstzweifeln geplagte Dampflok Rusty und vor allem ihr väterlicher Freund musikalisch als afroamerikanisch charakterisiert. Doch am Ende ist es ausgerechnet die verachtete rostig-dunkle Lokomotive, der es mit Hilfe göttlichen Zuspruchs gelingt, das finale Rennen gegen die arrogante *weißen* Diesel- und Elektrolokomotive für sich zu entscheiden und die Liebe der attraktivsten *weißen* Waggonfrau zu gewinnen. Das ist eine recht fortschrittliche Geschichte, die Lloyd Webber vor einigen Jahren sogar an zeitgemäße Geschlechterrollen angepasst hat.

Der große Unterschied in der Dramaturgie und der Charakterzeichnung der Figuren in Disney-Musicals deutet bereits darauf hin, dass das Unternehmen zwar ein herkömmliches Musicalpublikum ansprechen, aber zugleich auch Zuschauer*innen für Bühnenproduktionen begeistern will, die zuvor dieses Genre nicht besucht haben. Mit Sicherheit sollen die einfacheren Handlungsverläufe mehr Kinder ansprechen. Für mich lässt sich der anhaltende Erfolg nur dadurch erklären, dass der musikalische Eindruck der Werke stärker ist als der der erzählerischen Elemente. Die Musik verleiht den Stücken erst den exotisierenden Flair von fremden Weltregionen, die in den Handlungen oft nur die Kulisse darstellen. Dabei ist allerdings zu beachten, dass der Prozess der Orientalisierung und Aneignung von Ideen auf der musikalischen Ebene zwar ähnlich, aber nicht parallel zu den Stoffentwicklungen verläuft. Fast jeder Film und jedes Musical hat auf einer Ebene eine positive Eigenschaft, die es schwer macht, die Werke grundsätzlich zu kritisieren.

»Es ist eine kleine Welt«
Weiße Überheblichkeit in exotisierender Weltmusik

Eine musikalische Weltreise in Disneys Freizeitparks

»It's a small world« ist der Name einer Themenfahrt in mehreren Disney-Erlebnisparks, bei der sich die Besucher*innen in Booten auf einem Kanal durch einen geisterbahnähnlichen Tunnel für etwa eine Viertelstunde auf eine Weltreise begeben. Dabei hören sie den gleichnamigen Song der *Dschungelbuch*-Komponisten Robert Sherman (1925–2012) und Richard Sherman (1928–2024), der für Völkerverständigung wirbt:

It's a world of laughter,	Es ist eine Welt des Lachens
A world of tears	Eine Welt der Tränen
It's a world of hopes	Es ist eine Welt der Hoffnungen
And a world of fears	Und eine Welt der Ängste
There's so much	Es gibt so viel,
That we share	Was wir teilen
That it's time	Es ist an der Zeit,
We're aware	Dass wir uns dessen bewusst werden
It's a small world after all	Es ist doch eine kleine Welt

Links und rechts des Kanals tauchen sich drehende Holzpuppen, bewegliche Tierfiguren und Miniaturlandschaften aus aller Welt auf. Die jeweilige folkloristische Kleidung, die Hautfarbe der Figuren sowie die typischen geographischen und architektonischen Besonderheiten der Regionen sollen den Vorbeifahrenden zeigen, wo sie sich auf der Welt befinden. Das Arrangement des Liedes ändert sich je nach thematischem Raum und passt sich stereotyp ausgewählten lokalen Instrumenten, Gesangstechniken und Sprachen an: Dudelsack, Akkordeon, Trompete, Trommel, Klangschale oder A-cappella-Gesang sollen die spezielle Klangwelt der dargestellten Umgebung ertönen lassen. Die harmonische, völkerverbindende Darstellung der Welt lässt zwar Unterschiede in Flora, Fauna, Kleidung und Architektur zu, die einfache Harmonik und die westlich geprägte Kinderliedmelodie im Viervierteltakt bleiben aber trotz der Klangfarbenwechsel durchgehend erhalten. Wird hier tatsächlich die Vielfalt der Kulturen der Welt gefeiert oder nicht vielmehr ein autoritäres Weltbild unter der Herrschaft des westlichen Musiksystems propagiert, das alle Winkel der Erde erreichen soll?

Was für die Miniaturwelt der Disney-Freizeitparks gilt, findet sich auch in der Musik der Zeichentrick- und Animationsfilme sowie ihrer Bühnenversionen wieder. Rassistische Diskriminierungen in der Musik lassen sich zwar in Gesangstexten erkennen, viel öfter ist es jedoch der Umgang mit einer Musik im Zusammenhang mit einer Inszenierung, der ein bestimmtes Weltbild propagiert und bestimmte Personengruppen marginalisiert. Außerdem stellt sich die Frage, wer bei Disney überhaupt die Möglichkeit erhält, bestimmte Musiken schreiben zu dürfen. Eine Musikanalyse muss deswegen eine Untersuchung der beteiligten Personen mit einschließen.

Grundsätzlich stellen Disneys Kompositionen eine westliche Sicht auf die Kulturen der Welt dar und wollen dem Publikum ein Bild der jeweiligen Regionen durch bestimmte Musikstile vermitteln. Dabei verwenden die Komponisten nicht nur stereotype musikalische Elemente, wie bestimmte Klangfarben, Tonleitern oder Rhythmen, um eine orientalisierte und exotisierte Welt zu erschaffen. Immer wieder greifen sie zu Musikstilen rassistisch diskriminierter Gruppen ihrer eigenen Gesellschaft, die sie in die Fremde projizieren. Um Disneys Musik, ihre Funktionen und Bedeutungen analysieren zu können, ist es deswegen sinnvoll, die Filmmusik und die Lieder aus dem Kontext der Kinder- und Familienunterhaltung herauszulösen und als eine Form von populärer ›Weltmusik‹ zu betrachten. Dabei ermöglichen Theorien der Kritischen *Weiß*seinsforschung herauszuarbeiten, mit welchen Formen *weißer* Überheblichkeit Disneys Kreativteams neben den bereits erwähnten Formen der Orientalisierung und Exotisierung im Musikbereich arbeiten. Die Untersuchungen zeigen, dass das Unternehmen immer wieder wie ein Raubtier seine musikalische Beute aus anderen Kulturen reißt, nach eigenem Belieben zerteilt und vor allem sich selbst damit ernährt. Damit folgt der Disney-Konzern in einer Reihe von Filmen einem seit langem kritisierten Umgang mit Weltmusik, der nach Außen die Verbreitung von Diversität behauptet, strukturell allerdings eine neue Form der Ausbeutung darstellt.

Weltmusik als kultureller und ökonomischer Begriff

Eine Reihe von Disney-Musicals dem Genre Weltmusik zuzuordnen, mag auf den ersten Blick verwundern, denn schon im amerikanischen Broadway-Musical lassen sich verschiedene kulturelle Einflüsse erkennen. Es könnte ebenfalls als Weltmusik bezeichnet werden. Das Genre entstand unter anderem aus der Form der rassistischen Minstrel-Shows des 19. Jahrhunderts, aus afroamerikanischen populären Musikgenres des frühen 20. Jahrhunderts sowie aus Musikstilen italienischer und jüdischer Einwanderergruppen (Woll 1989; Hoffman 2020). Dass der Begriff Weltmusik bislang nicht auf das Musical angewendet wurde, liegt daran, dass das Genre von *Weißen* in der amerikanischen Gesellschaft vereinnahmt wurde. Die Musicalproduzenten zu Beginn des 20. Jahrhunderts waren weder an einer realitätsnahen Darstellung nicht-westlicher Musikkulturen interessiert, noch banden sie Komponist*innen oder Autor*innen aus den beschriebenen Handlungsorten in die Entwicklung der Stücke ein. Dies lässt sich allerdings seit einigen Jahrzehnten für eine Reihe von Werken nicht mehr behaupten, für Disneys *Der König der Löwen* ebenso wie etwa für die Westend-Produktion des indischen Musicals *Bombay Dreams* (2002) von A.R. Rahman (*1966).

Der Begriff Weltmusik wurde in der Musikethnologie der 1960er-Jahre zunächst positiv verwendet. Er diente als Sammelbegriff für alles, was nicht europäische Kunstmusik war, und sollte in der Wissenschaft mehr Aufmerksamkeit für die Vielfalt von Musikkulturen erzeugen (Fritsch 1981). Ab den 1970er-Jahren ließen sich eine Reihe westlicher Popmusiker*innen von außereuropäischen Musikstilen inspirieren oder spielten mit Musiker*innen aus verschiedenen Weltregionen zusammen, besonders prominent etwa Paul Simon mit Südafrikaner*innen auf seinem Album *Graceland* (1986). Damit trugen sie zu einer positiven internationalen Wahrnehmung bislang unbekannter Musikstile bei. Einige nicht-westliche Musiker*innen wurden in den westlichen Gesellschaften auf einmal so bekannt, dass die Marketingabteilungen der Musikfirmen nach einem Begriff suchten, unter dem sie die verschiedenen Musikstile verkaufen konnten. ›Weltmusik‹ schien dafür geeignet (Feld 2000).

Mit der Kommerzialisierung ging ab den 1980er-Jahren die Entstehung einer internationalen Musikszene einher, in der Musiker*innen aus dem Globalen Süden dem westlichen Publikum in Konzertreihen präsentiert wurden oder deren Kulturen und Herkunftsländer auf mehrtägigen Festivals zu erleben waren. *Weiße* Produzenten wie Peter Gabriel, ein ehemaliges Mitglied der Band Genesis, gründeten eigene Labels, auf denen internationale Musiker*innen ihre Alben produzieren konnten. Bei aller Kritik, die aus postkolonialer Perspektive an diesen Unternehmungen geäußert wurde, führte dies dazu, dass einige Künstler*innen Zugang zum internationalen Musikmarkt erhielten. Sie bereicherten die Musikszenen und veränderten die Vorstellung von asiatischer, afrikanischer und südamerikanischer Musik bei westlichen Hörer*innen. Zeitweise wurde Weltmusik sogar als ›neue Klassik‹ für ein akademisches Publikum gehandelt (Ling 2003).

Nach anfänglicher Begeisterung über den kommerziellen Erfolg von Weltmusiker*innen zeigte sich für die Wissenschaft bald, dass es der Musikindustrie bei der Vermarktung nicht um die Vielfalt der Musikkulturen ging, sondern in erster Linie um wirtschaftlichen Profit (Flath 2017). Für die Labels war nur die Musik interessant, die nicht aus Nordwesteuropa oder Nordamerika stammte und etwas ungewöhnlich Sinnliches, Tanzbares und Mystisches darstellte, das ein *weißes* Publikum attraktiv fand (Guilbault 1997). Forscher*innen erkannten gleichzeitig, dass unter Weltmusik nicht-westlichen Musiker*innen keineswegs ein gleichberechtigter Zugang zum globalen Musikmarkt gewährt wurde, sondern viel häufiger eine Ausbeutung von Musikkulturen und ein Diebstahl geistigen Eigentums stattfand, gegen den sich die Urheber*innen bzw. ihre Herkunftskulturen kaum wehren konnten (Meintjes 1990; Feld 2000). Eine erfolgreiche Vermarktung im Westen funktionierte jedoch nur unter zwei Bedingungen: Die Stile mussten bis zu einem gewissen Grad für das *weiße* Publikum an das westliche Musiksystem und Formate populärer Musik angepasst werden. Die Musiker*innen mussten dabei jedoch ein Image verkörpern, das sie zu einem ›Anderen‹ machte, etwa durch folkloristische Kleidung, exotische Frisuren oder ein Aussehen, das sie als PoC-Persönlichkeit darstellte. Dadurch konnte der Schein gewahrt werden, dass sie die Musik ihres Herkunftslandes ›authentisch‹ darboten, obwohl es sich bereits um einen hybriden Stil handelte.

Dieser Zwiespalt in der Wahrnehmung von Weltmusik bleibt weiterhin bestehen. Der amerikanische Musikethnologe Philip Bohlman versteht in seinem Buch *World Music* (2002) unter dem Begriff zunächst vorbehaltlos alle Musiken auf der Erde. Infolge der Globalisierung können sich lokale Praktiken weltweit ausbreiten und zu mehr Vielfalt und Gemeinschaft beitragen. Er sieht aber auch die negativen Folgen, wenn diese Prozesse zu Aneignung, Ausbeutung und Verlust kultureller Identitäten führen. An dem Begriff hält er auch in der Neuauflage des Buches fest (Bohlman 2020), obwohl Wissenschaftler*innen mittlerweile für den Begriff ›Global Pop‹ plädieren, um negative Assoziationen mit dem Genre zu vermeiden:

> »Zu stark sind die Einwände, Weltmusik sei entgegen ihrem Anspruch, weltumspannend zu sein, eher ein koloniales Relikt und ein eurozentrischer Dinosaurier. [...] In dem die aus der materiellen Rohstoffextraktion bekannten Ausbeutungsmechanismen am Werke seien, [handele es sich bei Weltmusik] also um einen klaren Fall von Expropriation (Ausbeutung): Im Zuge dieser Kolonisierung wurde ethnische Musik, ob sie nun aus heimischen Traditionen oder aus fernen Territorien stammte, zum bloßen Rohstoff für die Veredelung in den westlichen Metropolen.« (Leggewie und Meyer 2017, 4)

Im Folgenden werde ich bewusst an dem Begriff Weltmusik festhalten, da historisch betrachtet das Interesse an nicht-westlichen Kulturen in Disneys Werken zeitgleich mit der Weltmusik-Bewegung in der populären Musik stattfand. Zudem lassen sich gerade in den Zeichentrick- und Animationsfilmen sowie deren Bühnenversionen die negativen Entwicklungen der kommerziellen Weltmusik gut nachvollziehen. Darüber hinaus ist das besondere an Disneys Filmen und Musicals, dass die Musik zentraler Bestandteil von fiktionalen Geschichten ist. Ausgerechnet Musik wird dazu verwendet, um imaginäre Welten zu konstruieren: es entsteht eine spezielle ›Welt-Musik‹ für jedes Werk. Da Disneys Kreativteams bis auf wenige Ausnahmen aus *Weißen* bestehen, die nur hin und wieder Komponist*innen oder Sänger*innen aus nicht-westlichen Ländern für die Produktionen engagieren, lässt sich die Musikgestaltung unter Gesichtspunkten einer *weißen* Überheblichkeit analysieren.

Weiße Überheblichkeit in der Weltmusikszene

Der Begriff der *weißen* Überheblichkeit (White Supremacy) stammt aus der Kritischen *Weiß*seinsforschung. Ziel dieser Forschungsrichtung ist, sich nicht nur mit den Opfern von Rassismus zu beschäftigen, sondern die *weißen* Täter*innen und deren Methoden kritisch zu analysieren. Aufgrund der Macht- und Deutungshoheit, die *Weiße* politisch, ökonomisch und kulturell global besitzen, wird ihr Verhalten immer dann als *Weiße* Überheblichkeit bezeichnet, wenn sie ihre Weltsicht für allgemeingültig halten und diese überall durchsetzen wollen (Saad 2020). Der Bereich der Musikgestaltung von Disneys Zeichentrick- und Animationsfilmen sowie deren Bühnenversionen stellt einen Bereich dar, der weitgehend auf den Prinzipien einer solchen *weißen* Überheblichkeit beruht, die allerdings auf verschiedenen Ebenen unterschiedlich wirken kann.

Klangliche Konstruktion von nicht-westlichen Kulturen

Im Bereich der Kompositionen zeigt sich eine *weiße* Überheblichkeit, wenn vorgegeben wird, außereuropäische Musikkulturen zu repräsentieren, jedoch das westliche Musiksystem, seine Instrumente und seine vorgeprägten emotionalen Ausdrucksformen als verbindlich vorgegeben sind. Nicht-westliche Tonarten, Rhythmen und Klänge können dann zwar integriert werden, aber nur, solange sie in das westliche Musiksystem passen. So symbolisiert beispielsweise der Ausschnitt aus der harmonischen Molltonleiter mit der übermäßigen Sekunde in Disney-Filmmusiken stets konstruierte orientalische Welten, die zwischen arabischen Ländern und Indien liegen können. Es werden damit auch die rassistisch-diskriminierend als ›Zigeuner‹ bezeichneten Personen in *Der Glöckner von Notre-Dame* portraitiert. Ein Verständnis für die Funktionsweise von nicht-westlichen Tonsystemen, wie etwa das arabische Maqam oder indische Raga, steckt nicht in dieser Imitation. Gleiches gilt für die klangliche Darstellung von Emotionen: Positive, fröhliche Stimmungen werden durch schnelle Tempi, Intervallsprünge und markante Rhythmen ausgedrückt. Traurige oder negative Gefühle werden durch langsame Tempi, melodische Phrasen mit kleinen Intervallschritten wiedergegeben. In Anlehnung an die Konventionen des romantischen europäischen Musiktheaters eignen sich außerdem bestimmte gesellschaftliche Aktivitäten zur Musikuntermalung besonders, wie Lebensfeiern, Arbeitsabläufe und körperliche Fortbewegungen. Das eigene Handeln und Empfinden werden dagegen im individuellen Sologesang reflektiert. Emotionale Beziehungskonstellationen werden im Duett oder Terzett besungen, Relationen zwischen Gruppen oder das Verhältnis von Gruppe zu Einzelpersonen in Ensemblenummern mit Soli. Religiöse Musik ist individueller oder gesellschaftlicher Ausdruck des Glaubens an höhere Mächte.

Diese eurozentrische Form musiktheatralischer Darstellungen entspricht nicht der musikalischen Praxis in vielen nicht-westlichen Kulturen. Nicht nur Tonsysteme, das Verständnis von Metrum und Rhythmus sowie die Klangästhetik können unterschiedlich wahrgenommen werden, auch die Darstellung von Emotionen. Dies gilt insbesondere für soziale Gruppen, die keinen westlich-geprägten Individualismus propagieren und in denen individuelle Gefühle vor allem in kollektiven Aufführungen zum Ausdruck kommen. Das Verständnis von Musik ist auch in Gesellschaften anders, in denen ihr Ursprung nicht im Menschlichen, sondern im Transzendenten gesehen wird. Bestimmte Formen des Musizierens stellen hier eine Kommunikation des Übernatürlichen mit dem Menschen dar und sind ausschließlich dem religiösen Kontext vorbehalten. Eine ernsthafte Beschäftigung mit nicht-westlichen Musikkulturen würde demnach erfordern, sich mit deren Musikpraktiken und ihren sozialen Kontexten auseinanderzusetzen, um zu vermeiden, dass sich Vertreter*innen der jeweiligen Herkunftskulturen von der Repräsentation sozial und religiös verletzt fühlen. Ein falsches Verständnis kann auch dadurch verhindert werden, dass Musiker*innen aus den Herkunftsregionen die Möglichkeit erhalten, an den Kompositionen mitzuwirken, um ihre Perspektive einbringen zu können.

Zuschreibung von westlichen populären Musikstilen zu nicht-westlichen Kulturen

Eine *weiße* Überheblichkeit kann sich in der Musikgestaltung auch daran zeigen, dass bestimmte nicht-westliche Kulturen mit stereotypen Klangformen verbunden werden oder ihnen Musikstile aus anderen Bereichen der populären Musikszene zugeschrieben werden. Gerade durch die parallele visuelle Inszenierung von Kulturen in Disneys Filmen und auf der Bühne entsteht eine enge Verbindung zwischen den handelnden Personen und den praktizierten Musikstilen. Scheinbar nicht Zusammenhängendes wie eine Tierfigur und ein Musikstil kann auf einmal miteinander zu einer rassistisch-diskriminierenden Aussage verbunden werden.

Die Methode, nicht-westliche Musik durch populäre Musikstile zu ersetzen, deren Herkunft rassistisch diskriminierter Gruppen in der eigenen Gesellschaft zugeschrieben wird, verwenden Disneys Kreativteams in vielen Animationsfilmen. Dann wird eine Weltmusik imaginiert, die gar nicht aus einer anderen Welt stammt. Dabei spielt es keine Rolle, ob der jeweilige Musikstil weiterhin ausschließlich von der rassistisch diskriminierten Gruppe praktiziert wird, sondern ob seine Herkunft auf diese Gemeinschaft zurückgeführt wird. Durch eine Zuschreibung des entsprechenden Stils mit bestimmten Figuren wird eine exotische Fremdheit reproduziert. Es findet ein sogenannter ›Othering (Veranderungs)‹-Prozess statt (Olaniyan 1991), in dem Teile einer Gesellschaft zu etwas ›Anderem‹ gemacht werden. Die Methode führt zu einer doppelten Diskriminierung: Die jeweilige rassistisch diskriminierte Gruppe fühlt sich durch die Projektion ihrer kulturellen Identität auf eine nicht-westliche Kultur aus der eigenen Gesellschaft ausgeschlossen, wenn beispielsweise ursprünglich afroamerikanische Gesangsstile von afrikanischen Affen gesungen werden wie in *Tarzan*. Für Afroamerikaner*innen wird ihre Musik damit nicht nur mit dem Tierreich assoziiert, sondern zugleich in eine andere Weltregion projiziert und nicht mehr als Teil der amerikanischen Gesellschaft betrachtet. Die dargestellten nicht-westlichen Kulturen wiederum fühlen sich ebenso ethnisch stigmatisiert und in einen gesellschaftlichen Konflikt hineingezogen, mit dem sie nichts zu tun haben. So mag ein lateinamerikanischer Musikstil zwar den südamerikanischen Kontinent repräsentieren, aber nicht die Kultur eines vorkolumbianischen südamerikanischen Staates wie in *Ein Königreich für ein Lama*. Der gewählte Musikstil behauptet bereits ein koloniales Abhängigkeitsverhältnis der indigenen Bevölkerung zu europäischen Kulturen, die in der Handlungszeit des Stückes noch gar nicht gegeben war. Beide Gruppen fühlen sich von den *weißen* Kreativteams falsch repräsentiert. Sie haben aber keine Möglichkeit, sich in den Produktionsprozess einzumischen, sich gegen diese Zuschreibungen zu wehren oder eigenständig einen musikalischen Vorschlag einzubringen.

Aneignung von musikalischem Material aus nicht-westlichen Kulturen

Auf der strukturellen Ebene der Produktion entsteht *weiße* Überheblichkeit immer dann, wenn Komponist*innen sich von Musik und Texten aus nicht-westlichen Kulturen inspirieren lassen und dabei musikalische Elemente ohne Klärung eines möglichen religiösen Tabus, des geistigen Eigentums oder der Verwertungsrechte in ihre Werke integrieren. Oft liegt diesem Handeln das Verständnis zugrunde, dass Urheberrechte von Musik überall auf der Welt so zu handhaben sind wie in westlichen Ländern. Dabei kann geistiges Eigentum kulturell unterschiedlich definiert sein.

Bei der Frage nach dem Eigentum und den Rechten an Musik geht es zunächst darum, wie deren Entstehung jeweils begründet wird. In westlichen Gesellschaften werden künstlerische Produkte seit der europäischen Neuzeit einer Person zugeschrieben, die sie erfunden hat. Dementsprechend sind die Gesetze dieser Gesellschaften darauf ausgerichtet, das geistige Eigentum der Individuen zu schützen, bei der Verbreitung und Nutzung der Werke Tantiemen zu verlangen und den Erben nach dem Tod der Urheber*innen eine Weile lang weiterhin bestimmte Rechte einzuräumen. Danach gelten die Werke als gemeinfrei und können von allen weiterverwendet oder bearbeitet werden. In einigen Ländern müssen künstlerische Werke eigens angemeldet werden, um Rechtsschutz zu erlangen, in anderen gilt bereits der nachweisbare Schaffensprozess als Anspruch auf Urheberrechte (Frith und Marshall 2004; Homann 2007). Die Grenze, ab wann von geistigem Eigentum gesprochen wird, ist nicht in allen Bereichen eindeutig und eurozentrisch geprägt. Rhythmische Muster von Tänzen oder harmonische Sequenzen von Liedern sind nach westlichem Verständnis keine individuellen Kompositionen, eine melodische Bewegung in einem bestimmten Rhythmus mit einer gewissen Länge und mit Wiedererkennungswert hingegen schon.

In nicht-westlichen Gesellschaften können allerdings andere Formen des kulturellen Eigentums existieren. So werden in einer Reihe von Kulturen Afrikas und Asiens bestimmte Musikstile kollektiv ethnischen und sozialen Gruppen zugeschrieben oder können durch den Bezug zu einer religiösen Praxis tabu für Außenstehende sein (Seeger 2004). Besonders prominent erscheinen hier Genres für die herrschende Schicht, ausgewählte Musikerfamilien oder für religiöse Expert*innen, aber auch alltägliche Musikpraktiken in bestimmten Regionen oder bei einzelnen Ethnien. Das Musizieren und Vermitteln dieser Musik ist an die Gruppe gebunden. Die exklusiven Aufführungsrechte ermöglichen den jeweiligen Musiker*innen ihren Lebensunterhalt, da es kein vergleichbares Urheber- und Nutzungsrecht gibt. Die Weitergabe von kulturellem Eigentum an Personen außerhalb ist nur in Ausnahmefällen und oft nur gegen finanzielle Entschädigung möglich.

Die Grenzen, ab wann Musik ein geistiges oder kulturelles Eigentum darstellt, können ebenfalls unterschiedlich verlaufen. In Musikstilen, die weniger melodie- und stärker rhythmusbetont sind, stellen bestimmte rhythmische Muster – meist in Verbindung mit einem speziellen instrumentalen Klang – bereits ein ethnisches oder soziales Eigentum dar. Dies gilt umso mehr, wenn der Musikstil in einem politischen oder religiösen Kontext zur Meinungsäußerung benutzt wird. Auch wenn die Nutzung solcher Stilelemente nicht unbedingt exklusiv geregelt sein muss und eine Übernahme nicht direkt als Missbrauch gedeutet wird, werden die entsprechenden rhythmischen Muster stets eine Assoziation zu einer bestimmten sozialen oder ethnischen Gruppe herstellen. Stilimitationen von diesen Genres in dramatischen Werken zu verwenden, bedeutet deswegen immer, dass Verbindungen zwischen der Herkunft der Musik und den entsprechenden Bühnenpersonen hergestellt werden. Wenn etwa die Affen in Disneys *Das Dschungelbuch* in einem afroamerikanischen Musikstil singen, wird dadurch zwangsläufig eine gesellschaftspolitische Aussage gemacht.

Die Verwendung von Musiken nicht-westlicher Kulturen hat sich durch die Digitalisierungs- und Globalisierungsprozesse der vergangenen Jahre stark verändert. Jahrzehntelang war die Produktion von Feldforschungsaufnahmen aus nicht-westlichen Kulturen einem Fachpublikum vorbehalten und rechtlich so gelöst, dass die jeweiligen Urheber*innen oder Herkunftskulturen von den Forscher*innen eine angemessene Entschädigung erhielten. Oft waren die Veröffentlichungen für die Musiker*innen mit der Hoffnung verbunden, internationale Aufmerksamkeit zu erhalten, was sich für sie positiv in Einladungen zu Konzerten oder zum Unterricht in westlichen Ländern auswirken konnte. Dies änderte sich mit der Digitalisierung, die nicht nur das identische Kopieren von Bild und Ton ermöglichte, sondern Feldforschungsaufnahmen auch zum Rohmaterial für neue Werke machte. Plötzlich fanden sich Ausschnitte von Aufnahmen außereuropäischer Musik inmitten populärer westlicher Lieder wieder, ohne dass dafür Rechte eingeholt oder Tantiemen gezahlt wurden. Dass es dabei zu völlig unvorhersehbaren Entwicklungen kommen kann, zeigen berühmte Beispiele wie das Wiegenlied »Rorogwela« von den Salomonen, das zu einem internationalen Hit verschiedener Weltmusikkünstler wurde (Feld 2000). Um eine unrechtmäßige Verwendung von Ausschnitten einer taiwanesischen Feldforschungsaufnahme handelte es sich beim Enigma-Song »Return to Innocence«, der unter anderem in der Werbung für die Olympischen Sommerspiele 1996 verwendet wurde (Chang 2009). Urheberrechtsstreitigkeiten gab es auch um Shakiras Song für die Fußballweltmeisterschaft in Südafrika »Waka Waka (This Time for Africa)«, in dem ein kamerunisches Militärlied zitiert wurde (Halbert 2014). In all diesen Fällen handelte es sich um global vermarktete Hits, für die individuelle Rechte der nicht-westlichen Komponisten und die Verwertungsrechte der Aufführenden zunächst ignoriert wurden. Aus den jeweiligen Stücken wurde ein neues Produkt entwickelt, das einen immensen wirtschaftlichen Erfolg verbuchen konnte. Nur kostspielige juristische Verfahren ermöglichten es den jeweiligen Urheber*innen, Tantiemen oder Entschädigungen einzufordern. Mit Sicherheit gibt es in diesem Bereich eine hohe Dunkelziffer von Fällen, bei denen die Urheber*innen nie gewagt haben, Klage zu erheben und so auch nie eine Entschädigung für ihr geistiges Eigentum erhielten.

Die Beispiele zeigen, dass es bei der Repräsentation nicht-westlicher Musikkulturen schnell nicht mehr nur um das ethische Verhalten geht, ob der Disney-Konzern fremdes klangliches Material und nicht-westliche Musikstile auf eine bestimmte Art verwenden darf, sondern um Fragen des internationalen Rechtes. Inwieweit beutet das Unternehmen aus einer *weißen* Überheblichkeit heraus andere Kulturen aus?

Weltmusik in Disneys Filmen und Musicalversionen

Vor dem Hintergrund dieser Diskussionen um Konstruktion, Zuschreibung und Aneignung von Weltmusik sind die Kompositionen zu Disneys Zeichentrick- und Animationsfilmen sowie deren Bühnenfassungen zu interpretieren. Auch wenn die Stücke sich nicht gezielt an ein Weltmusik-Publikum wenden, stehen sie als kommerzielles Produkt in Konkurrenz zu deren Angeboten. Darüber hinaus erhebt das Unternehmen den Anspruch, Geschichten von nicht-westlichen Kulturen in einer musikdramatischen Form darzustellen, wie etwa der Marketing-Titel »Pocahontas – eine indianische Legende« belegt. Die folgenden Analysen werden zeigen, inwieweit dem Disney-Konzern dies in einer kultursensiblen Weise gelingt.

Koloniale und rassistische Klangwelten in *Das Dschungelbuch* und *Tarzan*

Ausgangspunkt und Vorbild für die Komposition von Disney-Filmen mit Handlungsorten in nicht-westlichen Kulturen ist der Soundtrack zu *Das Dschungelbuch*. Hier wird erstmals deutlich, wie ein Kreativteam aus einer *weißen* Überheblichkeit heraus mit der Musik eine orientalisierende Vorstellung des indischen Dschungels verbreitet und zugleich diskriminierende und rassistische Aussagen des Drehbuchs verstärkt. George Bruns (1914–1983) leitet die verschiedenen Schauplätze der Handlung mit seiner orchestralen Hollywood-Filmmusik ein und verwendet dabei die mit orientalischer Musik assoziierte, harmonische Molltonleiter sowie solistische Flötenklänge, die wohl asiatisch klingen sollen. Die begleitenden Trommeln in unterschiedlichen Tonhöhen könnten auf indische Musikpraktiken verweisen, sind aber vollständig in ein funktionales westliches Harmonieschema eingebettet. Die Verwendung dieser Stilelemente führt zu einer Reproduktion von klanglichen Stereotypen, die mit der asiatischen Weltregion verbunden werden, ohne dass sie einen realitätsnahen kulturellen Einblick geben. Die Lieder von Terry Gilkyson und den Sherman-Brüdern orientieren sich am Stil unterhaltender Broadway-Nummern und bewegen sich zwischen westlichem Militärmarsch für die Elefanten, jazzigem Scat-Gesang[22] der Affen, dem swingenden Bärenlied »Probier's mal mit Gemütlichkeit (The Bare Necessities)« und dem poppigen Männergesang der Geier. Den finalen Höhepunkt des Films bildet ein Kinderlied mit westlicher Melodik, mit

22 Scat-Singing ist eine aus der afroamerikanischen Populärmusik stammende Improvisationspraxis, bei der mit lautmalerischen Silben verschiedene Melodie- und Perkussionsinstrumente stimmlich möglichst klanggetreu nachgeahmt werden.

dem ein indisches Mädchen den Urwaldjungen zähmt und in die Welt der Menschen führt. Mogli wird also letztlich in die westliche Musikkultur integriert. Im Gegensatz zu späteren Disney-Produktionen fehlen hier das ›I want‹-Lied der Hauptfigur und ein Liebesduett.

Die Entscheidung für Musikgenres mit afroamerikanischen Bezügen führt dazu, dass die Tiere mit Afroamerikaner*innen assoziiert werden. Besonders in dem Lied der Affen »Ich wär' so gern wie du (I Wanna Be Like You)« wird die stereotype rassistische Zuordnung der Primaten zu Schwarzen, die in rassistischen Kontexten als ›Primitive‹ bezeichnet werden, deutlich. Der Scat-Gesang in dem Lied war zur Zeit der Filmveröffentlichung eine Spezialität afroamerikanischer Sänger*innen. Ausgerechnet der Affenkönig wünscht sich, trotz seiner herausgehobenen Rolle innerhalb seiner Gruppe, ein ›Mensch‹ zu werden:

Now I'm the king of the swingers	Ich bin der König im Affenstall
Oh, the jungle VIP	Der größte Klettermax
I've reached the top and had to stop	Spring' ohne Hast von Ast zu Ast
And that's what botherin' me	Das ist für Sportler ein Klacks
I wanna be a man, mancub	Ich würde lieber auch Mensch sein
And stroll right into town	Und tollen durch die Stadt
And be just like the other men	So'n Mensch hat's gut
I'm tired of monkeyin' around	Ich aber hab' das Affenleben hier satt

Der Gesang ist vor dem Hintergrund der damaligen Rassentrennung in den USA als politischer Protest zu verstehen und stärkt damit erneut die These, dass die Handlung eher eine Projektion der amerikanischen Gesellschaft auf ein indisches Land darstellt. Im Film werden die Affen jedoch bewusst von den stärkeren Tieren und Mogli überlistet und nicht an dem weiteren Road-Movie in die Freiheit und Sicherheit beteiligt. Das Widerstandslied soll also nicht zu einer Befreiung führen.

Jahrzehnte später im afrikanischen Dschungel von *Tarzan* hat sich Disneys Repräsentation der nicht-westlichen Welt musikalisch kaum verändert. Das gilt für den Zeichentrickfilm ebenso wie für die Bühnenversion. Der Brite Phil Collins (*1951), Schlagzeuger, Sänger und Komponist, war für den Disney-Konzern ein idealer Kooperationspartner für einen

Film, dessen Soundkulisse sich besonders an Rhythmen und Geräuschen orientieren sollte. Mit seinen Welthits, die von Upbeat-Nummern bis zu romantischen Balladen reichen, brachte Collins alle Voraussetzungen mit, um die unterschiedlichen Anforderungen an Songs für einen Film zu erfüllen. Als ehemaliges Mitglied der Band Genesis, die mit Konzeptalben wie *The Lamb lies down on Broadway* (1974) für Furore gesorgt hatte, war er außerdem ein wenig erfahren mit dramatischer Musikgestaltung, auch wenn er noch keine Musik für Kinder geschrieben hatte. Im Vergleich zu seinem Bandkollegen Peter Gabriel war er unerfahren im Komponieren von kommerzieller Weltmusik. Die Arbeit als Auftragskomponist begeisterte Collins ebenso, wie ihm die musikdramatische Arbeit schwerfiel:

> »One of the things I learned is that you can have a great song, but if it's not right for the character or the scene, or even the actor – or if it's in the wrong place – then it's not doing its job, so walk away with your head held high.«[23] (Collins in Lassell, 2007, 114)

Die Herausforderung für die *Tarzan*-Komposition lag in den komplexen Kommunikationsformen des Stückes zwischen Tier und Mensch. Die Affen reden miteinander in einer Menschensprache, wechseln aber in stammelnde Laute oder emotionales Gebrüll, wenn außer Tarzan andere Menschen anwesend sind. Der Journalist Klaus Irler brachte diesen Widerspruch mit spöttischem Unterton in seiner Rezension der deutschen Erstaufführung des Musicals in der taz auf den Punkt:

> »Die Affen reden untereinander deutsch. Ebenso wie die Forscher, die anschließend auf die Insel kommen. Nur das Gespräch zwischen Affen und Forschern klappt dann nicht.« (Irler 2008)

Gesang ist deswegen in dem Film eine Kunstform, die zunächst nur den Menschen zugestanden wird. Collins schreibt Lieder über die Handlungssituationen anstelle aus der Perspektive der handelnden Personen. Aufgrund seiner unverkennbaren poppigen Melodieführung und seines

23 »Eines der Dinge, die ich gelernt habe, ist, dass man einen großartigen Song haben kann. Aber wenn er nicht zur Figur oder zur Szene oder gar zum Schauspieler passt – oder wenn er an der falschen Stelle steht – dann erfüllt er seine Aufgabe nicht, also gehen Sie erhobenen Hauptes davon.« (Übers. d. Autors)

speziellen, gepressten Gesangsstils hat er die Lieder für den Zeichentrickfilm selbst eingesungen. Die dramatische Filmmusik stammt von dem amerikanischen Hollywood-Komponisten Mark Mancini (*1957), der seine Karriere vor allem mit der Vertonung von Actionfilmen aufgebaut hat. Für die Bühnenadaption waren viele Änderungen notwendig, um die Gesangsparts ausgewogen zu gestalten. Die Ausdehnung einer westlichen Klangkulisse auf eine Geschichte von Menschen und Affen, die auf der Bühne aber beide von Menschen gespielt werden, bringt zwangsläufig Bezüge zwischen Musik und den Bühnenfiguren mit sich.

Im Eingangslied »Zwei Welten, eine Familie (Two worlds, one family)« wird in einer Parallelmontage einerseits das Schicksal der schiffbrüchigen Menschenfamilie geschildert, die sich an der westafrikanischen Küste in ein Baumhaus rettet, bevor ein Leopard die Eltern tötet. Gleichzeitig wird das Leben der Familie des Anführers einer Gorillapopulation gezeigt, die ihr Baby durch einen Angriff desselben Leoparden verliert. Die Sequenz endet damit, dass das Gorillaweibchen gegen den Willen ihres Partners das überlebende Menschenbaby anstelle ihres getöteten Kindes annimmt und ihm den Namen Tarzan gibt. Die Musik folgt dabei durchgehend westlicher, weitgehend elektronischer Popmusik, ohne dass ein klanglicher Hinweis auf eine afrikanische Tier- oder Dschungelwelt erfolgt. Die Übersetzung »Zwei Welten, eine Familie« legt nahe, Gorillas und Menschen als eine Einheit zu sehen, die zusammen eine Familie bilden können – nicht im Sinne von »zwei Welten, je eine Familie«. Sollen die Gorillas nun als Tiere verstanden werden oder stehen sie symbolisch für Afrikaner*innen, die stereotyp als gute Trommler charakterisiert werden, wie es der dominante Schlagzeugpart des Liedes nahelegt? Sind die Affen im Sinne eines rassistischen Denkens gleich, aber nicht gleichwertig? Eine menschliche Emotionalität wird der Gorillamutter Kala deutlich zugeschrieben, wenn sie im Musical in ihrem Liebeslied »Dir gehört mein Herz (You'll Be In My Heart)« mit sequenzierten Sextsprüngen ihren Muttergefühlen Ausdruck verleiht.

Die Frage nach Inklusion und Exklusion zieht sich durch das gesamte Musical, wobei nie zwischen Tier- und Menschenwelt unterschieden wird, sondern nur zwischen Freund und Feind, wie im Lied von Tarzans Affenfreund Terk »Du brauchst einen Freund (Who Better Than Me)«, oder zwischen zugehörig und fremd, wie in Tarzans Liedern »Warum, wieso? (I Need to Know)« und »Fremde wie ich (Strangers Like Me)«. Musikalisch wird dies mit Jazz-Genres verbunden oder auch mal mit westafrikanischen Rhythmen unterlegt. Am Ende von Tarzans Selbstermutigungslied »So ein Mann (Son of Man)« jubelt der Mensch schließlich, während die Affen im Hintergrund ihre stereotypen ›uh-uh‹-Laute von sich geben.

Die Analogie zwischen Primaten und Schwarzen Menschen wird durch die einzige Passage des Musicals, in der die Affen allein musizieren, noch verstärkt. In der Ensemblenummer »Krach im Lager (Trashin' the Camp)« scatten, beatboxen, trommeln und rasseln die Tiere mit allen Gegenständen der menschlichen Forschergruppe, derer sie habhaft werden können. Daraus entwickelt sich eine jazzig improvisierte Nummer mit zusätzlichen Bläserklängen. Diese Stilistik erinnert deutlich an *Das Dschungelbuch*. Erneut wird ein Bezug zwischen Tierwelt und afroamerikanischen Musikpraktiken hergestellt. Gleichzeitig zeigt die komödiantisch gemeinte Szene, dass die Affen nicht in der Lage sind, menschliche technische Geräte wie eine Schreibmaschine richtig zu bedienen und daher keinen gleichberechtigten Anspruch auf diese Lebenswelt haben. Tarzan hingegen wird von den forschenden Porters zivilisiert. Kein Wunder, dass sein Liebeslied mit Jane »Auf einmal (For the First Time)« ganz im Stil einer westlichen Musicalballade gehalten ist, begleitet von romantischen Oboenklängen. Tarzan tritt hier, wie Mogli im *Dschungelbuch*, in die westlich geprägte *weiße* Musikwelt ein. Weiter hätte sich Collins in seinem Schaffen von seinem ehemaligen Kollegen Peter Gabriel und dessen Anliegen bei Weltmusik-Produktionen kaum entfernen können.

Exotisierende Darstellungen fremder Kulturen in *Mulan* und *Ein Königreich für ein Lama*

In den Zeichentrickfilmen, die in der Welt der Menschen spielen, ändern sich die Kompositionsmethoden. Nicht-westliche Kulturen werden nun vollständig durch an Broadway-Musicals angelehnten Nummern präsentiert und dabei stereotype Charakterisierungen von Menschengruppen reproduziert. Die Musik ist Ausdruck einer *weißen* Überheblichkeit, die vorgibt, außereuropäische Kulturen darzustellen, diese allerdings nur

bruchstückhaft in das eigene Musiksystem integriert. Die Musikgestaltung verstärkt dabei die Aussagen des Drehbuchs.
Der Hollywood-Komponist Jerry Goldsmith (1929–2004) orientiert sich in seinem Soundtrack zu *Mulan* an der typischen orchestralen Darstellung Asiens, wie sie bereits in chinesisch-exotisierenden Musiktheaterwerken des 20. Jahrhunderts üblich war, wie in Giacomo Puccinis *Turandot* (1926) oder Franz Lehárs *Land des Lächelns* (1929). Chinesische Klänge von großen Trommeln, Glöckchen und Gongs, die oft auch im Bild zu sehen sind, mischen sich mit Bambusflöten- und Zitherklängen. Die Actionszenen sind wiederum ganz im Stil von Hollywood-Filmen gehalten. Der Titel »Haircut« klingt wie ein beliebter Party-Stimmungsmacher aus den 1980er-Jahren. Ähnliches gilt für die Lieder von Matthew Wilder (*1953), der vor allem mit Pop-Songs international bekannt wurde, bevor er sich auf das Produzieren und Komponieren für andere Musiker*innen konzentrierte. Die häufig verwendete pentatonische Tonleiter und sein ethnisches Instrumentarium erzeugen in den sentimentalen und komischen Passagen ein asiatisch anmutendes musikalisches Flair. Alles wird jedoch in eine funktionale, westlich geprägte Stufenharmonik eingebettet, wie etwa in »Ehre für das Haus (Honor To Us All)« oder »Die Frau, für die ein Kampf sich lohnt (A Girl Worth Fighting For)«. Die Ensemblenummer »Sei ein Mann (I'll Make a Man Out of You)" erinnert dagegen stilistisch an westliche Militärmarschmusik, die im Stil der Popmusik der 1980er-Jahre arrangiert wurde. Mulans Solonummer »Wer bin ich? (Reflection)« folgt ganz dem Stil einer westlichen romantischen Musicalballade, in der die Protagonistin wenig von ihrer kämpferischen Entschlossenheit erkennen lässt. Dass dieses Lied mit der US-Sängerin Christina Aguilera zu Cross-Promotion-Zwecken ausgekoppelt wurde, ist nur folgerichtig. Hier wird gar nicht die chinesische Kultur repräsentiert. Ein einheitliches Werk der beiden Komponisten entsteht nicht. Das Publikum soll sich über die westliche Popmusik mit *Mulan* und ihrem Geliebten identifizieren. Die asiatische Klangatmosphäre dient der exotischen Charakterisierung des Handlungsortes und der eher lächerlich dargestellten chinesischen Traditionen, aus denen sich Mulan befreien will. Ein Interesse an der chinesischen Musikkultur ist nicht mal in Ansätzen zu erkennen.

Für den Soundtrack von *Ein Königreich für ein Lama* engagierte der Disney-Konzern den Popsänger Sting (*1951), der ein Jahr vor dem Filmstart mit dem Duett »Desert Rose«, einem stark orientalisierenden Weltmusik-Song, ein internationaler Hit gelungen war. Seit der Auflösung seiner Band The Police in den 1980er-Jahren hatte Frontmann Sting mit Soloprojekten auf sich aufmerksam gemacht, in denen er Musikstile miteinander vermischte. Damit schien er der geeignete Komponist für einen Disney-Film zu sein, der in einem märchenhaften Inka-Reich spielt. Sting beschäftigte sich allerdings nicht mit der dargestellten südamerikanischen Musikkultur, sondern komponierte sechs Songs im Stile populärer Musikgenres. Zwei davon sang er selbst, während Tom Jones, Eartha Kitt und die Band Rascal Flatts den anderen ihre Stimmen verliehen. Die Filmmusik stammt von dem US-amerikanischen Komponisten John Debney (*1956), der einen klassischen Hollywood-Soundtrack schuf, der keinerlei Bezug zu peruanischer Musik erkennen lässt. Insgesamt spielen die Songs im Film eine eher untergeordnete Rolle, lediglich »Perfect World« mit seinen treibenden lateinamerikanischen Rhythmen, interpretiert von dem stimmgewaltigen Briten Tom Jones, sticht hervor. Das Lied der intriganten Yzma »Snuff Out the Light« folgt einer jazzigen Broadway-Nummer mit lateinamerikanischem Arrangement. Über den Film hinaus bekannt geworden ist die Rock'n'Roll-Nummer »Walk the Llama, Llama«, die mit einer eigenen Tanzchoreographie zum Mitmachen versehen wurde. Die Bewegungen erinnern ein wenig an den Tanzstil des Hits »Walk Like an Egyptian« der amerikanischen Band The Bangles aus den 1980er-Jahren, zu dem es einen stark orientalisierenden Videoclip gab. Nordafrika und Südamerika werden hier musikalisch zusammen orientalisiert. Sting greift damit für die musikalische Beschreibung eines präkolumbianischen peruanischen Königreichs einerseits auf musikalische Genres zurück, die eng mit afroamerikanischer Musik verbunden sind. Damit wird die Fremdheit einer nicht-westlichen Kultur durch Musikgenres einer anderen marginalisierten sozialen Gruppe repräsentiert. An anderen Stellen verwendet Sting lateinamerikanische Genres, die aus der Vermischung europäischer und afrikanischer Musikstile in Amerika entstanden sind. Indigene peruanische Musik erklingt an keiner Stelle und macht damit den Handlungsort zu einer Imagination westlicher Produzenten, die sich nicht die Mühe machen, für einen komödiantischen Film den kulturellen Kontext des Handlungsortes nur ansatzweise zu verstehen.

Alan Menkens imaginierte Weltmusiken in *Aladdin* und *Pocahontas*

Der amerikanische Komponist Alan Menken (*1949) wurde 1982 mit dem satirischen Rockmusical *The Little Shop of Horrors (Der kleine Horrorladen)* weltbekannt, bevor er auf Vermittlung von Jeffrey Katzenberg zum ›Hauskomponisten‹ von Disney-Filmen aufstieg, von denen viele später auch als Bühnenfassungen produziert wurden (*Arielle* (1989), *Die Schöne und das Biest* (1991), *Aladdin* (1992), *Der Glöckner von Notre Dame* (1996), *Hercules* (1997)). Sein kompositorisches Konzept für die Stücke, die in nicht-westlichen Kulturen spielen, besteht in der Zitation ethnisch konnotierter Klänge und einer Orientalisierung und Archaisierung der jeweiligen Musikkulturen. Insgesamt verbleiben seine Kompositionen in einem romantischen westlichen Filmmusikstil, auch wenn er Kontraste zwischen den Kulturen ausdrücken möchte (Lindman 2019). Damit agiert er aus einer *weißen* Überheblichkeit heraus, jede Musikkultur aus dem eigenen Blickwinkel imaginieren zu dürfen.

Menkens *Aladdin* ist eines der wenigen Disney-Werke, das im englischsprachigen Raum eine gesellschaftliche Diskussion auslöste. Kritik entzündete sich an dem Liedtext der Eröffnungsnummer »Arabische Nächte (Arabian Nights)«, in dem die Araber als »Barbaren« bezeichnet werden und sich der Dschinni auch in weiteren Strophen über ihr Aussehen und Verhalten lustig macht. Es wird berichtet, dass sich der Textdichter Ashman während der Entwicklung des Films der rassistischen Anspielungen bewusst war, sich aber mit seiner zunehmenden Ablehnung der Formulierungen gegen die anderen Mitglieder des Kreativteams nicht durchsetzen konnte (Pinsky 2004, 148). Die anschließende öffentliche Kritik war so heftig, dass die erste Strophe für die Realverfilmung 2019 verändert wurde. In der Broadway-Version des Musicals bleibt sie jedoch erhalten. In den deutschen Übersetzungen wurde versucht, die Diskriminierung abzuschwächen.

Aladdin (Zeichentrickfilm 1992) und Broadway-Musical (2014)	**Aladdin (Realverfilmung 2019)**
Oh, I come from a land, from a faraway place Where the caravan camels roam Where it's flat and immense And the heat is intense It's barbaric, but hey, it's home	Oh, imagine a land, it's a faraway place Where the caravan camels roam Where you wander among Every culture and tongue It's chaotic, but, hey, it's home
Deutscher Gesangtext Zeichentrickfilm	**Aladdin (Hamburger Musicalversion)**
Komm' mit mir in ein Land Ein exotischer Fleck, Wo Kamele durch die Wüste zieh'n. Du riskierst deinen Kopf, Und sofort ist er weg. Tja, vergiß es! Dann platzt der Termin.	Oh ich komm von weit fort Einem sehr fernen Ort Mit Palästen voll Prunk und Stolz Seine Wüsten so weiß Und die Luft glühend heiß Es ist die Hölle, doch hey, was soll's?

Das Eröffnungslied soll wahrscheinlich ironisch gemeint sein. Die Melodien spielen die harmonische Molltonleiter an, um die angebliche arabische Umgebung zu markieren. Soloflöten imitieren stereotype Klänge von Schlangenbeschwörern. Das Ganze wird mit indischen Trommelrhythmen begleitet. Insgesamt wirkt die Ensemblenummer eher wie ein Bollywood-Filmsong mit seiner charakteristischen Rondo-Form, die gegen Ende auch in lateinamerikanische Rhythmen springen kann. Der fremde und erotisch-konnotierte Orient wird musikalisch durch alles verklanglicht, was nicht einer westlichen Musikästhetik entstammt.

Wenn der Dschinni zum ersten Mal im Stück die Wunderlampe verlässt, geschieht dies im Stil der jazzigen Broadway-Nummer »A Friend Like Me (So 'nen Kumpel hattest du noch nie)«, die an den Stil des Musicals *42nd Street* erinnert. Hier wird nicht mehr der Orient thematisiert, sondern der westlich-amerikanische Lebensstil persifliert. Die Einleitung bildet ein afroamerikanischer Scat-Gesang, der in eine klassische Jazznummer übergeht, zu der das Tanzensemble auf der Bühne steppt. Währenddessen prahlt der Dschinni damit, wie gut er dem Bild eines afroamerikanischen Musikers entspricht: »Ich bin Genie, ich hab's drauf und ich rapp' und sing', weil ich's einfach voll bring', oh! (»I'm the genie of the lamp, I can sing, rap, dance, if you give me a chance, oh!«). Dass er die Freundschaft mit Aladdin keineswegs als gleichberechtigt versteht, sondern sich ihm gegenüber in der typischen Rolle des dienenden Versklavtem sieht, gibt er ebenfalls offen zu:

Life is your restaurant	Meister, wie heißt du noch?
And I'm your maitre d'	Egal, sei bloß nicht so zögerlich
Come, whisper to me whatever it is you want	Ich nehme gern' deine Bestellung auf
You ain't never had a friend like me	Wer hat sonst noch einen Freund wie mich?

Auch in diesem Stück wechseln die Musikstile innerhalb der Strophen. Auf einmal erklingt ein lateinamerikanischer Cha-Cha-Cha und während einer Zaubertrickeinlage ein Medley aus anderen Disney-Filmmelodien wie *Die Schöne und das Biest* und *Pocahontas*. Das Ganze ist eine gewaltige Shownummer mit zusätzlichen Tanzeinlagen, schnellen Kostüm- und Bühnenwechseln, die nichts mit der arabischen Welt oder der Vorstellung eines geheimnisvollen Flaschengeistes zu tun hat.

Zum Liebesduett »Eine ganz neue Welt (A Whole New World)« fliegen Aladdin und Jasmin im Zeichentrickfilm auf einem fliegenden Teppich wie auf einer touristischen Hochzeitsreise durch die europäisch-nordafrikanische Welt: vorbei an den ägyptischen Pyramiden, der Sphinx und der griechischen Akropolis. In der Musicalversion wird daraus ein Sternenflug durch das Weltall. Die Musik stellt jedoch nichts Neues, Unerwartetes dar, sondern folgt ganz der Form einer romantischen Musical-Ballade im westlichen Musiksystem. Das vollkommene Freiheitsgefühl der beiden Hauptfiguren zeigt sich also darin, dass sie ganz in einer westlichen Musikästhetik aufgehen. So verfolgt Menken mit seiner Musik zu Disneys *Aladdin* grundsätzlich die Strategie, einerseits eine orientalisierende Vorstellung einer arabisch-indisch-afroamerikanisch-lateinamerikanischen Welt zu erzeugen, anderseits alle klassischen komödiantischen Broadway-Stile zu imitieren. Die Genrestandards werden dabei so klischeehaft bedient, dass – vor allem im Vergleich mit seinem Frühwerk *A Little Shop of Horror* – eine eigene innovative kompositorische Handschrift kaum zu erkennen ist. Lloyd Webbers Chromatik und Ganztonreihen in ähnlichen Werken mit mysteriösen Ereignissen wie in *Das Phantom der Oper* oder *The Woman in White* (2004) können dagegen als originell bezeichnet werden. Selbst in Stephen Schwartz' Musical *The Prince of Egypt* (2017), das auf dem gleichnamigen Zeichentrickfilm von DreamWorks beruht und ebenfalls einige orientalisierende Darstellungen enthält, finden sich mehr Elemente, die auf die hebräische Sprache und jüdische Musik verweisen, als arabische Musik in Menkens sogenannten »Arabischen Nächten«.

Die Musik zu Disneys Zeichentrickfilm *Pocahontas* lebt dagegen von der direkten Gegenüberstellung der britischen Kolonialwelt und der Gesellschaft der Native Americans. Gleich zu Beginn singen die englischen Soldaten bei ihrer Abreise eine marschähnliche Melodie mit Bläserbegleitung, Snaredrum-Wirbeln und punktierten Rhythmen (»The Virginia Company«), während die Native Americans durch dumpfe, pulsierende Trommeln und das Blasen eines (computergenerierten) Muschelhorns charakterisiert werden (»Stetig wie der Trommelklang (Steady as the Beating Drum)«). Während die europäischen Seeleute mehrstimmig grölen, singen die Native Americans einstimmig Arbeits- und Ruderlieder, ergänzt durch einzelne Rufe in ihrer Sprache und Ululationen[24]. Bei diesen Stilmitteln und klanglichen Unterschieden hört der musikalische Kontrasteffekt jedoch auf. Harmonisch folgen beide Stücke der westlichen Funktionsharmonik, wenngleich der Gesang der Engländer eher einer barocken Akkordprogression folgt, während der Gesang der Indigenen mit einer Jazzharmonik mit hinzugefügten Sekunden, Septimen und Nonen unterlegt wird. Letzteres erinnert also eher an afroamerikanische Musik als an die der Native Americans.

Die Gegenüberstellung vermeintlich gleichwertiger Kulturen wird noch einmal im Ensemblestück »Wilde sind's (Savages)« deutlich, in dem sich beide Gruppen in einer Kampfsituation gegenseitig vorwerfen, »Wilde« zu sein, die es zu vernichten gelte. Die Engländer stimmen ein Kriegsgeheul an und konstruieren eine fremde ›Rasse‹ mit den Worten:

24 Ululation ist ein Jubelgesang, bei dem die Zunge und das Gaumenzäpfchen bei einem hohen Ton schnell bewegt werden, so dass eine Art Heulen entsteht, das wie »u-lu-lu« klingt.

Their skin's are hellish red.	Die Haut ist teuflisch rot,
They only good when dead.	Am besten wär'n sie tot!
They're vermin, as I said, and worse.	Die Würmer sind verroht und schlecht!

Analog dazu bezeichnen die Native Americans die Europäer:

Beneath that milky hide	Das milchige Gesicht
There's emptiness inside.	Verbirgt die Leere nicht
I wonder if they even bleed!	Und haben sie wohl Blut wie wir?

Beide Seiten kommen zu dem Schluss, dass sie mit ihren jeweiligen Trommeln zum Krieg aufrufen. Im Rahmen der Szene bleibt das Stück jedoch einer westlichen orchestralen Actionmusik verhaftet. Die Native Americans singen ganz im westlichen Musiksystem und werden keineswegs als eine gleichwertige Musikkultur mit anderen Ausdrucksformen dargestellt.

In der musikalischen Charakterisierung der Hauptfigur Pocahontas schließlich ist bis auf vereinzelte Panflötenklänge und das Schlagen von Chimes kein Musikeinfluss der Native Americans zu erkennen. Ihre Wahrnehmung der spiritualisierten Natur und ihre Liebesgeschichte mit dem Engländer John Smith werden ganz in der Tradition der europäischen Romantik geschildert. Die Strophe ihres Hauptliedes »Das Farbenspiel des Winds (Colors of the Wind)« besteht aus dem Tonvorrat von Edvard Griegs »Morgenstimmung«, in »Was das nächste Ufer bringt (Just Around the Riverbend)« erklingen flirrende Streicherklänge im Stile Richard Wagners, und das Lied der Großmutter Weide erinnert an die Melodie aus dem zweiten Satz von Antonín Dvořáks Sinfonie »Aus der Neuen Welt«. Letztere geht wiederum auf das afroamerikanische Spiritual »Sweet Low, Sweet Chariot« zurück. Gleiches gilt für den Sprachgebrauch: Zwar singt die mystische Ahnengöttin Großmutter Weide einige Worte auf Algonquin, die Gesangssprache bleibt jedoch Englisch. Auch Pocahontas lernt zunächst wie selbstverständlich die europäische Sprache und ihr Geliebter John Smith nicht ihre. In den Dialogen wird diese eurozentrische Darstellung der Geschichte durch die griechische philosophische Weisheit von Heraklit, dass man nicht zweimal in denselben Fluss steigen kann, noch verstärkt. Musikalisch beschreibt das Musical keinen kulturellen Austausch, sondern bedient sich exotischer Elemente fremder Kulturen, um das ›Zurück zur Natur‹-Thema zu verhandeln, das für die europäische Romantik des 19. Jahrhunderts bestimmend war.

Elton Johns Wandlung zur Weltmusik in *Der König der Löwen* und *Aida*

Elton John (*1947) bot sich für den Disney-Konzern als Komponist für einen familienfreundlichen Zeichentrickfilm an, weil er bereits seit den 1970er-Jahren mit seiner gefälligen Popmusik international bekannt war und ein breites Publikum in allen Alters- und Gesellschaftsschichten hatte. Seine Fähigkeit, in verschiedenen Stilen zu komponieren und diese auch innerhalb von Songs miteinander zu verbinden, sowie seine erfolgreichen Duette versprachen überzeugende Songs für eine vorgegebene Handlung. Hinzu kamen seine Vorliebe für theatralische Auftritte und Verkleidungen, wodurch er für Liedkompositionen zu *Der König der Löwen* geeignet erschien. Mit afrikanischer Musik oder gar Weltmusik hatte er bis dahin nichts zu tun gehabt. Für den dramatischen Soundtrack wurde ihm der ebenfalls seit langem erfolgreiche deutsch-amerikanische Komponist Hans Zimmer (*1957) zur Seite gestellt, der den südafrikanisch-amerikanischen Musiker und Produzenten Lebo M (*1964) mit ins Team holte. So wurde bereits im Zeichentrickfilm von 1994 die Dreiteilung der Arbeit deutlich. Während Zimmers Soundtrack ganz im Stil einer orchestralen Hollywood-Komposition gehalten war und Elton Johns Songs den Konventionen seiner Popsongs folgten, entstand durch die zusätzlich eingefügten Lieder und chorischen Begleitmuster im südafrikanischen Stil eine hybride Weltmusik, die es in dieser Form bei Disneys Filmen bis dahin nicht gegeben hatte. Die Dominanz der *weißen* Komponisten über den Schwarzen blieb aber in der Produktion weiterhin erkennbar.

In der Bühnenversion wurde der Anteil afrikanischer Musikstilistiken durch weitere Kompositionen von Mark Macina, Jay Rifkin und Lebo M sowie durch Neuarrangements mit afrikanischen Instrumenten vergrößert. Allerdings spielen beim Musical die beiden Perkussionisten links und rechts der Bühne z.B. auch japanische Taiko-Trommeln, so dass eher ein internationaler Weltmusiksound dem Orchesterklang hinzugefügt wird. Grundlage für diese Erweiterungen war Lebo M's Album *Rhythm of the Pride Lands* (1995), das er kurz nach Erscheinen des Films zusammen mit Hans Zimmer und Mark Mancina produzierte und das die Regisseurin Julie Taymor für die Transformation des Films in ein Bühnenstück verwendete. Es erinnert in Teilen deutlich an Paul Simons *Graceland*-Album. Für die Gesangstexte wurde der Brite Tim Rice verpflichtet, der in den 1970er-Jahren durch seine Zusammenarbeit mit Lloyd Webber als Textautor weltberühmt geworden war.

Der südafrikanische musikalische Einfluss zeigt sich bereits in der Eröffnungsnummer »Der ewige Kreis (The Circle of Life)«, die mit einem a cappella-Gesang in Zulu beginnt und nach einigen Wiederholungen von Call and Response-Gesängen in ein periodisches harmonisches Gerüst übergeht, auf dem der Chor nur noch eine Verszeile in einem rhythmischen Muster singt. Darüber baut sich die Melodie von Elton John auf, die in einen klassischen Strophe-Refrain-Song mündet. Musikalisch siegt hier ein westliches Liedkonzept, das durch eine afrikanische Gesangsform vorbereitet wird. In anderen Liedern wirkt die chorisch-rhythmische Begleitung der Harmonien überhaupt nur wie ein hinzugefügter Hintergrund, der ein gewisses afrikanisch-exotisches Flair verbreiten soll, wie in »Kann es wirklich Liebe sein? (Can You Feel the Love Tonight)« oder in »Sie leben hier (They Live in You)« von Mark Macina, Jay Rifkin und Lebo M. Lediglich in »Schattenland (Shadowland)« von Lebo M und Hans Zimmer erinnern die abschließenden repetitiven Gesangssequenzen an südafrikanische Chorpraktiken. In »Endlose Nacht (Endless Night)« von Lebo M, Hans Zimmer und Jay Rifkin erscheint es möglich, dass die gesamte Komposition aus den afrikanisch summenden Stimmen zu Beginn entwickelt wurde. Im repetitiven, sich steigernden Chorgesang am Ende ist ein christlicher südafrikanischer Kirchenmusikstil zu erkennen. Ein vergleichbarer Choreinsatz erklingt im Finale in »Der König kehrt zurück (King of Pride)« noch einmal. Daneben gibt es vereinzelt a cappella gesungene Lieder wie »One By One«, die sich am südafrikanischen Isicathamiya-Stil orientieren. Lebo M hält diese hybride Mischung für gelungen:

> »The choral music in *The Lion King* is inspired and heavily influenced by South African culture, South African music, and South African history. The

roots are very much a unique marriage of African choral styles of singing with African percussion and Eurocentric orchestrations.«[25] (Lebo M in Taymor und Greene 2017, 159)

Das Stück imaginiert einen afrikanischen Kontinent, auf dem nur Tiere leben, und verbindet diesen mit einer speziellen südafrikanischen Musikkultur, die von Schwarzen geschaffen wurde. Dadurch werden die Tiere auf der Bühne zu Symbolen der afrikanischen Bevölkerung. Dieser Eindruck wird noch dadurch verstärkt, dass die bösartige Figur Scar und seine mordlustigen Hyänen eine musikalische Gegenwelt darstellen. Die Gruppe wird durch westliche Rockmusik charakterisiert. Plötzlich sind keine harmonischen afrikanischen Chöre mehr zu hören, sondern aggressives Gebrüll sowie elektronische Klänge und Rhythmen wie in »Seid bereit (Be prepared)« oder gar instrumentale Actionmusik mit Anklängen an James-Bond-Filme.

Nicht ohne Grund wird das Lied mit der Lebensweisheit auf der ostafrikanischen Sprache Swahili, »Hakuna Matata« mit »Probier's mal mit Gemütlichkeit« aus *Das Dschungelbuch* verglichen. Das liegt nicht nur an der ähnlichen Lebensphilosophie, die darin propagiert wird, wobei Sorglosigkeit, Planlosigkeit und Trägheit typische Stereotype sind, die Europäer*innen seit der Neuzeit Afrikaner*innen zuschreiben. Auch hier handelt es sich um einen Jazz-Standard, der weniger afrikanischen als vielmehr afroamerikanischen Ursprungs ist. Ähnlich verhält es sich mit »Ich will jetzt gleich König sein (I Just Can't Wait To Be King)«, in dem karibische Steeldrums zu hören sind. Diese Lieder verfolgen die Idee einer globalen Schwarzen Musik, wodurch afrikanische Tiere plötzlich mit den durch Sklaverei verschleppten Afrikaner*innen und deren Musikkulturen in Verbindung gebracht werden.

Schließlich enthalten der Zeichentrickfilm und die Bühnenadaption weiteres musikalisches Material, das Gegenstand öffentlicher Rechtsstreitigkeiten war. Für die Verwendung des Liedes »The Lion Sleeps Tonight« im Film wurden anfangs weder Genehmigungen eingeholt

25 »Die Chormusik in *Der König der Löwen* ist stark von der südafrikanischen Kultur, Musik und Geschichte inspiriert und beeinflusst. Die Wurzeln liegen in einer einzigartigen Verbindung von afrikanischem Chorgesang mit afrikanischer Perkussion und eurozentrischer Orchestrierung.« (Übers. d. A.)

noch Tantiemen gezahlt, was in einer langen Tradition des Missbrauchs des Liedes steht (Coplan 2008, 159–160, 187–89; Erlmann 2022).

Die erste Integration von kommerzieller Weltmusik in einen Disney-Zeichentrickfilm führte somit zu der positiven Entwicklung, dass nicht nur westliche Musik zu einem Film erklingt, dessen Handlungsort der afrikanische Kontinent ist. Gleichzeitig stellt sich die Frage, wie fair das Verhältnis zwischen den Komponisten gewesen ist. Der südafrikanisch-amerikanische Komponist Lebo M durfte zwar eigene Musik beisteuern, aber oft ergänzte er nur Teile der Musik von Elton John. Andere südafrikanische Musik wurde bewusst ohne Einholung der Rechte verwendet. Das hybride Musikkonzept zum Welterfolg *Der König der Löwen* blieb zunächst ein Einzelfall. Die nachfolgenden Filme setzten diese Art von Weltmusik nicht fort. Es dauerte bis 2016, als mit *Vaiana* wieder ein Film dies in vergleichbarer Weise versuchte.

Die Musik zu Elton Johns und Tim Rices *Aida* verfolgt ein ganz anderes Konzept. Obwohl die Handlung erneut auf dem afrikanischen Kontinent spielt, wurde kein Schwarzer Komponist in das Team integriert. Das Musical steht dem Genre der Rockoper wie *Jesus Christ Superstar* oder *Tommy* (1969) von der britischen Band The Who nahe und besteht aus voneinander unabhängigen Nummern. Zuerst wurde es als Konzeptalbum mit hochkarätigen internationalen Sänger*innen eingespielt. Auf der Musicalbühne werden die Songs durch einen reduzierten Orchesterklang einheitlich arrangiert und durch Dialoge miteinander verbunden. Elton John griff beim Komponieren auf verschiedene Genre der populären Musik zurück. Im Gegensatz zu den anderen Disney-Musicals werden diese jedoch nicht stereotyp einzelnen Nationen, Gruppen oder Personen innerhalb des Stücks zugeordnet. Musikalische Orientalismen sind bis auf vereinzelte Flötenklänge kaum wahrnehmbar. Auf Verdis Vorbilder in der Vertonung religiöser und politischer Zeremonien verzichten John und Rice gänzlich. Kommerzielle Weltmusik erklingt in diesem Musical ebenfalls nicht. Vielmehr wird die Auswahl eines Genres je nach Charakter und Handlungssituation getroffen. So unterscheidet sich die Musik der ägyptischen Kultur nicht von der der nubischen, obwohl in allen Inszenierungen eine rassifizierende Trennung bei der Besetzung zwischen *weißen* ägyptischen und Schwarzen nubischen

Hauptpersonen vorgenommen wird. Der intrigante ägyptische Minister Zoser singt seinen Putschtraum »Eine Pyramide mehr (Another Pyramid)« zu einem Reggae, dessen Rhythmik seine Verschlagenheit und Hinterhältigkeit ausdrücken soll. Sein Sohn Radames hingegen brüstet sich mit seinen militärischen Erfolgen und drückt seine Sehnsucht nach der Ferne in dem klassischen Rocksong »Wer viel wagt, der gewinnt (Fortune Favors the Brave)« aus. Aidas sensibler Charakter und ihre gefährliche Situation als Gefangene kommen in gefühlvollen Balladen zum Ausdruck, während Amneris ihr Selbstbewusstsein in poppigen Nummern präsentiert. Selten wird es musikdramatisch wie in »Manteltanz (Dance of the Robe)«, in dem sich aus einem ruhigen Sologesang eine tänzerische Chorszene und schließlich eine rockige Nummer entwickelt. Das Liebesduett von Radames und Aida »Durch das Dunkel der Welt (Elaborate Lives)« ist so sehr im Stil einer klassischen, sich langsam aufbauenden Klavierballade komponiert, dass es kaum mehr innerhalb der historischen Erzählung zu verstehen ist, sondern wie eine Aktualisierung der gesamten Handlungskonstellation in die Gegenwart erscheint. Lediglich die von Aida angeführte Chornummer »Die Sonne Nubiens (The Gods Love Nubia)« entwickelt sich im Verlauf immer mehr zu einem gospelartigen Stück und assoziiert damit die unterdrückten und ausgebeuteten Nubier*innen mit einer Musik, die vor allem bei Afroamerikaner*innen beheimatet ist und historisch mit ähnlichen politischen Aussagen verbunden war.

Ein Grund für den trotz der abwechslungsreichen Musik und der genauen musikalischen Charakterzeichnung der Figuren eher mäßigen Erfolg des Musicals ist das Fehlen einer übergreifenden musikalischen Idee, die sich durch das ganze Stück entwickelt und es zusammenhält. Die einzelnen Nummern bilden trotz einiger Reprisen keinen dramaturgischen Bogen, sondern wirken zufällig aneinandergereiht. Hier zeigt sich, dass der Popmusiker Elton John kaum polyphone Ensemblenummern schreiben kann und mit klassischen romantischen Musiktheaterwerken weniger vertraut ist als andere Musicalkomponist*innen.

Der im Libretto groß angelegte politische und kulturelle Konflikt zwischen Ägypten und Nubien wird vom Komponisten absichtlich nicht durch musikalische Differenzen dargestellt. Er ermöglicht damit eine Annäherung der Hauptfiguren Aida und Radames, da ihre musikalischen

Welten nicht unüberbrückbar sind. Dieser neue Weg einer differenzierten Auseinandersetzung verschiedener Kulturen wurde vom Disney-Konzern allerdings nicht weiterverfolgt.

Die kooperative Weltmusik von Lin-Manuel Miranda in *Vaiana* und *Encanto*

Disneys Kreativteams bemühten sich erneut um eine kommerzielle Weltmusik in den Animationsfilmen ab 2016, für die wieder internationale Komponistenteams zusammengestellt wurden. Federführend ist der aufstrebende US-amerikanische Musicalkomponist und Schauspieler Lin-Manuel Miranda (*1980), dessen Eltern aus Puerto Rico stammen. Am Broadway hatte er sich bereits mit seinen Musicals *In the Heights* (2008) und *Hamilton* (2015) einen Namen gemacht. Beide Stücke setzen sich kritisch mit Fragen von Herkunft, Rassismus und der amerikanischen Gesellschaftsordnung auseinander. Damit kündigt sich beim Disney-Konzern ein Generationswechsel an: Erstmals wird ein Komponist engagiert, der nicht der Nachkriegsgeneration angehört und aus einer migrantischen Familie stammt. Kompositorisch beherrscht Miranda neben den für das amerikanische Musical typischen Songstilen auch lateinamerikanisch-afrikanische Genres sowie urbane populäre Musikstile wie Hip-Hop und R'n'B. Mit dieser Weltmusik-Mischung aus internationaler und aktueller populärer Musik setzt er einen innovativen Impuls in der weltweiten Musicalszene.

Für die Musik zum Animationsfilm *Vaiana* (2016) arbeitete Miranda mit dem bereits bewährten Disney-Filmkomponisten Mark Mancina sowie dem südpazifischen Musiker Opetaia Foa'i und seinem Ensemble Te Vaka zusammen. Die Gesamtkomposition lässt erkennen, dass sich alle Partner musikalisch und klanglich aufeinander beziehen, so dass trotz großer kompositorischer Unterschiede ein einheitliches Werk entsteht. Opetaia Foa'i's Lieder verbinden südpazifische Gesangs- und Instrumentalstile mit westlicher Harmonik und Instrumenten zu einer international anschlussfähigen populären Weltmusik. Für den Film wurden teilweise bereits existierende Lieder übernommen, wie »Loimata e maligi« (2002) in »Innocent Warrior« und »Logo Te Pate« (2011), die auch in der Originalsprache belassen wurden. Andere wurden eigens für den Film komponiert und mit englischen Texten versehen, wie »Wir kennen den Weg (We Know the Way)«. Das Ergebnis weist

Ähnlichkeiten mit der esoterisch angehauchten »Adiemus«-Musik von Karl Jenkins in einer Fantasiesprache auf, die durch den Werbespot für eine Fluglinie in den 1990er-Jahren im Westen populär wurde. Mirandas Songs für *Vaiana* folgen dagegen dem klassischen Musicalstil und präsentieren die Hauptperson als westliche Identifikationsfigur. Ganz in der Tradition der europäischen Kunstmusik werden in der Melodie von »Ich bin bereit (How Far I'll Go)« die Wellen des Meeres, auf dem Vaiana segelt, durch wiederholte Tonleiterpassagen innerhalb einer Terz nachgebildet, während Streicherklänge die Wasseroberfläche oder im Pizzicato Wassertropfen imitieren. Durch die Hinzufügung eines nicht-westlichen Instrumentariums und lautmalerischer Chorklänge entsteht dennoch eine enge Verbindung zur südpazifischen Weltmusik. Ausgerechnet der polynesische Halbgott Maui erhält in seinem Vorstellungslied »Voll gerne (You're Welcome)« nach einer percussionlastigen Strophe dagegen einen Refrain im Disco-Sound der 1980er-Jahre mit scharfen Bläsersätzen. Im weiteren Verlauf entwickelt sich der Song immer mehr in Richtung einer typischen Broadway-Nummer. Der Unterschied besteht nur darin, dass der Halbgott anfängt zu rappen. Auch die Kokusnusskrabbe Tamatoa wird mit einer ironisch zu verstehenden westlichen Rocknummer im Stil von David Bowie »Glänzend (Shiny)« charakterisiert. Die Musik zu *Vaiana* weist insgesamt einen neuen Weg in Richtung kommerzieller Weltmusik, auch wenn an einigen Stellen noch die Tradition der Disney-Filmsongs bedient wird. Mark Mancina komponierte für die restlichen, überwiegend actionlastigen Passagen einen klassischen Hollywood-Soundtrack, wobei er versuchte, musikalische Klänge aus der Chormusik von Opetaia Foa'i zu integrieren. Trotz der kollaborativen Arbeit präsentiert die Musik keine realitätsgetreue Darstellung pazifischer Musikkulturen. Die mythisch-religiöse Grundlage der Geschichte findet an keiner Stelle einen adäquaten musikalischen Ausdruck, was von Ethnologen kritisiert wurde (Armstrong 2018). Die Filmemacher waren sich mit diesem Konzept offenbar selbst so unsicher, dass sie ihren Figuren humoristisch distanzierende Kommentare zur Musik in den Mund legten. So fragt Tamatoa am Ende ihres Liedes zweifelnd: »Hat euch das Lied gefallen?« und Maui warnt Vaiana, als sie den Gipfel eines Inselberges erreicht haben: »Wenn du jetzt anfängst zu singen, muss ich kotzen!«

Für *Encanto* (2021) arbeitete Miranda mit der Filmkomponistin Germaine Franco (*1987) zusammen. Es war das erste Mal, dass eine Frau den dramatischen Soundtrack für einen Disney-Animationsfilm schrieb. Ihre Komposition besteht aus klassischer orchestraler Hollywood-Filmmusik, die sie mit folkloristischen lateinamerikanischen Elementen und Tanzgenres mischt. Auch wenn Miranda keineswegs nur in kolumbianischen Stilen komponiert, sondern seine Songs hybride Formen aus lateinamerikanischer und US-amerikanischer Musik sind, stellen sie eine Neuheit in der Geschichte von Disneys Filmen dar. Da sich lateinamerikanische Musik weltweit großer Beliebtheit erfreut und sie sich aufgrund der dominanten Rhythmik gut zum Tanzen eignet, kann sie die sonst üblichen Broadway-Nummern in dem Film ersetzen. Zudem fehlen die romantischen Musical-Balladen und Themen wie Tod, Trauer und Hoffnung werden in anderen musikalischen Formen ausgedrückt. Weltmusik wird in einer Art und Weise eingesetzt, die es in Disney-Filmen bisher nicht gegeben hat. Miranda beweist einmal mehr seine Fähigkeit, verschiedene folkloristische und urbane populäre Musikstile zu mischen, komplexe mehrstimmige Ensemblenummern zu schreiben, spielerisch durch die Tonarten zu modulieren und dennoch eingängige Lieder zu schaffen. Dass das Ergebnis in weiten Teilen nach einer exotisierenden Tourismus-Werbemusik für den gesamten mittel- und südamerikanischen Kontinent klingt, ist sicher eine bewusste Entscheidung des Disney-Konzerns gewesen.

Das Eröffnungsstück »The Family Madrigal« besitzt einen karnevaltypischen Rhythmus und zeichnet sich dadurch aus, dass die Besetzung zunächst auf Akkordeon, Schlagzeug, Bass und Klavier reduziert ist. Ein Chor singt dazu in lautmalerischen Silben und suggeriert eine Live-Aufführung. Unterstützt wird dieser Eindruck durch einige Zwischenrufe der beteiligten Personen. An einer Stelle des Films ist das Ensemble sogar zu sehen. Die Instrumente stellen ein hybrides Arrangement dar, besonders das Akkordeon erinnert an Songs aus Paul Simons *Graceland*-Album. In der Coda des Liedes verfällt die Hauptfigur Mirabel in einen so temporeichen Sprechgesang, dass eine virtuose Sängerin für die Rolle benötigt wird, was ansonsten bei Disney-Songs nicht Vorbedingung ist.

Unerwarteter internationaler Hit des Films ist die Ensemblenummer »Nur kein Wort über Bruno (We Don't Talk About Bruno)«, in der verschiedene Familienmitglieder über Almas psychisch labilen, von Prophezeiungen geplagten Sohn singen. Das Lied beginnt mit einem Salsa-Piano-Pattern – ein lateinamerikanischer Stil, der in den Großstädten der USA entstanden ist –, zu dem jeweils unterschiedliche Sänger*innen Strophenmelodien singen. Nach dem Refrain wechselt das Lied ohne Änderung der Harmoniefolgen in einen elektronischen R'n'B-Stil und aus dem Gesang wird Rap. In der Bridge erklingt eine Call-and-Response-Form, bevor als retardierendes Moment das Arrangement reduziert wird, um dann wieder zu Strophe und Refrain zurückzukehren. Nun singen alle Beteiligten in eigenen Melodien mehrstimmig zusammen. Dies ist nicht nur stilistisch ein Novum für einen Disney-Film, auch die Komplexität der Komposition hebt den Song von anderen Filmnummern ab.

Almas Rückblende auf ihre traumatischen Fluchterlebnisse, den Verlust ihres Mannes sowie das Wunder ihrer magischen Rettung wird nicht von einer dramatischen Hollywood-Filmmusik begleitet, die die Erzählung emotional verstärkt. Es erklingt stattdessen das auf Spanisch gesungene Lied »Dos Oruguitas« für eine Männerstimme. Nach einem ruhigen Beginn mit Gitarrenbegleitung, die hier symbolisch für die Kultur der Anden-Region steht, werden die Strophen orchestral und chorisch verstärkt, bis sich das Stück zu einem hybriden internationalen populären Latino-Song entwickelt. Inhaltlich erzählt das Lied in der Metapher von zwei Raupen, die sich in Schmetterlinge verwandeln, vom Schicksal der Familie Madrigal, die wie durch ein Wunder nicht stirbt, sondern in Freiheit glücklich fortlebt. Das Lied erinnert an das sozialpolitische Genre der Nueva Canción Chilena (Neues Chilenisches Lied), in dem in ähnlicher symbolischer Weise politische und soziale Tragödien verarbeitet wurden. Für ein westliches Filmpublikum mag es geradezu kontrapunktisch zur Handlung wirken. Damit stellt diese Filmmusik das Gegenkonzept zu den beiden Disney-Produktionen *Pocahontas* und *Ein Königreich für ein Lama* dar, die ebenfalls auf dem amerikanischen Kontinent spielen. Auch wenn die Lieder in *Encanto* nicht von einer*m kolumbianischen Komponist*in stammen und einen US-amerikanischen Blick auf Lateinamerika darstellen, wird durchaus versucht, eine kulturell andere musikalische Perspektive einzunehmen.

Eine kleine Welt mit großen Auswirkungen

Unbestritten ruft jeder neue Disney-Film mit einem nicht-westlichen Handlungsort zunächst eine positive Wahrnehmung in den entsprechenden Weltregionen hervor. Wenn ein global agierender amerikanischer Unterhaltungskonzern eine ansonsten marginalisierte Kultur für einen weltweit vertriebenen Kinder- und Familienfilm auswählt, wird dies in den entsprechenden Herkunftskulturen in der Regel als Auszeichnung betrachtet. Aus einer ›kleinen Welt‹ wird durch die internationale Vermarktung eine ›große‹ und die Aufmerksamkeit kann sich in steigenden Tourismuszahlen und der Popularität der eigenen kulturellen Produkte niederschlagen. Da schadet es zunächst nicht, wenn Disneys Musik ein wenig nach Tourismuswerbung klingen mag, die auch die Kreuzfahrten auf Disneys Schiffen in die jeweiligen Regionen wie Mittel- und Südamerika oder den Südpazifik bewerben sollen. Eine kritische Analyse der Weltmusik in Disneys Zeichentrick- und Animationsfilmen sowie ihren Bühnenversionen lässt jedoch schnell erkennen, welchen Blick der Konzern auf die verschiedenen Kulturen der Welt wirft und wie ›klein‹ er diese im Verhältnis zu der eigenen Größe musikalisch darstellt, um weiterhin seine *weiße* Überlegenheit zu behaupten.

Die Kompositionen folgen über weite Strecken klassischen amerikanischen orchestralen Filmsoundtracks, ergänzt durch hitverdächtige westliche populäre Songs. Die fremden Musikkulturen werden nur durch das Arrangement und einzelne Klänge als exotisches Flair hinzugefügt. Oft wird sogar deutlich, dass der Handlungsort nur als Kulisse dient und die menschlichen oder tierischen Figuren der Handlung symbolisch für rassistisch marginalisierte Gruppen in westlichen Gesellschaften zu verstehen sind. In den jeweiligen dargestellten Regionen kann dieser überhebliche Umgang mit der musikalischen Identität als Ausbeutung, Missbrauch oder Ignoranz verstanden werden. Bei *Der König der Löwen* wird dagegen erstmals eine interkulturelle Zusammenarbeit erkennbar, auch wenn eine *weiße* Hierarchie zwischen den Komponisten bestehen bleibt. Erst bei *Vaiana* und *Encanto* kommt es zu kollaborativen Werken, bei denen durch neue Stile und Lieder in nicht-englischen Sprachen ein neuer Umgang mit nicht-westlichen Musikkulturen sichtbar wird. Die Ausnahme von allen kulturellen Bezügen bildet das Musical *Aida*, das sich im Libretto und durch einen Mix aus verschiedenen populären Stilen differenziert mit den Themen Heimat, Fremde, Anderssein und kultureller Toleranz auseinandersetzt.

Verblüffend ist für mich bei diesen Analysen, dass der Disney-Konzern bei der Musikgestaltung strategisch so unterschiedlich und ohne erkennbare musikalische Strategie vorgegangen ist: Mal orientieren sich die Filme und Musicals an der kommerziellen Weltmusik, mal verfolgen sie den amerikanischen Broadwaystil, dann wieder rutschen sie in eine westliche Form eines romantischen musikdramatischen Exotismus ab. Trotz des überwältigenden Erfolgs von *Der König der Löwen* wurde die kommerzielle Weltmusik in den folgenden Werken nicht reproduziert. Das erscheint für einen global agierenden Unterhaltungskonzern, der auf Gewinnoptimierung aus ist, die sich leicht durch Serienformate erreichen lässt, nicht konsequent. Ein stringentes Konzept in der Musikgestaltung ist – im Gegensatz zu der Mehrzahl der Handlungsstoffe – nicht zu erkennen. Über Jahre hinweg werden individuelle Entscheidungen über die Zusammensetzung der Kreativteams getroffen, die sich mehr an einzelnen populären Musikern zu orientieren scheinen als an musikalischen Konzepten. Dieses Thema wird unter der Frage der Zusammensetzung der Kreativteams später noch ausführlicher zu behandeln und erklären sein. Die unterschiedlichen kompositorischen Zugänge verlaufen zudem nicht einmal parallel zur Behandlung der Stoffe. Die Komponisten von *Das Dschungelbuch*, *Tarzan* und *Ein Königreich für ein Lama* zeigen überhaupt kein Interesse an einer Beschäftigung mit den Handlungsorten und deren Musikkulturen. Alan Menken imaginiert exotische Klänge für seine Bühnenwelten und folgt damit den orientalisierenden Drehbüchern und Librettos. Während Mirandas Musiken zu *Vaiana* und *Encanto* interessante Neuerungen in Richtung einer kollaborativen Weltmusik bringen, beruhen die Drehbücher weiterhin auf plagiierten Erzählungen und Charakteren, die ein Whitewashing durchlaufen haben. Allein das Musical *Aida* zeigt einen durchweg eigenständigen Zugang zum Erzählen und Vertonen einer Geschichte. Das ungeheure Potential an internationalen Musiker*innen auf dem kommerziellen Weltmusikmarkt wird vom Disney-Konzern dagegen ignoriert. In westlicher Musik ausgebildete asiatische Komponist*innen werden nicht für Soundtracks engagiert, ebenso wenig werden die verschiedenen nationalen Tanzgruppen und Orchester beteiligt, wie sie etwa in Afrika in Guinea, Mali, Ghana oder Nigeria existieren. Diese wären durchaus in der Lage, die Kulturen ihrer Länder auf populäre Weise realitätsnäher darzustellen.

Könnte es sein, dass es doch nicht allein die Musik ist, die den exotischen und orientalisierenden Flair der Filme und Bühnenversionen erzeugt? Disneys Musicals bestehen schließlich nicht nur aus Handlung und Musik. Ihre Attraktivität liegt für das Publikum, das offensichtlich bereit ist, viel Geld für das Liveerlebnis auszugeben, in ihrer Inszenierung und der besonderen Darbietung der Darsteller*innen begründet. Ausgehend von den bisherigen Untersuchungsergebnissen zur Stoffentwicklung und zur Gestaltung der Musik mit ihren zahlreichen Aneignungsprozessen sowie einer *weißen* Überheblichkeit in der Darstellung nicht-westlicher Kulturen ist fast zu vermuten, dass sich vergleichbare Methoden auch in den Inszenierungen finden lassen. Dieser Fragestellung ist bislang meiner Kenntnis nach in den Musicalproduktionen noch niemand nachgegangen. Das Vorgehen des Disney-Konzerns in diesem Bereich lässt sich am besten mit Theorien zur kulturellen Aneignung analysieren.

»Das Leben, ein ewiger Kreis« Kulturelle Aneignung und Rassifizierungen in illusionistischen Inszenierungen

Vom Museum auf die Bühne und in den Merchandising-Shop

Ist es ein Zufall, dass sich gerade an den wichtigsten deutschen Standorten der Stage Entertainment die großen ethnologischen Museen mit afrikanischen, asiatischen und amerikanischen Sammlungen befinden? Das Lindenmuseum in Stuttgart, das MARKK in Hamburg, das Humboldt-Forum in Berlin? Ägyptische archäologische Sammlungen gibt es zusätzlich in Berlin, Hamburg und Essen. Musicaltourist*innen könnten theoretisch ihre Städtereisen mit Besuchen in Museen verbinden, in denen die kulturellen Erzeugnisse der Länder zu sehen sind, die ihnen abends auf der Bühne präsentiert werden. Was aber hat ein ethnologisches Museum mit der Darstellung nicht-westlicher Kulturen auf der Musicalbühne zu tun? Tatsächlich gibt es eine Reihe von Gemeinsamkeiten zwischen beiden Institutionen: Beide konstruieren ein Bild von Geschichte und Kulturen, beide bedienen sich dazu der Materialien aus den jeweiligen Weltregionen, und beide verhandeln damit Themen, die meist mehr über die eigene als über die dargestellte Kultur aussagen. Wie nahe die beiden Darstellungskonzepte beieinanderliegen, zeigt unter anderem das Musical *Aida*.

Das Stück beginnt mit einer Szene auf einer anderen Zeitebene. Eine Gruppe Tourist*innen wird durch ein ägyptisches Museum geführt. Die beiden Hauptpersonen verbleiben allein vor den Ausstellungsgegenständen, die auf einmal lebendig werden und sie zurück in eine ägyptische Zeit und ein vergangenes Leben versetzen. Dieses Stilmittel kam vergleichbar bereits in Eric Woolfsons Musical *Freudiana* (1990) an den Vereinigten Bühnen von Wien zum Einsatz. Der Protagonist stieg da über den Besuch einer Ausstellung in Sigmund Freuds Wohnhaus in dessen Gedankenkosmos ein. In *Aida* verläuft der fast schamanistische Zugang zu einer anderen Zeit und einer untergegangenen Kultur über eine in der Kolonialzeit entstandene Sammlung von ägyptischen Artefakten. Der Librettist und der Bühnenbildner der amerikanischen Erstproduktion ließen sich tatsächlich zu ihrer Inszenierung inspirieren, indem sie das Metropolitan Museum in New York besuchten.

> »Neither of the both [Crowley or Falls] wanted to replicate what they saw at the museum. They weren't looking with too literal an eye. The look of their show, they knew, would owe more to modern art and stagecraft than to archaeology. So they weren't looking for objects they could duplicate on stage. Rather, they found inspiration in the essence of what they were looking at.«[26] (Lassell 2000, 61)

Im Falle von *Aida* ist es aber nicht bei der Inspiration für ein Bühnenbild geblieben. Es wurde ein rechtlich geschütztes Logo für das Musical entwickelt, das zum Teil aus dem altägyptischen Horusauge-Symbol besteht. Diese magisch konnotierte Hieroglyphe besteht aus einem abstrahierten linken Auge mit Augenbraue und einem nach unten und einem zur Seite verlaufenden Strich. Sie ist ein Symbol für den Schöpfergott Horus. Dieses wurde dann unter anderem auf T-Shirts, Boxer Shorts, Schals, Uhren und Manschettenknöpfe gedruckt und als Merchandising zu dem Musical verkauft.

Die deutschen ethnologischen Ausstellungen reflektieren mittlerweile ihre eigene koloniale Vergangenheit und das komplexe Verhältnis von Erforschung außereuropäischer Kulturen, ungerechtem Aufkauf bis hin zu gewalttätigem Raub von Exponaten aus ehemaligen Kolonien (Holfelder 2019). Zunehmend wird in Europa auf politischer Ebene diskutiert, ob die unrechtmäßig gesammelten Gegenstände nicht an die Herkunftsländer zurückgegeben werden sollen (Sarr und Savoy 2018). Eine vergleichbare Beschäftigung unter der Frage von kultureller Aneignung hat beim Disney-Konzern oder in der Rezeption der Werke noch

26 »Keiner von beiden [Crowley oder Falls] wollte wiederholen, was sie im Museum gesehen hatten. Sie sahen nicht mit einem allzu wörtlichen Auge hin. Sie wussten, dass das Erscheinungsbild ihrer Show eher von moderner Kunst und Bühnenkunst als von Archäologie geprägt sein würde. Daher suchten sie nicht nach Objekten, die sie auf der Bühne nachbauen konnten. Vielmehr ließen sie sich von der Essenz dessen inspirieren, was sie sahen.« (Übers. d. A.)

nicht eingesetzt. Dabei wird bereits in einigen künstlerischen Bereichen diskutiert, ob es legitim ist, wenn sich *weiße* westliche Künstler*innen kulturelle Errungenschaften, künstlerische Ausdrucksformen oder religiöse Symbole nicht-westlicher Kulturen aneignen. Ist es vertretbar, wenn sie sie umdeuten und in ein neues vermarktbares Produkt verwandeln, ohne dies mit Vertreter*innen der jeweiligen Herkunftskulturen oder -religionen abzusprechen und sie an den Erlösen zu beteiligen? Diskussionen um kulturelle Aneignung drehen sich allerdings in erster Linie nicht um Urheberrechte, sondern um die ethischen Grundsätze, nach denen Menschen verschiedener Herkunft auf der Welt miteinander umgehen wollen. Angesichts der Globalisierung und vermehrten weltweiten Migration müssen diese im Augenblick in jeder Gesellschaft neu definiert werden.

In den folgenden Untersuchungen werde ich mich auf Disneys Musicalproduktionen beschränken und die Filme nur am Rand thematisieren. Das hat mit den besonderen Bedingungen und Einschränkungen bei den Bühnenbildern, den Kostümen, dem Make-Up und den dafür ausgewählten Darsteller*innen zu tun, durch die sich die Bühnenproduktionen grundlegend von den Möglichkeiten des Zeichentrick- und Animationsfilms unterscheiden. In letzterem Bereich gibt es zudem bereits erste Untersuchungen zu diesem Thema (Domas 2021). Zunächst gehe ich der Frage der kulturellen Aneignung in Disneys Inszenierungen und bei den Merchandising-Artikeln nach und versuche, diese Prozesse und ihre Produkte verschiedenen Kategorien zuzuordnen. Daran anschließend wird die Praxis der rassifizierenden Besetzungen bei den Musicalproduktionen problematisiert, da ich diese als Bestandteil der kulturellen Aneignungsprozesse und deren Rechtfertigung ansehe. Meiner Meinung nach glaubt das Publikum aufgrund der Präsenz von PoC-Musicaldarsteller*innen, dass es eine ›authentische‹ Repräsentation von nicht-westlichen Kulturen auf der Bühne erlebt. Die Zuschauer*innen erkennen nicht, dass die Produktionen von *weißen* Autoren und Komponisten stammen, die PoC-Darsteller*innen wie Raubtiere als Beute eingefangen haben, um eine Bühnenillusion zu konstruieren, die nicht funktionieren würde, wenn die Rollen von *Weißen* gespielt würden.

Formen kultureller Aneignung

Es gibt verschiedene Möglichkeiten, den Begriff der kulturellen Aneignung zu definieren. Im Kontext dieses Buches ist es sinnvoll, ihn zunächst auf einer ersten Ebene unter ethischen Gesichtspunkten zu betrachten. Kulturelle Aneignung ist demnach, wenn sich eine dominante Kultur ohne Genehmigung Elemente einer Minderheitskultur aneignet, die für die Betroffenen ein unveräußerliches Eigentum darstellen. Dies gilt insbesondere dann, wenn es sich um religiöse Erzählungen, Musik oder visuelle Symbole handelt, deren Ursprung nicht ausschließlich im Menschlichen verortet wird. Mit der kulturellen Aneignung geht meist eine Umdeutung oder Profanierung, also einer Entweihung, eines ursprünglichen spirituellen Inhaltes einher, die für die Betroffenen einem blasphemischen Akt gleichkommen kann und als Abwertung ihrer kulturellen Ausdruckformen interpretiert wird (Markellou 2022). Von Ausbeutung ist auf dieser Ebene dann zu sprechen, wenn alle materiellen Erzeugnisse einer Kultur, wie z.B. Kunsthandwerk, Kleidung oder Make-Up und Frisuren, als gemeinfreie Inspirationsquelle für eigene Produkte übernommen werden, ohne ein Einverständnis zu dieser Verwendung einzuholen (Rogers 2006).

Von einer zweiten Ebene der kulturellen Aneignung lässt sich sprechen, wenn in einem hegemonialen Machtverhältnis ein dominantes Wirtschaftsunternehmen aus den angeeigneten Elementen einer Minderheitenkultur ein neues Produkt schafft, mit dem ein finanzieller Gewinn erzielt wird. In diesem Fall geht es um einen wirtschaftlichen Interessenskonflikt. In welcher Weise werden Urheber*innen, ethnische Gemeinschaften oder soziale Gruppen an der Produktentwicklung und -herstellung sowie an den finanziellen Gewinnen des angeeigneten Produktes beteiligt?

Eine dritte, politische Ebene schlägt Lars Distelhorst vor, indem er den gesellschaftlichen Diskurs um kulturelle Aneignung in die Begriffsbestimmung mit einbezieht. Für ihn zählen nicht nur die nachweisbaren Aneignungsprozesse von Elementen einer Minderheitenkultur, sondern auch die Frage, welche Rolle diese Elemente für die Identitätsbildung der jeweiligen Gruppe spielen.

> »Kulturelle Aneignung interveniert in Auseinandersetzungen um Hegemonie, indem Mitglieder oder Gruppen einer Dominanzkultur sich die Symbole um Emanzipation kämpfender diskriminierter Gruppen zu eigen machen, um diese zu eigenen Zwecken zu recodieren oder in Konsumartikel zu verwandeln, wodurch sie in ihrer Bedeutung verschoben und für die Repräsentation unbrauchbar gemacht werden.« (Distelhorst 2021, 128)

Bei den Untersuchungen zu dem Phänomen der kulturellen Aneignung bei Disneys Musicalproduktionen ist wichtig zu unterscheiden, welche dieser drei Ebenen diskutiert werden. Die erste, die ethische Ebene, wird von *Weißen* in der Regel unbewusst ausgeführt, während hinter der zweiten, der wirtschaftlichen Ebene, Eigeninteressen stehen, die oft verschleiert werden. Auf der dritten, der gesellschaftspolitischen Ebene, wollen die Akteur*innen mit der kulturellen Aneignung bewusst eine politische Meinung äußern und diese verbreiten. Sie werden aber im Zweifelsfall Kritik daran bekämpfen, weil sie ihre politische Meinung im künstlerischen Produkt meist indirekt ausdrücken und mit dem Wünschen des Publikums rechtfertigen. Die verschiedenen Formen der kulturellen Aneignung des Disney-Konzerns lassen sich am besten anhand von einzelnen Kategorien beschreiben, zu denen ich Beispiele aus den verschiedenen Musicalproduktionen geben werde.

Kulturelle Aneignung in Disneys Bühneninszenierungen und Merchandising-Produkten

Gemeinfreie Inspirationen für das Bühnenbild

Im Laufe der Entwicklung der meisten Bühnenversionen reist Disneys Kreativteam in die entsprechenden Länder, um sich vor Ort inspirieren zu lassen. Das gilt selbst für die oben beschriebenen Stücke mit sehr orientalisierenden Handlungen. Die Aufenthalte dienen auch der Materialsammlung, die fast koloniale Züge annehmen kann. So ist in den Produktionsbüchern zu den Shows zu lesen, dass für *Aida* handgeflochtene Wäschekörbe in die USA importiert wurden (Krumm 2003) oder für *Der König der Löwen* Textilien mit afrikanischen Mustern und Grafiken aus der größeren afrikanischen Diaspora gesammelt wurden (Taymor 2017, 56). Im Sinne der ersten, ethischen Ebene der kulturellen Aneignung geht das Kreativteam bei diesem Vorgehen davon aus, dass solche kunsthandwerklichen Produkte gemeinfrei sind und ohne Zustimmung der Herkunftskulturen lizenzfrei übernommen werden können. Für die Produktion des Musicals *Der König der Löwen* wurden dann »mehr als 150 kunstvoll ausgearbeitete Masken und 100 aufwendig gestaltete Puppen« in den USA hergestellt, weitere 400 Kostüme in Handarbeit in England (Bombeck 2001). Die Produkte für die Shows werden also von westlichen Kunsthandwerker*innen angefertigt, die Herkunftskulturen haben keinen Einfluss auf die Art der Darstellung und erhalten keinen Anteil am Gewinn der Produktion.

Darüber hinaus beschäftigen sich die Bühnenbildner*innen mit der jeweiligen Kunst der Handlungsorte, soweit sie im Westen zugänglich sind, und mit früheren Verfilmungen der Stoffe (Lassell 2017). Das Bild der nicht-westlichen Kulturen orientiert sich damit auch an den im Westen vorhandenen Vorstellungen über die Gegenden. Insgesamt führt dies dazu, dass die Disney-Musicals zwar Elemente einzelner Kulturen aufgreifen, diese aber ohne Anspruch auf Realitätstreue präsentieren und dabei oft religiöse Bezüge profanieren. So enthält das Musical *Aladdin* Elemente aus muslimischen und indischen Regionen, angefangen von der bevorzugten Farbe Grün als Farbe des Islam über arabische Pflanzenornamente bis hin zu charakteristischen arabischen Mustern. Die Zurückhaltung oder gar das Verbot von Abbildungen im Islam wird im Bühnenbild realisiert, ohne dass die Religion eine tragende Rolle in der Handlung spielt. Gleichzeitig wird der Pfau als jesidisches Symbol des Engels in einem Kostüm und auch im Bühnenbild aufgegriffen, seine religiöse Bedeutung aber nicht thematisiert. Dafür werden märchenhafte Elemente wie der fliegende Teppich, bunte Turbane, freizügige Oberbekleidung und weite Pumphosen mit modernen Unterhaltungsformen wie dem Bauchtanz kombiniert, der erst in den 1920er-Jahren in der nordafrikanischen Unterhaltungsindustrie aufkam. Das Ergebnis ist eine hybride Form verschiedener kultureller und religiöser Elemente, die ihrer ursprünglichen Bedeutung und Funktion beraubt und in teilweise widersprüchliche Zusammenhänge gestellt werden. Der Ursprung und die Autor*innenschaft der künstlerisch-ästhetischen Produkte in diesem Bereich ist oft nicht mehr zu rekonstruieren und lässt sich schon gar nicht reklamieren. Es stellt sich eher die Frage, ob dieser Umgang mit künstlerischen Produkten einer anderen Kultur ethisch vertretbar ist und welches Publikum damit angesprochen werden soll.

Umdeutung spiritueller und kultureller Symbole

Disneys Kreativteams verwenden in ihren Filmen und deren Bühnenversionen bewusst Symbole aus unterschiedlichen Religionen, denen sie eine neue Bedeutung verleihen. Diese Aneignungsprozesse sind ebenfalls auf einer ethischen Ebene zu beurteilen. Inwieweit ist zu verantworten, dass diese Umdeutungen die religiösen Gefühle von Menschen und Personengruppen verletzen können? Disneys Methode lässt sich zunächst am besten bei historischen Kulturen beschreiben.

Altägyptische Symbole spielen bei der Vermarktung des Musicals *Aida* eine zentrale Rolle. Die Rückwand der ersten Szene des Stückes schmückt ein überdimensionales Horusauge als Steinrelief, eine ägyptische Hieroglyphe mit magischer Heil- und Schutzbedeutung. Das Symbol erscheint wieder auf den Segeln der ägyptischen Flotte und als Zepter auf dem Herrscherstab des Zoser, des Vaters des Radames. Die Bedeutung des Kriegsgottes wird nur an einer Stelle des Textes erwähnt, als Zoser Horus als Zeugen für seine Verschwörung gegen den Pharao anruft. Dies entspricht kaum der historischen Bedeutung, die dieser Gott im Alten Ägypten hatte. Ebenso wird die Lebensschleife Anch verwendet, das altägyptische Kreuzsymbol, das bis heute die christliche Kreuzform der koptischen Kirche darstellt, sowie das Pyramidendreieck mit dem Sonnenkreissymbol, das im Bühnenbild auftaucht. Textliche Bezüge zum altägyptischen und christlichen Glauben sind in dem Werk nicht zu erkennen. Zwar genießen die Symbole einer untergegangenen Religion wie der altägyptischen keinen Schutz mehr, und die genannten Zeichen erfreuen sich auch in verschiedenen esoterischen Strömungen weltweit großer Beliebtheit. In diesem Fall werden die Bühnen- und Kostümbildner*innen keine religiösen Gefühle von lebenden Personen mehr verletzen. Das sieht aber in Musicalproduktionen anders aus, wenn die entsprechenden angeeigneten religiösen Praktiken noch lebendig sind.

Die Regisseurin Taymor verweist auf ihre langjährigen Erfahrungen mit indonesischem und japanischem Puppen- und Maskentheater, um zu erklären, warum in *Der König der Löwen* die Darsteller*innen mit

Tiermasken oder Tierpuppen auftreten. Anscheinend ist sie sich nicht bewusst, dass sie damit einen religiösen Bereich in afrikanischen Kulturen betritt:

> »I have spent my theatrical life devoted to theatre that crosses age, race, class, and cultural boundaries. *The Lion King*, as a story, is archetypal, and as a production includes techniques and inspirations drawn from the world theater.«[27] (Taymor 2017, 180)

Mit der Aneignung von Tiermasken adaptiert Taymor zwar eine in Westafrika weit verbreitete kulturelle Praxis, es handelt sich aber nicht um eine säkulare theatralische, sondern um eine religiöse Tradition. Tiermasken verkörpern in westafrikanischen Kulturen historisch betrachtet übermenschliche Kräfte, ihre Verwendung ist geregelten Ritualen vorbehalten und ihre Auftritte unterliegen oft strengen Tabus. Die Vorstellung ist, dass sich die Darsteller*innen in der Verkleidung in die entsprechenden Tiere mit ihren jeweiligen magischen Kräften verwandeln. Aus diesem Grund darf nicht jedes Geschlecht die Tänze sehen, nur bestimmte Personen sie ausführen und die Darsteller*innen dürfen während der Durchführung nicht erkannt werden (Green 1998). Die jeweilige Form der Aufführung ist eng mit einer ethnischen Identität verbunden und kann nicht ohne Weiteres mit anderen Tanzformen vermischt werden. Auch wenn Maskentänze in afrikanischen Ländern heute im säkularen Bereich wie Politik oder Medien zu sehen sind, sind sie stets mit der Verkörperung einer bestimmten ethnischen Identität und spirituellen Macht verbunden (Reed 2003). Maskenauftritte existieren nicht in Form eines Bühnentheaters, mit dem eine Coming-of-Age Geschichte in Fabelform erzählt wird, wie ethnologische Studien zeigen (Tiérou 1989). Disneys Kreativteam betreibt hier eine Profanierung und Umdeutung von Elementen westafrikanischer Kulturen, verbindet sie mit ihnen fremden internationalen Theaterformen und überzieht das Ganze mit einer neuen spirituellen Ebene, die mit den ursprünglichen Bedeutungszusammenhängen nichts zu tun hat.

---

27 »Ich habe mein ganzes Theaterleben dem Theater gewidmet, das die Grenzen von Alter, Ethnie, Klasse und Kultur überwindet. *Der König der Löwen* ist als Geschichte archetypisch und als Inszenierung enthält er Techniken und Inspirationen des Welttheaters.« (Über. d. A.)

Eine vergleichbare kulturelle Aneignung liegt im selben Musical bei dem sogenannten ›Baum des Lebens‹ der Schamanin Rafiki vor. Er ist ein abstrahierter Affenbrotbaum, in dessen Stamm sich eine runde Öffnung befindet. Dort lebt die Bühnenfigur wie ein Tier. Der Baum soll ihre Weisheit und spirituelle Kraft symbolisieren. Dazu tragen vor allem die Zweige und Blätter bei, die von den großen Ästen herabhängen oder zwischen ihnen frei in der Luft schweben. Sie wurden vom Bühnenbildner Richard Hudson nicht organisch aus den Ästen heraus gestaltet, sondern haben die Form von Symbolen, die wie gezeichnet, gewebt oder geschrieben wirken. Mal sind es parallele oder gekreuzte Linien, mal grafische Elemente wie Schlangenlinien oder Symbole, die an Tierfiguren oder Gegenstände erinnern. Der unübersehbare und für die Allgemeinheit nicht lesbare Symbolcharakter der Blätter verleiht der Figur Rafiki eine geheimnisvolle, spirituelle Umgebung mit einer Art natürlicher Geheimschrift.

Einige dieser Symbole gehen jedoch nicht auf organische Muster zurück, sondern haben Vorbilder in afrikanischen Schrift- und Symbolsystemen, wie z.B. die Talismane der äthiopisch-orthodoxen Tewahedo-Kirche, die vor dem Bösen schützen sollen, die Nsibidi-Schrift aus Nigeria oder die Adinkra-Symbole der Akan aus Ghana. All diese haben einen religiösen Hintergrund und sind mit bestimmten Ethnien verbunden (Mafundikwa 2007). Besonders bemerkenswert sind die Zeichen der Schümom-Schrift aus Kamerun, die der Bamum-König Njoya (1894–1933) zu Beginn des 20. Jahrhunderts in der deutschen Kolonialzeit an seinem Hof entwickeln ließ. In ihr wurden die Geschichte seines Volkes sowie Urkunden und Bibelübersetzungen niedergeschrieben (Schmitt 1963). Zwei Symbole, die auf dem ›Baum des Lebens‹ zu erkennen sind und die an ein vierspeichiges Rad und eine Sanduhr erinnern, weisen eine auffallende Ähnlichkeit mit dieser Schriftform auf. Rafikis Lebensweisheiten haben allerdings mit kamerunischer Lebensphilosophie wenig gemein. Hier findet eine Profanierung von weiterhin verwendeten religiösen Symbolen statt, die in einen neuen Bedeutungszusammenhang gestellt und für eine hybride Spiritualität benutzt werden. Hinzu kommt, dass in diesem Fall die Urheber der Schriftzeichen durchaus noch auszumachen wären. Da die Schümom-Schrift unter der französischen Kolonialregierung verboten wurde, könnten Kameruner*innen diese Aufnahme einzelner Symbole in eine internationale westliche Unterhaltungsproduktion als eine erneute koloniale Ausbeutung verstehen.

Dass sich afrikanische Gemeinschaften bislang noch nicht kritisch zu der Verwendung ihrer spirituellen Praktiken und Symbole in *Der König der Löwen* geäußert haben, bedeutet nicht, dass sie mit der Verwendung einverstanden sind. Da bislang keine Produktion des Musicals in einem westafrikanischen Land stattgefunden hat und die meisten afrikanischen Migrant*innen in Deutschland nicht die finanziellen Ressourcen besitzen, um sich eine Karte für eine Aufführung zu kaufen, gibt es wahrscheinlich bislang einfach zu wenig Berührungspunkte zwischen Betroffenen und der Bühnenproduktion. Darüber hinaus bedeutet die Artikulation von Protest durch PoC in Deutschland aufgrund der hegemonialen Machtverhältnisse keineswegs, dass ihre Stimme in den Medien oder bei der Produktionsfirma des Musicals Gehör findet und dies zu Veränderungen an dem Stück führen könnte.

Diese Form der kulturellen Aneignung ist keine Spezialität der Ausstatter*innen und Designer*innen der Disney-Musicals. Sie findet sich auch in den Zeichentrickfilmen, wie z.B. in *Ein Königreich für ein Lama*, wo im Palast des Königs zahlreiche Inka-Symbole auftauchen. Immer wieder wird mit ihnen visuell gespielt, aber ihre kulturelle und religiöse Bedeutung wird nie vermittelt. Sie erscheinen lediglich als exotische Architektur und Dekoration. In *Vaiana* werden Tätowierungen auf dem Körper von Maui gezeigt, die in polynesischen Kulturen spirituelle Bedeutungen haben. Sie erscheinen im Film als harmlose Illustrationen der Erzählung und können sich sogar unerwartet bewegen, als wären die Tattoos Vorläufer der Zeichentrickfilme.

Umformung künstlerischer Erzeugnisse zu Merchandising-Produkten

Die kulturellen Aneignungsprozesse enden beim Disney-Konzern nicht bei den Zeichentrick- und Animationsfilmen und deren Bühnenversionen, die noch als Ausdruck einer künstlerischen Freiheit angesehen werden könnten. Das Unternehmen bietet auch eine breite Palette von Merchandising-Artikeln an, die in einer engen Verbindung zu den Inszenierungen stehen. Dieser Bereich betrifft vor allem die zweite, wirtschaftliche Ebene von kulturellen Aneignungsprozessen.

In *Der König der Löwen* stehen Darsteller*innen in Tierkostümen und mit Puppen so auf der Bühne, dass sie trotz der Verkleidung als Personen zu erkennen sind. Dies entspricht in etwa der Situation von Kindern, wenn sie mit den Plüschtieren der Show spielen oder sich mit den Tierkostümen verkleiden, die als Merchandising angeboten werden. Die amerikanische Theaterwissenschaftlerin Maurya Wickstrom (2005) vertritt deswegen die These, dass die Inszenierung nur dazu dient, Kinderspielzeug zu den Musicals zu verkaufen. Sie berichtet, dass das Publikum in New York oft schon nach der Pause mit großen Einkaufstüten aus dem benachbarten Disney-Store zurückkehrt.

Dass das Bühnenbild und die Kostüme bei *Aladdin* Kulisse für ein Product Placement sind, wird daran deutlich, dass im Programmheft und auf den Internetseiten auf die große Anzahl an Kristallen hingewiesen wird, die ein österreichisches Unternehmen für das Musical liefert, wie etwa während der Aufführungsserie 2022: »Die funkelnden Kostüme der Show haben es in sich: Sie bestehen aus Millionen originaler Swarovski-Kristalle. Ein einziges Kostüm besteht aus bis zu 1.428 funkelnden Perlen.« (»Disneys ALADDIN« 2022) Der Hersteller bietet auch eine eigene Serie von Kristallfiguren im Stil der Disney-Zeichentrickcharaktere als Souvenir im drei- bis fünfstelligen Eurobereich an.

Das Merchandising ermöglicht auch erwachsenen Konsument*innen eine individuelle Aneignung der Bühnenfiguren. Es gibt verschiedene Kostüme, mit denen man sich zu Fasching oder Halloween als Dschinni, Aladdin, Jasmin, Vaiana oder Pocahontas verkleiden kann. Das kann ein eher komisch anmutender Stepp-in Anzug mit Teppich und aufgenähten Beinattrappen im Beckenbereich sein, eine orientalisch anmutende marineblaue Pluderhose mit Oberteil voller Blumenverzierungen, ein türkisfarbenes Kleid mit Bauchtanzoberteil, mit Schleier und Diamantenimitat verziert, ein Stoffkleid mit Muscheln oder ein Kleid in Wildlederoptik mit Fransen und Borten sowie einer Halskette mit Muschelornamenten. Jedes Produkt besitzt Elemente der jeweiligen Herkunftskulturen wie die Blumenverzierungen und die Farbgebung aus dem islamischen Raum bei *Aladdin*, die südpazifischen Zickzack- und Sternenmuster aus *Vaiana* oder die Materialien aus nordamerikanischen indigenen Kulturen aus *Pocahontas*. Dem Disney-Konzern geht es aber in erster Linie darum, das Erscheinungsbild der Figuren aus den Zeichentrick- und Animationsfilmen nachzuahmen. Die Kleidungsstücke sollen für das Publikum eine Vorbildfunktion erfüllen und zur äußerlichen und innerlichen Nachahmung einladen, wie die beschreibenden Texte auf den Verkaufsseiten verdeutlichen:

> »Verwandeln Sie sich in die Powhatan-Prinzessin, die die Natur liebt und sich bemüht, den Frieden zwischen ihrem Stamm und den englischen Siedlern wiederherzustellen.« (»Disney Pocahontas Princess Cosplay« 2023)

> »Ob Orient-, Disney- oder 1001-Nacht-Party – mit dem magischen Dschinni-Kostüm verwandeln Sie sich in eine der Hauptfiguren aus dem Film ›Aladdin und die Wunderlampe‹ – den Flaschengeist. Erfüllen Sie den anderen Gästen so manchen Wunsch – aber natürlich nicht mehr als drei.« (»Kostüm ›Genie‹« 2023)

Die Preise dieser Produkte liegen zwischen 40 und 120 Euro und stehen in keinem Verhältnis zu den Kosten der verwendeten Materialien und ihrer Verarbeitung. Wie stilbildend Disneys Design ist, lässt sich an anderen Anbietern und deren Kostümen zeigen, die bereits abwertend als ›orientalische Prinzessinnen‹ oder ›Indianerinnen‹ bezeichnet werden. Textilhersteller aus den Herkunftsregionen müssen sich entweder Disneys Stereotypen anpassen, um mit solchen Kostümen erfolgreich zu sein, oder haben mit eigenen Kreationen kaum eine Chance auf dem internationalen Markt.

Schließlich ist zu beobachten, dass der Disney-Konzern die profanierende Strategie bei den Merchandising-Produkten weiterverfolgt. Seine Version des Halbgottes Maui gibt es als Spielfigur und als Aufdruck auf T-Shirts zu kaufen. Der magische Fischhaken ist sogar als Spielzeug mit eingebauter Beleuchtung zu erwerben. Von Rafiki wird eine Affenfigur angeboten, die im Lotussitz mit den Fingern die Vayu Mudra-Geste, in der Yoga-Kultur die Verkörperung des Elementes Luft, ausführt. In einer anderen Version stützt sich der Affe auf seinen rituellen Holzstab, an dem Trockenkürbisse hängen. Vom *Pocahontas*-Film gibt es eine Statuette, in dem das Liebespaar vor dem mystischen Baum mit Gesicht, der Großmutter Weide, kniet. Verschiedene Elemente von Religionen, die der Disney-Film sich kulturell aneignet und mit neuen Bedeutungen versieht, werden hier zu international vermarktbaren Produkten umgestaltet. Es ist ein offenes Geheimnis, dass der Disney-Konzern damit einen größeren Gewinn macht als mit den Filmen und den Musicalproduktionen (Bryman 2004). Besonders wichtig für die Steigerung des Umsatzes sind stetig neue Fantasie- oder Tierfiguren, die sich als Kuscheltiere oder vergleichbare Produkte eignen, wie es Michael Eisner in einem Interview 1990 zugab: »Diese Figuren sind so etwas wie die Pumpe, die den Rest des Körpers mit Nahrung versorgt.« (Eisner in Grover 1992, 166). In einigen Fällen sind die Gewinne aus diesen Produkten so groß, dass Disneys Filme und Musicals nur als kostspielige Werbung für den Verkauf der Merchandising-Artikel angesehen werden müssen.

Übertragung religiöser Ausdrucksformen auf die Tierwelt

Ein weiterer Aspekt der kulturellen Aneignung von Disneys Kreativteams betrifft die Verwendung menschlicher kultureller und religiöser Ausdrucksformen, die auf die Tierwelt übertragen und damit bewusst abgewertet werden. Diese Methode ist als dritte, gesellschaftspolitische Ebene der kulturellen Aneignung zu verstehen, da hier Elemente von politischen Unabhängigkeits- und Emanzipationsbewegungen bewusst umgedeutet und abgewertet werden.

Das Musical *Tarzan* spielt beispielsweise in einer afrikanischen Tier- und Menschenwelt. Die *weiße* Hauptfigur lebt seit seiner Kindheit mit Affen zusammen, die im Musical Gorillas genannt werden, und wird als Halbwilder charakterisiert. Auf der Bühne erschien er – in bewusstem Kontrast zur Romanvorlage – mit einem Lendenschurz, schwarz verschmierten Schmutzflecken auf den nackten Hautstellen und – bis zur deutschen Neuproduktion 2023 – mit einer langen dunkelblonden Dreadlocks-Perücke. Die als afrikanische Affen verkleideten Darsteller*innen tragen vergleichbare Perücken, allerdings mit dunklen Haaren und teilweise eingeflochtenen Bändern aus Lycra in Lila-, Blau- und Schwarztönen. Der Kostümdesigner Bob Crowley ließ sich dabei von der sogenannten afrikanischen Natur inspirieren: »[He] envisaged costumes that were drawn from nature but that did not attempt to hide the actors wearing them.«[28] (Lassell 2007, 46). Die Perücken haben wenig mit der Konsistenz von Gorillakopfhaaren gemein. Sie erinnern, wenn

28 »Er entwarf Kostüme, die der Natur nachempfunden waren, aber nicht versuchten, die Schauspieler*innen, die sie trugen, zu verbergen.« (Übers. d. A.)

überhaupt, entfernt an das Aussehen von Orang-Utans. Zwar können sich ungewaschene Haare verfilzen und eine vergleichbare Haartracht ist historisch in vielen Kulturen verbreitet. Die langen Dreadlocks, insbesondere wenn die Schwarzen Darsteller*innen darunter zu erkennen sind, stellen jedoch eine enge Verbindung zur karibischen Rastafari-Religion her, die sich von dort aus weltweit verbreitet hat und deren Erkennungszeichen diese Frisur ist. Bei der Religion handelt es sich zudem um eine Empowerment-Bewegung, die Schwarze weltweit mit ihren kulturellen und spirituellen Ursprüngen in Afrika verbinden will. Durch den Musiker Bob Marley erhielt sie internationale Bekanntheit (Barsch 2003). Die Prinzipien der teilweise christlich geprägten Rastafari-Religion haben mit dem Leben des Affenrudels in *Tarzan* wenig gemein. Damit wird eine Frisur, die eng mit einer spirituellen Praxis einer Schwarzen Minderheit und ihrem Befreiungskampf verbunden ist, außerhalb ihres Kontextes verwendet und auf eine animalische Ebene gesetzt. Zugleich wird erneut eine rassistische Parallele zwischen Affen und Schwarzen gezogen, die noch dadurch verstärkt wird, dass Tarzans Adoptivmutter Kala keine Dreadlocks-Frisur, sondern – wie in Westafrika bei Frauen weit verbreitet – eine geflochtene Zopffrisur (Braids) trägt. Die zusätzliche Gesichtsbemalung aller Darsteller*innen soll zwar einen Bezug zur Physiognomie der Affen herstellen, ähnelt aber auffällig den Gesichtsnarben, wie sie in West- und Zentralafrika bei vielen Ethnien üblich sind. Dort besitzen sie jeweils unterschiedliche ethnische, soziale und spirituelle Bedeutungen (Roman 2016). Bezüge zu religiösen Praktiken werden in dem Stück allerdings mehrfach gezogen, allerdings wie in *Der König der Löwen* zu westlichen esoterischen Praktiken. Terk ist beim Meditieren zu sehen, um in seinen Worten seine »Instinkte in Einklang zu bringen«, wie er scherzhaft äußert. Auch die Musik zu den Szenen, in denen die Schönheit der Pflanzen im Urwald oder das idyllische Affenlager gezeigt werden, klingt wie esoterische Klangkompositionen für Meditation, Yoga oder wie bei Hörspiel-Fantasiereisen für Kinder. Deutlich ist hier die Umwertung verschiedener kultureller Elemente zu einem neuen Unterhaltungsprodukt zu erkennen, ohne Rücksicht auf die ursprünglichen Bedeutungen zu nehmen.

Auch die Kostüme in dem Musical verweisen auf die vorkolonialen Religionen Westafrikas. Im Gegensatz zu Tarzan tragen die Affen-Darsteller*innen Baströcke um die Hüften, die Männer zusätzlich um die Schultern und die Frauen vor der Brust. Diese Kostüme sind offensichtlich von westafrikanischen Kulturen mit religiösen Ritualen inspiriert, in denen Affenmasken getragen werden, wie bei den Baule in der Elfenbeinküste (Boyer 2008) oder den Igbo in Nigeria (Ottenberg und Falola 2006). Diese Ethnien besitzen auf dem Kopf getragene Affenmasken aus Holz und dazu passende Ganzkörperverkleidungen aus dunklem Bast. Disneys Kreativteams vollziehen hierbei durch die kulturelle Aneignung eine Abwertung bestehender religiöser Praktiken, indem menschliche religiöse Kostüme auf Tierdarsteller*innen übertragen werden und damit die rassistische Diskriminierung verstärkt wird.

Rassifizierungen und Tokenismus bei Rollenbesetzungen

Dass die verschiedenen Formen kultureller Aneignung bislang kaum in den Medien oder von Vertreter*innen der jeweiligen Herkunftskulturen thematisiert wurden, liegt auch daran, dass sie in Disneys Musicalproduktionen nicht allein in ihrer Materialität, sondern in Verbindung mit PoC-Darsteller*innen erscheinen. Das Konzept von kommerziellen Musiktheaterproduktionen, deren Aufführungen nur in Lizenzen für identische Inszenierungen um die Welt gehen, macht grundsätzlich das Aussehen der Bühnenfiguren zum Bestandteil der Werke. Für Disneys Kreativteams ist es deswegen selbstverständlich, dass Kostümdesigner*innen und die Makeup-Artist*innen die Rollen für bestimmte Typen entwickeln und diese dann auch weltweit in ähnlicher Weise besetzt werden. Für Musicals mit nicht-westlichen Handlungsorten bedeutet dies, dass einige Rollen bewusst auf PoC-Darsteller*innen ausgerichtet werden. Durch den illusionistischen Effekt wird darüber hinaus aber auch ein Bild von vermeintlicher ›Authentizität‹ konstruiert und suggeriert, dass die Darsteller*innen allen Aneignungsprozessen zustimmen und sich durch diese repräsentiert fühlen.

Der kulturelle Aneignungsprozess in diesem Bereich verläuft auf der Seite der *weißen* Produktionsteams zunächst auf der wirtschaftlichen Ebene: Sie vertreten die Meinung, dass sie mit ihrer Produktion mehr Gewinn machen, wenn PoC-Darsteller*innen bestimmte Rollen übernehmen. Sie verschleiern gleichzeitig damit den Aneignungsprozess bei den Kostümen und im Bühnenbild, die nun nur noch in Verbindung mit den Darsteller*innen erscheinen. Die Kreativteams rechtfertigen ihr Verhalten damit, dass sie mit dieser Praxis PoCs an ihren Produktionen beteiligen, ignorieren aber dabei, dass diese eben nur als Darsteller*innen und aufgrund ihres Äußeren wirken dürfen. Man stelle sich nur vor, der gesamte Cast von *Der König der Löwen* wäre *weiß* – zu offensichtlich würden die Tiermasken und Kostüme als kulturelle Aneignung wirken. Die Designer wären gezwungen, Kostüme zu entwickeln, in denen weniger nackte Haut zu sehen wäre.

Der Aneignungsprozess betrifft gleichzeitig auch die politische Ebene, denn durch das rassifizierende Casting werden die Darsteller*innen ungewollt zu Vertreter*innen einer marginalisierten Gruppe. Es kommt zu einem sogenannten ›Tokenismus‹, da die wenigen PoC-Darsteller*innen nur eine Alibifunktion in Bezug auf die Vielfalt für die gesamte Produktion erfüllen. Sie werden nicht als Individuen wahrgenommen, sondern als Symbol für eine bestimmte gesellschaftspolitische Auseinandersetzung (Ruby 2020). Die Produktionsfirmen können durch das Engagement solcher Personen eine Diversität behaupten, ohne etwas von ihrer strukturellen Macht abzugeben. Die Darsteller*innen werden ökonomisch an den Gewinnen beteiligt, ohne dass sie Entscheidungen über die Art der Produktion treffen dürfen. Im Gegenteil, oft müssen sie sogar rassistische Stereotype und Formen kultureller Aneignung auf der Bühne reproduzieren.

Die hinter der Praxis stehende Denkweise wird als ›Rassifizierung‹ bezeichnet, da sie aus einer rassistischen Weltsicht abgeleitet ist. Sie zielt in erster Linie nicht darauf ab, Menschen zu diskriminieren und auszuschließen, sondern Unterscheidungen zwischen Menschengruppen auf Grundlage von pseudo-wissenschaftlichen Rassekriterien, die *Weiße* konstruiert haben, zu treffen. Die ausgewählten Personen mögen die Behandlung unter Umständen als Bevorzugung wahrnehmen und sogar wirtschaftlichen Profit daraus ziehen, müssen sich aber der Tatsache bewusst bleiben, dass diese gerade aus einer rassistisch diskriminierenden Einteilung der Welt entstanden ist. Beim Disney-Konzern findet sich diese Praxis besonders bei der Besetzung von PoC-Darsteller*innen, wenn diese in erster Linie aufgrund ihrer Hautfarbe, Haarkonsistenz oder Augen- und Lippenform ausgewählt werden.

Die rassifizierende Besetzungspraxis stammt zunächst aus der Filmindustrie und verfolgt die Absicht, mit entsprechenden Schauspieler*innen eine möglichst realistisch wirkende Illusion zu erzeugen. Alle Darsteller*innen sollen so aussehen, wie es die Charaktere in den Drehbüchern nahelegen. In der Musicalszene des Broadways und West Ends haben rassifizierende Besetzungspraktiken ebenfalls eine lange Geschichte. Bereits die Erben von George Gershwin verfügten, dass seine Oper *Porgy and Bess* (1935) nur mit Schwarzen Darsteller*innen besetzt werden soll. Hier war die Absicht, marginalisierten Afroamerikaner*innen überhaupt Rollen an Opernhäusern zu ermöglichen. Daneben wurden für *The West Side Story* ebenso bevorzugt hispanische Sänger*innen für die puerto-ricanischen Sharks gecastet wie für *Miss Saigon* asiatische oder für *Bombay Dreams* indische. Oft waren geeignete Personen für die Erstproduktionen am Westend oder Broadway gar nicht leicht zu finden. Mir wurde berichtet, dass die Casting-Agenturen sich damals in asiatischen und indischen Schnellimbissen in New York und London auf die Suche nach geeigneten Sänger*innen und Tänzer*innen machen mussten. Schwarze Darsteller*innen werden für alle Musicals gesucht, in denen das Leben von Afroamerikaner*innen in den USA thematisiert wird. Selbst wenn es darum geht, auf diese Weise den Rassismus in der Gesellschaft anzuprangern, wie in dem Musical *Ragtime*, oder positive Beispiele eines Schwarzen Empowerments zu präsentieren, wie in dem Musical *Tina*, sind die Darsteller*innen beständig gezwungen, diskriminierte und marginalisierte Opferrollen zu übernehmen. Bei Disneys Musicalproduktionen geht es allerdings nicht nur um den Wunsch nach einer perfekten Bühnenillusion, sondern PoC sollen nicht-humanoide Lebewesen auf der Bühne verkörpern. Diese treten dann in orientalisierten afrikanischen und arabischen Umgebungen auf, womit sie jede Form von Selbstrepräsentation verlieren. Dass diese Rollenbesetzungen bewusst getroffen werden und wie sie sich auf die Inszenierungen auswirken, soll anhand von Disneys Musicalproduktionen kurz dargestellt werden.

Schwarze Zootiere in *Der König der Löwen*

Die Praxis rassifizierender Besetzungen in Disneys Musicalproduktionen kam erstmals in *Der König der Löwen* zur Anwendung, bei der bevorzugt Schwarze Darsteller*innen afrikanische Tiere auf der Bühne verkörpern.

Die Idee stammte von der Regisseurin Julie Taymor, die bewusst veranlasste, dass die Schwarzen hinter den Tiermasken erkennbar bleiben. Damit stellte sie eine Verbindung zwischen Hautfarbe der Bühnenpersonen und Tieren her, ohne dass sie das rassifizierende Kriterium dabei wahrnahm.

> »I had been insistent from the start that certain roles should be played by Africans or African Americans. It may seem odd to have even considered this, as the story is not about humans and is populated with all colors of animals, but we knew that the actors' faces and their voices would be more than visible and would absolutely have meaning for the audience.«[29] (Taymor 2017, 13)

Ein weiterer Grund für die Auswahl von Schwarzen Darsteller*innen lag darin, dass im Kreativteam die Meinung vorherrschte, dass Vertreter*innen der afrikanischen Herkunftskulturen besondere Fähigkeiten für die Umsetzung des Stoffes mitbrächten.

> »Bei der akribischen Auswahl für das später 55-köpfige Ensemble ging es dem Team um Choreograph Garth Fagan um ›multitalentierte‹ Künstler. Die Bewerber um eine Rolle mussten nicht nur durch eine brillante Stimme, exzellente tänzerische Fähigkeiten und hervorragendes Schauspiel überzeugen. Die Künstler sollten darüber hinaus die ›kulturelle Seele‹ in sich tragen, die Lebo M, der Schöpfer der einzigartigen Musikmischung, dem Stück eingehaucht hatte. Um das Thema Afrika in Disneys KÖNIG DER LÖWEN authentisch werden zu lassen, hatte Julie Taymor sich möglichst viele afrikanische Künstler gewünscht.« (Bombeck 2001)

Diese Aussage zeigt deutlich den Tokenismus, der hinter der Besetzungspraxis steht. Eine westliche Sicht auf Afrika durch eine Geschichte, die gar nicht auf dem Kontinent entstanden ist und auch nicht von einem afrikanischen Autor stammt, soll durch Schwarze Darsteller*innen legitimiert werden, die glaubhaft eine afrikani-

29 »Ich habe von Anfang an darauf bestanden, dass bestimmte Rollen von Afrikaner*innen oder Afroamerikaner*innen gespielt werden. Es mag seltsam erscheinen, dies überhaupt in Erwägung zu ziehen, da die Geschichte nicht von Menschen handelt und von Tieren aller Couleur bevölkert ist. Aber wir wussten, dass die Gesichter und Stimmen der Schauspieler*innen sichtbar bleiben und für das Publikum durchaus eine Bedeutung haben würden.« (Übers. d. A.)

sche Identität darstellen können. Stellvertretend für die Schwarzen Bewohner*innen des Kontinents erscheinen sie auf der Bühne, dürfen allerdings nur Tiere verkörpern.

Schwarze als Affen in *Tarzan*

Die Verbindung zwischen Schwarzen, ihren Musikkulturen und afrikanischen Tieren war auch den Produzent*innen von *Tarzan* wichtig, ohne dass sie ihre rassifizierende und diskriminierende Botschaft erkannten. Der Regisseur Bob Crowley äußerte sich über die Kostüme und Darsteller*innen, in dem er rassistische Stereotype von einer größeren Nähe zwischen Schwarzen und der Natur reproduzierte.

> »The costumes are designed to show off the actors' bodies, to make the actors appear as apes and humans at the same time. They aren't meant to imitate nature. Their reality is strictly theatrical, but based in nature.«[30] (Crowley in Lassell 2007, 50)

Im begleitenden Buch zur Produktion geben die Mitglieder des Kreativteams offen zu, dass sie sich ihre ersten Inspirationen von Gorillas in amerikanischen Zoos holten und dann der afrobrasilianische Capoeira-Tanz als Vorbild für den Affentanz diente, weil dieser ihnen so animalisch erschien: »It's great because the movements are very animal-inspired (Es ist großartig, weil die Bewegungen sehr von Tieren inspiriert sind.)« (Lassell 2007, 55). Die Tanzkünste des Afroamerikaners Michael Jackson waren danach das Vorbild für die Bewegungen des Affen Terk (Lassell 2007, 71). Der Darsteller der antagonistischen Rolle des Tierjäger Clayton sprach in der Originalinszenierung des Musicals dagegen einen amerikanischen Südstaatenakzent und zeigte damit aus historischer Sicht seine Abneigung gegen die Schwarzen Versklavten – während er Affen jagt (Lassell 2007, 100). Schwarze Darsteller*innen in westafrikanischen Kostümen mit Dreadlock-Frisuren werden auf diese Weise zusammen mit der kulturellen Aneignung afro-brasilianischer und -amerikanischer Musikpraktiken eingesetzt. Dadurch wird das

30 »Die Kostüme sind so gestaltet, dass sie die Körper der Darsteller*innen betonen und sie sowohl als Affen als auch als Menschen erscheinen lassen. Sie sollen nicht die Natur imitieren. Ihre Realität ist rein theatralisch, aber von der Natur inspiriert.« (Übers. d. A.)

rassistische Stereotyp auf der Bühne reproduziert, nach dem diese in ihrer Entwicklung den Affen näherstehen sollen als *Weiße*. Notwendig ist diese Besetzungspraxis, da es in dem Musical um die Auseinandersetzung zwischen Menschen- und Tierwelt geht, die nur glaubwürdig wird, wenn sich die Tierfiguren äußerlich von den Menschen unterscheiden und körperlich anders agieren. Dass für diesen Kontrast allerdings Elemente verschiedener afrikanischer und afroamerikanischer Kulturen ausgewählt wurden, die von vorwiegend PoCs ausgeführt werden, um die Affen zu charakterisieren, verrät deutlich eine politische Absicht, die sich in der Inszenierung verbirgt.

Ein Schwarzer Lampengeist in *Aladdin*

In *Aladdin* werden für das Tanzensemble PoC-Darsteller*innen verschiedener Herkunft ausgewählt, um die orientalisierte Lebenswelt zu verkörpern. PoC-Darsteller*innen sind in den Produktionen in Deutschland ebenso darunter wie Menschen, die aus Italien oder Spanien stammen und einen etwas dunkleren Hauttyp als *weiße* Biodeutsche besitzen. Die Rolle des Dschinni wurde in den amerikanischen und britischen Produktionen stets mit einem Schwarzen besetzt, um ihn als eine Kopie eines afroamerikanischen Entertainers aus der ersten Hälfte des 20. Jahrhunderts erscheinen zu lassen. Der Produzent Thomas Schumacher drückte diese Notwendigkeit sogar mit einer biologischen Metapher aus: »By returning to that inceptive concept, because it's in the DNA of the music Alan and Howard wrote for the film, we reinvented the Genie.«[31] (Lassell 2017, 97). Der für die Auslandsproduktionen zuständige Disney-Dramaturg Ken Derniglia war sich bewusst, dass diese Figur nicht nur eine Assoziation mit der Unterhaltungsindustrie darstellt, sondern dass der Lampengeist auch mit der Geschichte der Schwarzen in den USA verbunden ist:

> »Here on Broadway we have an African American man playing the Genie. Now, the Genie is, in fact, trapped and longs for freedom. We have a history

31 »Durch die Rückkehr zu diesem Konzept, das in der DNA der Musik liegt, die Alan und Howard für den Film geschrieben haben, haben wir den Dschinni neu erfunden.« (Übers. d. A.)

of slavery in this country and racial issues that can be very very divisive, so we were very careful about that.«[32] (Derniglia in Lassell 2017, 192)

Dieser Bezug zur amerikanischen Geschichte wird auf der Bühne jedoch nicht deutlich gemacht und die Tatsache, dass der Dschinni am Ende nur durch Aladdins Gunst seine Freiheit erlangt und weiterhin ein Geistwesen bleibt, hinterlässt einen eher ambivalenten Eindruck dieser Interpretation. Warum spielt ausgerechnet ein Schwarzer Darsteller als einziger in dem Stück ein nichthumanoides Wesen? Hinzu kommt, dass Schwarze in der amerikanischen Unterhaltungsindustrie zu Beginn des 20. Jahrhunderts trotz ihres Erfolgs unter erheblichen rassistischen Diskriminierungen und gesellschaftlichen Repressionen zu leiden hatten. Dass ausgerechnet Disneys Kreativteam sich von solchen Figuren inspirieren lässt, eine Imitation davon auf die Bühne bringt, die Musik dazu aber von einem *weißen* Komponisten stammt, ist bereits eine Form kultureller Aneignung auf der ethischen und wirtschaftlichen Ebene. Dass auf diese Weise ein neues kommerzielles Produkt kreiert wird, in dem ein Schwarzer Schauspieler als Token komödiantisch das historisch rassistische Stereotyp verkörpern darf, erzeugt allerdings noch eine politische Ebene im Aneignungsprozess. Der Einsatz der afroamerikanischen Stilistik in der Musik und das Komödiantische der Figur wird für das Publikum aber nur nachvollziehbar, wenn der magische Lampengeist mit einem Schwarzen besetzt wird.

Die Schwarze Nubierin und die *weiße* Ägypterin in *Aida*

Für den asiatisch-amerikanischen Librettisten David Henry Hwang war dagegen von Anfang an klar, dass es im Musical *Aida* um einen rassistischen Konflikt geht, der sich in einer rassifizierenden Besetzungspraxis der Hauptfiguren Radames und Aida ausdrücken muss. Er scheute dabei nicht den Vergleich mit dem Holocaust.

»The rehearsal process was sometimes kind of heavy. We kept coming back to the question. ›What would make a woman in a concentration camp fall in

32 »Hier am Broadway spielt ein Afroamerikaner den Dschinni. Der Dschinni ist gefangen und sehnt sich nach Freiheit. Wir haben in diesem Land eine Geschichte der Sklaverei und Rassenfragen, die sehr spaltend sein können. Also waren wir sehr vorsichtig mit dieser Besetzung.« (Übers. d. A.)

> love with a Nazi guard?‹ Because that actually happened. And if that could happen, we could find the reasons in Radames and Aida that they could fall in love.«[33] (Hwang in Lassell 2000, 120)

Die Besetzungspraxis gilt jedoch nicht für das gesamte Ensemble. Seit der Uraufführung haben die Produzent*innen die ägyptischen und äthiopischen Chormitglieder divers besetzt und so kulturelle Übergänge und Verbindungen zwischen den verfeindeten Völkern geschaffen. Dennoch wird im Stück eine scharfe rassifizierende Trennlinie zwischen den Hauptfiguren gezogen, die sich auch die Darsteller*innen in ihrem Selbstverständnis aneignen. Sherie René Scotts, die Erstbesetzung der Prinzessin Amneris, betreibt ein Whitewashing ihrer Rolle, indem sie aus einer ägyptischen Frau eine Repräsentantin der populärsten *weißen* westlichen Persönlichkeiten des öffentlichen Lebens macht und diese als Vorbild für alle Frauen im Publikum generalisiert:

> »Amneris is like Marilyn Monroe or Princess Diana – they tell into the trap anyone can fall into to be loved. I think that contributes to why people are moved by this show, because Amneris is on a journey that all women have to take. And that's what's been fun, to fully realize the arc of this character.«[34] (Scotts in Lassell 2000, 120)

Die Rassifizierung der jeweiligen Protagonist*innen setzt sich auch im Bereich der Merchandising-Artikel fort. Die Abbildungen der Verkleidungskostüme im Internet spiegeln die Besetzungspraktiken: So ist das Fotomodell des Dschinni Schwarz, Pocahontas hat eine bräunliche Hautfarbe, Vaiana lange gewellte dunkle Haare und Jasmin ist *weiß*. Dass dies kein Zufall ist, zeigen die Schminkpaletten, die für die jeweiligen

33 »Der Probenprozess war manchmal ziemlich anstrengend. Immer wieder kamen wir auf die Frage zurück. ›Was könnte eine Frau in einem Konzentrationslager dazu gebracht haben, sich in einen Nazi-Wachmann zu verlieben?‹ Denn das ist tatsächlich passiert. Und wenn so etwas passieren konnte, dann konnten wir auch die Gründe finden, warum sich Radames und Aida verlieben konnten.« (Übers. d. A.)

34 »Amneris ist wie Marilyn Monroe oder Prinzessin Diana – sie sind in die Falle getappt, in die jeder tappen kann, um geliebt zu werden. Ich glaube, dass das dazu beiträgt, dass das Publikum von dieser Show berührt ist. Denn Amneris ist auf einer Reise, die alle Frauen machen müssen. Und das ist es, was mir Spaß gemacht hat, den Bogen dieser Figur voll auszuschöpfen.« (Übers. d. A.)

Rollen ebenfalls käuflich zu erwerben sind und bei denen die Farben für Pocahontas dunkler sind als die für Jasmin. Die konstruierte ›Authentizität‹ der Figuren ist untrennbar mit rassifizierenden Eigenschaften verbunden, die sich das Publikum durch den Erwerb solcher Produkte ebenfalls aneignen soll.

Der Kreislauf der kulturellen Aneignung

Die Schamanin Rafiki besingt in der Eingangssequenz von *Der König der Löwen* den ewigen Kreislauf des Lebens. Im Disney-Konzern lässt sich ein vergleichbarer Kreislauf bei jedem Musical mit einem nichtwestlichen Handlungsort erkennen. Was von den Kreativteams oftmals als Suche nach Inspiration bezeichnet wird, stellt bei genauerer Betrachtung eine Aneignung dar. Verschiedene kulturelle und religiöse Elemente werden für die Bühnenbilder und Kostüme ohne Rücksicht auf den ursprünglichen Kontext frei mit anderen Elementen kombiniert, ohne Vertreter*innen der entsprechenden Herkunftskulturen um Erlaubnis zu bitten oder sie an der Entwicklung zu beteiligen. Parallel zu den fertigen Produktionen erfolgt dann eine umfangreiche Produktpalette an Merchandising-Artikeln: neben dem Programmheft, einem Bildband, Postern, CDs und DVDs werden T-Shirts, Hoodies, Regenschirme, Mützen, Taschen, Turnbeutel, Rucksäcke, Kissen, Armbanduhren, Schlüsselanhänger, Armbänder, Magnete, Tassen oder Teekannen zum Verkauf angeboten. Diese stellen nicht nur Andenken an die Aufführungen dar, sondern sind durch das öffentliche Tragen zugleich kostenlose Werbeträger für die Produktionen. Der Disney-Konzern bietet darüber hinaus Artikel an, mit dem er in die Familien- und Kinderwelt eindringen und das Spielverhalten und die Fantasie seiner Kundschaft dauerhaft erreichen möchte. Im Fall des Musicals *Tarzan* kann das so weit gehen, dass ein Experimentierkasten für Kinder im Sinne des Professors Porter mit Trinkflasche, Insektenlupe und -glas sowie Bleistift mit Naturholzummantelung angeboten wird. Das Merchandising unterstützt damit die koloniale Perspektive des westlichen Forschungsreisenden, der in Afrika Tier- und Pflanzenwelt untersuchen und sammeln kann.

Dass diese kulturellen Aneignungen keine Zufallserscheinungen sind, die im Verlaufe eines kreativen Schaffensprozesses aus verschiedenen gesammelten Materialien entstanden sind, zeigt sich an Versuchen des Disney-Konzerns, angeeignete Elemente ihrer Produktion rechtlich schützen zu lassen. 1994 erwarb sich der Disney-Konzern im Vorfeld des Zeichentrickfilms *Der König der Löwen* das Markenzeichen für den Weisheitsspruch »Hakuna Matata« als Aufdruck auf T-Shirts in den USA (Ratcliffe 2018). 2013 versuchte das Unternehmen vergeblich, sich im Vorlauf zu seinem Pixar Film *Coco* den mexikanischen Festtag »Día de los Muertos« als Markenzeichen eintragen zu lassen (Child 2013). Wenn ein Unternehmen versucht, Lebensweisheiten und Bezeichnungen religiöser Feiertage von Kulturen in eigenen Profit zu verwandeln, dann zeigt ein Raubtier wirklich seine Zähne.

Darf man denn gar keine Geschichten aus anderen Ländern mehr erzählen? Diese Frage wird mir immer wieder in Diskussionen um kulturelle Aneignungsprozesse gestellt. Sie ist ein Zeichen einer *weißen* Verletzlichkeit, mit der versucht wird, die Opferrolle in einem Prozess einzunehmen, in dem westliche Unterhaltungskonzerne die Täter sind (vgl. DiAngelo 2018). Ich habe bisher an keiner Stelle argumentiert, dass Disneys Kreativteams eine Geschichte nicht erzählen dürften, weil sie nicht aus den USA stammt. Es kommt mir auf die Art an, wie sie dabei vorgehen. Werden unterschiedliche Erzählformen zugelassen, kulturelle und religiöse Ausdrucksformen respektiert und nicht-westliche Formen des musikalischen Ausdrucks gleichwertig behandelt? Werden die Herkunftskulturen überhaupt auf irgendeine Weise an dem Prozess des Erzählens, an der musikdramaturgischen Gestaltung und der Inszenierung beteiligt? Erhalten Darsteller*innen die Möglichkeit, sich selbst zu repräsentieren oder werden sie gezwungen, eine *weiße* Perspektive auf ihre Kulturen darzustellen?

Bei der Analyse der Inszenierungen und des Merchandisings von Disneys Musicalproduktionen erstaunte mich, wie offen die Kreativteams in den eigenen Produktionsbüchern zugeben, dass sie sich von kunsthandwerklichen Produkten anderer Kulturen nicht nur inspiriert haben, sondern sich auch konkret bedient und bereichert haben. Selbst bei den international erfahrenen Kunstschaffenden existiert nicht das geringste Bewusstsein dafür, wie eng theatralische Ausdrucksformen in nicht-westlichen Kulturen mit religiösen Ritualen verbunden sein können. Niemand macht sich Gedanken darüber, ob die Aneignung dieser Praktiken zu Verletzungen in den Herkunftskulturen führen könnte. Ich konnte ebenso kaum fassen, wie offen die Kreativteams zugeben, nach welchen rassifizierenden Analogieverfahren sie die Bühnenshows entwickeln und Castings durchführen. Als hätte die amerikanische Bürgerrechtsbewegung in den 1960er-Jahren mit ihren politischen Kämpfen um Gesetze zur Antidiskriminierung nie stattgefunden, besitzt keine beteiligte Person ein Problembewusstsein dafür, PoC-Darsteller*innen für Tierrollen zu engagieren. Wenn nicht-westliche Kulturen und deren Vertreter*innen nur als Baukasten dafür dienen, eigene rassistische Geschichten zusammenzusetzen und diese dann teuer zu verkaufen, wenn die Beteiligung von PoC-Darsteller*innen gönnerhaft von *weißen* Produktionsteams gewährt wird, um eine ›authentische‹ Bühnenillusion zu erzeugen – dann ist es wenig verwunderlich, dass die Herkunftskulturen mit der Zeit beginnen, sich darüber zu beschweren, oder fordern, zumindest ihren Anteil an den Profiten zu erhalten.

Nach der Analyse der Handlungen, der musikalischen Gestaltung und der Inszenierungen stehe ich vor einem Geflecht von Aneignungs- und Ausbeutungsprozessen auf verschiedenen Ebenen. Die Analysen von Disneys Zeichentrick- und Animationsfilmen sowie deren Bühnenversionen ergibt ein dominantes Bild von Plagiaten, *weißer* Überheblichkeit, rassistischen Zuschreibungen und kultureller Aneignung. Nicht die einzelnen Details entscheiden, ob ein Werk rassistische Stereotype reproduziert, sondern die Menge der Elemente lässt ein übergreifendes Vorgehen bei der Stoffentwicklung, Komposition und Inszenierung erkennen. Die wenigen Ausnahmen, die auf der Ebene der Handlungsstoffe beim Musical *Aida* oder der Musikgestaltung von Lin-Manuel Miranda erkannt werden können, stellen eher die Ausnahme von der Regel dar.

Wie aber reagiert nun das Publikum und die Presse auf diese Stücke? Wie äußern sich die Beteiligten über die Produktionen? Im folgenden zweiten Hauptteil des Buches soll es darum gehen, die verschiedenen Bereiche der Rezeption zu untersuchen. Damit werde ich den Bereich von Literatur-, Musik-, Inszenierungs- und Produktanalysen verlassen, und ethnographische Forschungsdaten und qualitative Interviews auswerten. Dabei wird es zu einem Realitätsschock kommen. Dieser muss genau analysiert werden, um zu verstehen, warum die jeweiligen Gruppen unterschiedliche und sich widersprechende Perspektiven auf Disneys Musicalproduktionen haben.

Teil 2: Rezeption

»Wer hat sonst noch einen Freund wie mich?« Der Erfolg des klassischen Disney-Formats beim Publikum

Publikumsreaktionen bei aktuellen Disney-Musicalproduktionen

Mit meinen Analysen von Handlungen, Musik und Inszenierungen im Kopf begann ich Feldforschungen bei Disneys deutschen Musicalaufführungen zu machen. Vor und nach den Vorstellungen sowie in den Pausen habe ich Gespräche mit Personen aus dem Publikum geführt, um herauszufinden, warum sie sich diese Stücke anschauen. Was begeistert sie an den kolonialen Geschichten? Erkennen sie die verschiedenen Formen der Orientalisierung und Exotisierung nicht-westlicher Kulturen? Haben sie eine Meinung zu den rassistischen Elementen der Bühnenshows? Erkennen sie Methoden der kulturellen Aneignung? Unter den *weißen* deutschen Besucher*innen konnte ich kein Bewusstsein für diese Problematiken ausmachen, wie ein paar Erlebnisse illustrieren sollen.

Ein deutscher Mann, etwa 50 Jahre alt, in Hamburg erzählte mir auf der Fähre zum Veranstaltungsort von *Der König der Löwen* im April 2022, dass er beruflich mehrfach in Südafrika tätig war und das Musical für »unschlagbar« hält. Er habe es bereits mehrere Male gesehen und freue sich, dass es nach der Corona-Pandemie nun endlich wieder geöffnet hat: »Wenn man das gesehen hat, gibt es nichts Besseres.« Einen Unterschied zwischen dem Afrikabild in dem Musical und seinen eigenen Erfahrungen konnte er nicht ausmachen. Er hätte in Südafrika bislang »nur weniger Tiere gesehen« als auf der Bühne in Hamburg.

Eine Mutter von erwachsenen Kindern aus dem Schwäbischen berichtete mir in Stuttgart im März 2022, dass sie den *Aladdin*-Zeichentrickfilm bereits aus ihrer Kindheit kenne und nun die Karte für das Musical zu Weihnachten geschenkt bekommen habe. Sie hielt die Umsetzung alles in allem für gelungen. Es wären »einige originellere Aspekte« eingebaut worden, die das Ganze »ein wenig aufgelockert« hätten. Bei meiner Frage nach den Bezügen zwischen Bühnenhandlung und der arabischen Welt offenbarte sich allerdings eine recht touristische Wahrnehmung und eine orientalisierte Vorstellung von den ihr unbekannten Kulturen.

> »Also so, wie ich das verstanden hab, war das jetzt in Jordanien oder irgendwo dort. [...] Ich war bisher nur in Dubai. Also, das ist schon ziemlich westlich und da sind ja sehr viele Expats. Ich glaube, Jordanien ist dann schon etwas traditioneller.«

Eine Gruppe von Frauen zwischen 30 und 40 Jahren tauschte sich nach einer Aufführung von *Aladdin* in Stuttgart über ihre Eindrücke aus. Eine von ihnen beklagte sich, dass die ausländischen Darsteller*innen auf der Bühne nicht im arabischen Dialekt gesprochen hätten. Nach einem Blick auf die Besetzungsliste meinte sie abwertend, das wären doch alles nur »González-Spanier und so« gewesen. Das hätte eigentlich nichts mit dem Orient zu tun.

Im Februar 2024 kam ich nach einer *Tarzan*-Vorstellung in Stuttgart mit einem *weißen* Mann aus Rottweil ins Gespräch, der im sozialen Bereich arbeitet. Er trug blond-braune Dreadlocks und seine Frisur sorgte schon vor Beginn der Vorstellung für spöttische Kommentare meiner bayerischen Sitznachbar*innen. Als ich ihn auf die Inszenierung ansprach, meinte er, es sei ihm gar nicht negativ aufgefallen, dass die Affen auch diese Frisuren trugen. Es hätte sich ja auch nur um Perücken gehandelt. Seiner Partnerin und ihm war jedoch aufgefallen, dass sowohl der Kinder- als auch der Erwachsenendarsteller des Tarzan keine blonden Dreadlocks trugen, eine Neuerung in der deutschen Wiederaufnahme der Produktion seit November 2023. Das fanden beide schade, da ihr Kind genau diese Frisur tragen würde und ein solches Rollenvorbild gut gebrauchen könnte. In öffentlichen Verkehrsmitteln hätten sie kürzlich den Vorwurf gehört, die Frisur sei eine kulturelle Aneignung. Das sei für sie unerklärlicher »Quatsch«.

Auch bei Gesprächen mit PoC-Besucher*innen und Menschen mit Migrationshintergrund erhielt ich keine kritischen Rückmeldungen. Mit einem afrodeutschen Familienvater kam ich 2022 nach der Vorstellung in der Schlange vor dem Merchandising von *Der König der Löwen* ins Gespräch. Er war aus Dortmund angereist und nutzte seinen ersten

Urlaub ohne Familie unter anderem, um sich das Musical in Hamburg anzusehen. Es gefiel ihm gut und er äußerte die Absicht, später mit seinem Sohn wiederkommen zu wollen. Dass viele Schwarze Darsteller*innen auftreten, erschien ihm logisch, da afrikanische Sprachen gesprochen und gesungen würden, was *Weiße* eben nicht so gut könnten. Probleme mit der Darstellung von Tieren hätte er nur, wenn Schwarze Affen spielen. Das wäre für ihn ein klares Zeichen von Rassismus. Die Assoziation von Rafiki mit einem Pavian war ihm im Stück anscheinend ebenso wenig aufgefallen, wie die Mischung verschiedener afrikanischer Sprachen und Elemente.

> »Man soll sich nicht immer gleich zu viele Gedanken machen. Es ist eine schöne Show und sie spielt eben in Südafrika. [...] Das Publikum ist eben so *weiß* hier, weil wir in Deutschland sind. Was soll man da sonst erwarten?«

Ein junges muslimisches Paar aus Mannheim war von der *Aladdin*-Aufführung 2022 in Stuttgart begeistert. Die Frau gab zwar zu, dass die Darstellung auf der Bühne eine westliche Sicht auf den Orient sei, fühlte sich aber trotzdem gut unterhalten. Ihr Mann ergänzte, dass sie sich durch die ironische Darstellung der arabischen Welt und des Islams auf der Bühne nicht verletzt fühlten, was vielleicht daran liege, dass sie beide in Deutschland aufgewachsen seien und diesen Humor verstehen könnten. Menschen aus islamischen geprägten Ländern würden mit dem Stück möglicherweise Probleme haben.

Diese und weitere vergleichbare Aussagen ließen mich ratlos zurück. Ist das Publikum der Disney-Musicals so konservativ? Haben die Besucher*innen ein so neokoloniales und rassistisches Weltbild, dass sie den orientalisierenden Inszenierungen der Stücke vorbehaltlos zustimmen und die damit verbundenen stereotypen und diskriminierenden Darstellungen akzeptieren? Oder wurden sie so sozialisiert, dass ihnen diese Eigenschaften der Musicals gar nicht auffallen? Gleichen sich deutsche PoC und Menschen mit migrantischer Familienherkunft diesen Meinungen an? Nehmen sie die Aussagen der Stücke nicht wahr oder tun sie sie ab, weil es sich nur um angeblich harmlose Familienunterhaltung handelt? Oder sind meine bisherigen Theorien und Analysemethoden schlichtweg nicht geeignet, die Rezeption dieser Musicalproduktionen zu verstehen?

Zugegebenermaßen erreiche ich mit solchen Publikumsbefragungen nur diejenigen, die Musicals ohnehin gerne besuchen und ein positives Bild von Disneys Unterhaltungsprodukten haben. Bislang gibt es nur wenige detaillierte Forschungen zu der Zusammensetzung des Musicalpublikums und seiner Lebenswelten (Schmittner 2012). Meistens wird es nur im Vergleich zu dem Publikum anderer Theaterformen gesetzt (Nolte, Schäfer, und Yesilcicek 2001; Reuband 2019). Dies liegt daran, dass die wissenschaftliche Forschung häufiger daran interessiert ist, Strategien zu entwickeln, die zur Steigerung der Publikumszahlen in öffentlichen Kulturbetrieben führen könnten (Glogner-Pilz und Föhl 2011). Die internen Marktforschungen der Musical-Produktionsfirmen gelangen dagegen nicht an die Öffentlichkeit und sind zudem meistens nur daran interessiert, welche Stücke sie auswählen und wie sie diese vermarkten sollen. Die gesellschaftspolitischen Ansichten des Publikums spielen dabei nur eine untergeordnete Rolle. Meiner Erfahrung nach handelt es sich bei dem deutschen Musicalpublikum größtenteils um die früher als Mittelschicht bezeichnete Gruppe, die sich heute nach den Milieu-Studien des SINUS-Instituts (Barth u. a. 2017) in ein traditionelles Milieu, ein nostalgisch-bürgerliches Milieu und die adaptiv-pragmatische Mitte aufteilt. Unter Umständen sind noch einige Personen aus dem Konsum-Hedonistischen Milieu unter dem Publikum, die sich vor allem für hochwertige Unterhaltungsangebote und die technisch aufwendige Umsetzung der Bühnenshows interessieren. Disney-kritische Personen aus dem konservativ-gehobenem Milieu und dem Postmateriellen Milieu würden nie eine Eintrittskarte für eine solche Show kaufen und fallen somit aus dem direkten Umfeld der Musicalproduktionen heraus. Meiner Erfahrung nach bildet das Genre Musical gerade bei diesen erhebliche Abwehrmechanismen, so dass sie das Genre grundsätzlich ablehnen und sich nicht einmal dafür interessieren, was auf deutschen Musicalbühnen gezeigt wird. Die hohen Kosten der Tickets führen außerdem dazu, dass nur ein Publikum mit einem gewissen Einkommen angezogen wird, dass sich bewusst für diese Form der Unterhaltung entscheidet. Migrantische Bevölkerungsgruppen sind kaum im Publikum anzutreffen. Diese relativ homogene Gruppe von Menschen scheint die Aussagen der Handlungen und die behandelten gesellschaftspolitischen Themen nicht wahrzunehmen. Da sie auch nicht mit kritischen Meinungen zu dieser Form von

Unterhaltung konfrontiert werden, werden sie auch nicht motiviert, darüber zu reflektieren. Meine aus Zeitgründen nur kurzen Interviews mit Personen, die oft nur einmal eine Produktion besuchen, bleiben deswegen auch oberflächlich und geben nur bruchstückhaft die Beweggründe für die anhaltende Begeisterung für Disneys Musicalproduktionen wieder.

Um das Publikum besser zu verstehen, habe ich eine Reihe von qualitativen Interviews mit Fans von *Der König der Löwen* in Hamburg geführt, die sich intensiv mit dem Stück befassen. Drei davon werde ich im Folgenden detailliert auswerten und dabei induktiv die zentralen Kategorien herausarbeiten, die für die Personen beim Musicalbesuch wichtig sind. Daraus lässt sich ableiten, warum die Rezeption von Disney-Musicals in Deutschland bislang die gesellschaftspolitische Dimension der Stücke ignoriert.

Die Könige der Löwen – Fankultur bei der Hamburger Produktion

Im Gegensatz zu den sogenannten Musical-Tourist*innen hat sich in Hamburg seit 2001 eine Gruppe von Menschen herausgebildet, die das Stück trotz der vergleichsweise hohen Eintrittspreise regelmäßig besuchen. Über Social-Media-Plattformen tauschen sie sich über die Aufführungen und weitere Neuigkeiten der deutschen Musicalszene aus. Jonas Menze (2015) hat diese Form des Fantums in einer quantitativen Studie untersucht und kommt zu dem Schluss, dass die Mitglieder überwiegend jung, weiblich, ledig und tendenziell gut gebildet sind. Sie verbinden mit dem Genre vor allem das Live-Erlebnis und suchen danach den persönlichen Kontakt mit den Darsteller*innen. Die Musicals dienen ihnen als Ressource für ihre eigenen Identitätsbildungsprozesse, weshalb sie auch Interesse am Aufbau von Freundschaften innerhalb der Fanszene haben. Für die folgende Analyse habe ich dagegen drei männliche *weiße* Fans ausgewählt. Bewusst soll damit nicht das Stereotyp unterstützt werden, dass Disneys Musicals aufgrund der romantisch-emotionalen Musik und dem Familienbezug vor allem Frauen ansprechen und Männer nur an den technischen Effekten der Bühnenshows interessiert sind. Die Einzelfalluntersuchungen erheben keinen Anspruch auf Repräsentativität, sondern wollen individuelle Beweggründe in den Vordergrund rücken und damit ein genaues Verständnis für das Fanverhalten erreichen. Die Interviewpartner sind der Student Sven, der freischaffende Musiker Friedrich und der Familienvater Achim (Namen vom Autor geändert). Die Personen kennen sich persönlich nicht, tauschen sich aber auf Sozialen Medien miteinander aus.

Alle drei Personen sind bereits in ihrer Kindheit durch ihr familiäres Umfeld und Disney-Zeichentrickfilme mit Musicals in Berührung gekommen. Sie besuchen mit Vorliebe dieses Genre, nennen aber auch andere Lieblingsstücke. Allerdings können sie mit den österreichischen Eigenproduktionen wie *Elisabeth* oder *Tanz der Vampire* weniger anfangen. Die drei Männer sind bereit, viel Geld für ihr Hobby auszugeben. Sie kennen aber auch Online-Tauschbörsen und professionelle Anbieter, bei denen sie Restkarten günstig erwerben können. Neben den Vorstellungen versuchen sie, die an den Produktionen Beteiligten hinter den Kulissen kennenzulernen. Entweder haben sie durch familiäre Beziehungen in der Musicalszene Kontakte zu den Darsteller*innen und Instrumentalist*innen oder sie ergeben sich durch das mehrfache Warten nach der Vorstellung am Bühnenausgang. Teilweise reichen die Kontakte bis hin zu Pressevertretern der Stage Entertainment, mit denen Ideen zur weiteren Förderung der Show und ihrer Fangemeinde ausgetauscht werden. Einer von ihnen plant, einen eigenen Fanclub zu gründen, in dem Videos, Interviews und eigenes Merchandising vertrieben werden sollen.

Der familiäre Bezug zu den Musicals

Der Besuch eines Disney-Musicals bedeutet für die Interviewten immer, etwas zu unternehmen, dass eng mit der eigenen Kindheit oder einem positiv wahrgenommenen Familienleben verbunden ist. Achims Interesse an Musicals wurde durch die Schallplatten seiner Eltern geweckt, die die Klassiker *Cats*, *Starlight Express* und *The West Side Story* besaßen. Als Jugendlicher besuchte er mit seiner Mutter eine Reihe von Musicalproduktionen. Svens Vater war selbst ein großer Disney-Fan und so wurde seine Kindheit von diesen Filmen geprägt. Er nahm ihn auch zum ersten Mal in das Musical *Der König der Löwen* mit, wodurch sich seine Faszination für dieses Genre entwickelte. Als Jugendlicher wirkte er in mehreren Schulmusicals mit und bewirbt sich derzeit an einer privaten Musicalschule. Friedrichs Eltern arbeiteten als Musiker*innen. Da sein Vater jahrelang als Schlagzeuger bei *Der König der Löwen* aushalf, konnte er das Musical oft vom Orchestergraben aus verfolgen. Dabei war er von der Atmosphäre hinter den Kulissen so begeistert, dass er sich nun selbst als Keyboarder bewerben möchte.

Alle Interviewpartner beschreiben, dass gerade der Besuch eines Musicals, das sie an ihre Kindheit erinnert, sie in ihrer positiven Wahrnehmung des Stückes beeinflusst. Das gilt besonders, wenn die Handlung Themen der eigenen Familiengeschichte behandelt, wie etwa Verlusterfahrungen. Achim erlebt dadurch so ein positives Gefühl, das bei ihm direkt der Wunsch nach Wiederholung des Ereignisses hervorgerufen wird. Dies erinnert an Fanverhalten bei bestimmten Lieblingsfilmen oder favorisierten Musikbands.

> »*Der König der Löwen*, den Film habe ich als Kind natürlich gesehen im Kino, und dann auch sehr oft zu Hause. Der hat mich immer begleitet. [...] Es war immer so, dass meine Mutter und ich mal dahin [zum Musical] wollten oder es so geplant war. Sie ist dann vor einigen Jahren verstorben und deswegen war mein erster Musical-Besuch der mit meinen Kindern. [...] Also es gibt Momente, wo ich immer noch Pipi in den Augen habe bei *König der Löwen*, obwohl ich das schon 15- oder 20-mal gesehen habe.« (Achim, 6.10.2022)

Friedrich hingegen sieht in der Handlung Parallelen zu seinem Vater-Verhältnis, ein Phänomen, das Taymor (2017, 14) in ähnlicher Weise auch bei vielen Simba-Kinderdarsteller*innen beschreibt.

> »Bei *König der Löwen*, was mich speziell packt, sind halt diese Story und die Farben. Und allein, wie das losgeht mit ›Der ewige Kreis‹. Wenn die Rafiki anfängt zu singen und dann mit den Tieren ... Es gibt kein Musical, das so ein fantastisches Opening hat, aber auch so ein fantastisches Finale und was so eine energetische Wirkung hat über das Leben hinaus.
>
> Es hat auch sehr viel mit meiner Biographie zu tun. Ich habe nämlich auch meinen Vater verloren. Ich war 16 und er wurde jetzt nicht vom eigenen Bruder verraten – mein Vater hat sich das Leben genommen. Das ist auch nicht besser, es ist aber vergleichbar. Und er hat da gearbeitet. Dieses ›alles ist verbunden im ewigen Kreis des Lebens‹, das hat so eine Spiritualität, damit kann ich mich sehr identifizieren. Natürlich konnte mein Vater sich auch da sehr identifizieren, sonst hätte er da ja nicht gearbeitet.« (Friedrich, 10.10.2022)

Disney-Musicals, die in nicht-westlichen Kulturen spielen, geben den Befragten also die Möglichkeit, an das eigene Familienleben zurückzudenken. Die Handlungsorte und die historischen oder politischen Hintergründe der Stücke interessieren sie zunächst gar nicht.

Identifikation mit den Handlungen

Die Befragten identifizieren sich daneben in hohem Maße mit der Handlung der Stücke. Dabei interessieren sie sich vor allem für die persönliche Entwicklung und Konfliktbewältigung der Hauptfiguren. Die Geschichten und die in ihnen enthaltenen Weisheiten und moralischen Prinzipien entsprechen dabei ihren eigenen Lebenskonzepten. Insbesondere die Musik trägt dazu bei, die inneren Gefühle der Figuren zu offenbaren und eine spirituelle Dimension der Handlung zu eröffnen. Was Friedrich an den Stücken begeistert, ist, dass sie das Publikum zur Reflexion anregen.

> »Es gibt immer eine Entwicklung. Und das ist eigentlich das, weswegen das Genre auch so erfolgreich ist. Die Leute wollen sich weiterentwickeln, sich verändern. Wo es meiner Meinung nach auch hingehen sollte. Deswegen sind diese Shows auch so geil, weil die Leute sich so eine Mühe geben und weil es um energetische Sachen geht. Es geht um Wachstum. Also nicht finanziell, sondern emotional. Und wirklich Weiterkommen. Es ist immer so eine Geschichte dabei, wo du auch was davon lernst. Also das finde ich immer das Tolle. Du gehst raus, du kannst wirklich Nachdenken, du kannst es Revue passieren lassen.« (Friedrich, 10.10.2022)

Für Sven ist es wichtig, dass die Geschichten in den Disney-Musicals nicht zu tiefgründig und komplex sind. Die Auseinandersetzung mit den Grundthemen der Stücke soll immer in eine positive Richtung gelenkt werden.

> »Disney-Musicals haben immer eine gewisse Art von Moral mit drin. [...] Und Disney-Musicals probieren immer, dass jemand mit einem besseren Gefühl rausgeht, weil er vielleicht dabei ein bisschen an sich selbst gedacht hat oder ein bisschen über eine spezielle Thematik nachgedacht hat, aber sie trotzdem nicht kompliziert dargestellt wird. Disney-Musicals haben immer eine eher einfache Story, die aber trotzdem immer ein eindeutiges Problem angeht. [...] Es gibt auch Shows, da geht der Zuschauer zwar auch raus und hat

viel nachgedacht, aber die sind dann eben nicht sehr toll. Und dann denkt er drei Tage lang darüber nach. Die sind dann schon ziemlich stark fürs Gemüt. [...] Und das mag ich an Disney: Dass die Probleme ansprechen, ohne dass sie dem Zuschauer direkt ein schlechtes Gefühl vermitteln.« (Sven, 19.10.2022)

In den Handlungen erkennen die Befragten in der Regel nur allgemein menschliche Verhaltensweisen. Dabei spielen vor allem Grundkonflikte wie Liebe, der Bezug zur Herkunft, die Versuchung der Macht und der Umgang mit persönlichen Niederlagen eine Rolle. Friedrich zeigt anhand mehrerer Disney-Musicals, wo er seine Bezüge zu den Geschichten herstellen kann.

»Gerade bei *Aladdin*: Dieses sich verführen zu lassen. Der junge Aladdin ist ein erwachsener junger Mann, verliebt sich in Jasmin und lässt sich dann aber doch noch verführen in die Höhle. Und dann schließt er Freundschaft mit Dschinni. Und davon kannst du so viel für dein Leben rausziehen. In jedem Musical. Wie auch Timor und Pumbaa sagen: ›Ja, schlimme Dinge passieren nun mal. Hakuna Matata. Mach das Beste draus!‹ Und das ist im Prinzip auch genau das Gleiche, was dann Dschinni macht, nur auf diese sehr spirituelle Art. [...] Bei *Tarzan* macht den Reiz für mich aus: diese Story und diese zwei Welten. [...] Tarzan lernt Jane kennen und dann will er eigentlich zu den Menschen. Aber er ist ja doch der Affe. Und dann geht er wieder zu den Affen zurück und das hat so was Natürliches. Es hat was mit uns zu tun. Wir stammen ja auch von den Affen ab.« (Friedrich, 10.10.2022)

Die Form der Coming-of-Age Geschichte, die von den Disney-Kreativteams fast immer erzählt wird, trifft genau die Bedürfnisse dieser Fans. Die Darstellung von Grundkonflikten des Lebens mit einfachen Lösungsangeboten dient den Befragten dazu, sich ihrer Lebensgrundsätze immer wieder zu vergewissern. Der regelmäßige Besuch des Musicals gleicht beinahe einer rituellen Praxis mit lebensberatender Funktion. Der nicht-westliche Handlungsort der Geschichten ist ein Fantasieraum, in dem sie über ihr Leben reflektieren können.

Die Faszination des Live-Erlebnisses

Was die drei Männer an Disney-Musicalproduktionen im Gegensatz zu Filmen oder Musikaufnahmen in erster Linie fasziniert, ist das individuelle Erlebnis einer Live-Aufführung mit qualitativ hochwertiger Besetzung. Dazu gehört auch, dass sie die Musiker*innen sehen können und diese nicht nur im Backstage spielen oder die Sänger*innen zu einem Playback singen, wie es in einigen Musicalproduktionen üblich geworden ist. Sven vergleicht dieses Erlebnis mit seinem normalen Musikkonsum.

> »Allgemein an Musicals fasziniert mich sehr die Leidenschaft und einfach der Reiz daran, dass es live performt wird. Du hörst es nicht nur auf deinem Handy, sondern es wird einfach quasi nur für dich produziert. Es gibt keinen anderen Grund, dass es aufgeführt wird als für den Zuschauer. Und das mag ich sehr.« (Sven, 19.10.2022)

Besonders wichtig ist für Achim die Tagesbesetzung, die nie vorher bekannt gegeben wird, sondern erst in der Pause zu erfahren ist. Dabei geht es ihm nicht nur um bestimmte Darsteller*innen, die er hören möchte, sondern um das positive Gefühl, das eine gute Interpretation bei ihm auslöst.

> »Aber bei mir ist es, glaube ich, noch viel mehr die Musik. Wenn die Besetzung passt an dem Tag, an dem ich da hingehe. Das fängt ja schon an, wenn der Vorhang hochgeht und da vorne steht Rafiki, also die Sängerin, die dieses ›Circle of Life‹-Lied singt. Wenn ich weiß, es ist genau die Besetzung, die ich haben will, dann bin ich natürlich sehr glücklich. Weil die Erstbesetzung hat eine sehr gute Stimme. Das erzeugt natürlich auch absolute Gänsehaut. [...] Also ich feiere das total. [...] Es ist einfach ein Premium-Erlebnis.« (Achim, 6.10.2022)

Für die Fans sind es darüber hinaus die technische Perfektion und die Liebe zum Detail im Bühnenbild, die den Besuch zu einem unvergesslichen Erlebnis machen. Friedrich vergleicht diese Faszination mit einem teuren technischen Kommunikationsgerät.

> »Die machen sich so eine Mühe mit diesem tollen Makeup, mit diesen Kostümen und bei *Aladdin*, wie Dschafar aus der Flasche rauskommt. Und wieder dann auch mit diesem Teppich vor allen Dingen. [...] Wenn du dir das mal überlegst: Es gibt Leute, die geben tausende Euro für Smartphones aus. Warum gehst du denn von dem Geld nicht einfach mal in ein geiles Musical? Ich versteh es nicht!« (Friedrich, 10.10.2022)

Was die Disney-Musicals für die drei Männer wesentlich von anderen Musiktheaterproduktionen unterscheidet, ist der sogenannte ›Feel-Good‹-Moment. Während der Aufführungen erleben sie ein positives und fröhliches Gefühl, das trotz der dargestellten Konflikte überwiegt und das sie bei anderen Musiktheaterwerken nicht finden. Die Motivation, ein Disney-Musical öfter zu besuchen, hängt oft damit zusammen, dieses Gefühl erneut erleben zu wollen. Achim beschreibt seine Wahrnehmung der Show als ein Erlebnis, von dem er abhängig wird.

> »Das ist ja ein sehr ›gute Laune‹-Musical. Man kann gut abschalten, man vergisst so ein bisschen die Zeit. So fing das bei mir an. Und dann wurde aus einem Besuch noch ein Besuch. Und als wir dann hierhergezogen sind [vor drei Monaten nach Hamburg], bin ich halt völlig eskaliert. Dann war es halt wöchentlich oder alle zwei Wochen sozusagen. [...] Das ist ja dann schon vielleicht wie eine kleine Sucht. Das lässt sich mit einer Droge vergleichen. Das ist vielleicht ein Gefühl, das andere bei anderen Dingen haben. Andere rauchen, andere trinken. Ich habe eben das dann so.« (Achim, 6.10.2022)

Diese außergewöhnliche Wahrnehmung der Musicals nehmen die Befragten nicht nur bei sich selbst, sondern auch bei anderen Besucher*innen wahr. Friedrich erzählt, wie unterschiedlich das Stück auf das Publikum wirken kann, und gibt damit auch einen guten Einblick in die Unterschiede innerhalb des Publikums, bei dem offensichtlich nicht alle regelmäßig ein Musical besuchen.

> »Ich glaube, ich war Reihe drei. Da saß neben mir links eine 95-Jährige. Die wurde irgendwie überredet von ihren Freunden. [...] Nach ›Der ewige Kreis‹ kam die an, und sagte: ›Das war so schön! Jetzt kann ich sterben nach diesem Stück.‹ Das ist doch herzzerreißend so was. Und rechts neben mir sitzt eine 23-Jährige an ihrem scheiß iPhone 15 und zockt die ganze Zeit Warcraft, während hier *König der Löwen* läuft, und meint: ›Meine Mama hat mir das geschenkt, jetzt muss ich da ja hin.‹« (Friedrich, 10.10.2022)

Die Befragten ärgern sich öfters über das deutsche Publikum, das ihnen zu passiv erscheint, weil es zu wenig oder nicht im richtigen Takt mitklatscht. Sie haben das Gefühl, dass einige Zuschauer*innen Musicals nur aus Prestigegründen besuchen und nicht diese innere emotionale Reaktion mitvollziehen können. Die Produktionen werden von ihnen ganz danach beurteilt, ob sie die eigene Wahrnehmung positiv beeinflussen können.

Sehnsucht nach exotischen Handlungsorten

Die Orte, an denen die Geschichten spielen, interessieren die Fans dagegen kaum. Sie sind eher überrascht, wenn ich sie danach frage. Keiner von ihnen war im Urlaub jemals in Afrika oder in einem arabischen Land. Sven gibt sogar offen zu, dass er die Bühnenillusion in jedem Disney-Musical erkennt.

> »Ich bin jetzt nicht aus einer Vorstellung von *Aladdin* gekommen und dachte mir danach: Oh, ich muss unbedingt mal nach Saudi-Arabien. Ich finde aber generell Geografie, Wetterverhältnisse und sowas sehr interessant, muss ich sagen. Ich bin auch ein reisender Mensch. Aber ich bin jetzt ein armer Student, also kann ich es mir nicht leisten, mal eben irgendwie nach Australien oder so zu fliegen. [...] Also ich würde sagen, es hat schon meine Fantasie für die Orte angeregt. Aber Disney-Shows tendieren dazu, einen gewissen Grad an Fantasie und Unrealistisches mit drin zu haben.« (Sven, 19.10.2022)

Die Befragten sind sich auch bewusst, dass die Inszenierungen Einflüsse aus verschiedenen Weltkulturen enthalten. Friedrich hat eine klare Vorstellung davon, woher die einzelnen Elemente der Inszenierung von *Der König der Löwen* stammen und bewertet das Endprodukt gerade aufgrund der Hybridität positiv.

> »Zum Beispiel mit der Sonne: das sind ja eigentlich nur Papierstreifen und dadurch entsteht eine bestimmte Illusion. Etwas sehr Japanisches. Und asiatische Einflüsse, die es so noch nie gegeben hat im Musical. Das wurde auch weiterentwickelt. Ich glaube, das ist auch der Grund, warum jetzt speziell *König der Löwen* oder eben auch *Aladdin* so erfolgreich läuft. Einfach weil das sehr exotisch ist. Und das gibt es so auf dem Markt sehr selten. Und ich glaube, das ist vor allen Dingen der Hauptverdienst von Disney.« (Friedrich, 10.10.2022)

Disneys Darstellung nicht-westlicher Kulturen wird von denjenigen, die sich intensiv mit den Musicals beschäftigen, nur als exotische Kulisse für eine Figurenkonstellation wahrgenommen. Die Befragten haben dabei kein Problem mit den orientalisierenden Inszenierungen. Das heißt aber nicht, dass sie blind sind für die Produktionsweisen und die Unternehmenskultur des Disney-Konzerns.

Wahrnehmung der rassifizierenden Besetzungspraktiken

Die rassifizierende Besetzungspraxis gehört für die Befragten zur Inszenierung von *Der König der Löwen* und ist wichtiger Bestandteil der Bühnenillusion. Das dahinterstehende Motiv der Diskriminierung erkennen sie nicht, machen sich aber dennoch eine rassistische Weltsicht nicht explizit zu eigen. Ihre Aussagen zeigen allerdings in der teilweise diskriminierenden Wortwahl nur eine rudimentäre Auseinandersetzung mit der Thematik des Alltagsrassismus in der deutschen Gesellschaft. Für die Fans gilt, dass sie sich beim wiederholten Besuch Werk- und Inszenierungstreue wünschen, da sie davon ausgehen, dass das Stück von Disneys Kreativteams auf eine bestimmte Weise festgelegt wurde. Sie stören sich dagegen an Darsteller*innen, die nur schwer zu verstehen sind, und reagieren irritiert auf Pannen im Ablauf. Von einer Disney-Produktion erwarten sie technische, musikalische und schauspielerische Perfektion, die sie vor allem in den Erstbesetzungen erkennen. Spielerische Variationen an den komödiantischen Stellen der Werke sind aber erlaubt. Diese Erwartungshaltung führt dazu, dass sie sich bei *Der König der Löwen* Schwarze für die Guten und *Weiße* für die Bösen auf der Bühne wünschen. Achim erkennt – wie die südafrikanischen Darsteller*innen – in dem Stück einen Rassenkonflikt, bei dem am Ende die Schwarzen gewinnen.

> »Scar, das ist ja der Bösewicht. Das muss ein Deutscher sein, der darf keinen Akzent haben. Scar hat diese reine Aussprache, die sehr wichtig ist. Letztens habe ich einen Scar erwischt, der war schwer zu verstehen. Der hat dann irgendeinen Akzent gehabt. Es war aber auch kein Farbiger, sondern vielleicht Spanier oder was auch immer. Auf jeden Fall hat das nicht gepasst. Also es muss alles schon so sein, wie es gedacht ist, sage ich jetzt mal.« (Achim, 6.10.2022)

Dass Disneys Kreativteams mit rassifizierenden Besetzungspraktiken eine bestimmte politische Aussage machen möchten, lehnen aber alle drei ab. Ihre Reaktionen machen deutlich, dass sie sich nicht einem konservativen Publikum zuordnen, das Menschen nach rassistischen Kategorien wie ihrer Hautfarbe beurteilt. So kann Achim, dem die gängige Besetzungspraxis bei *Der König der Löwen* wichtig ist, direkt im Anschluss das dahinterstehende Grundthema relativieren – obwohl seine Aussage zeigt, dass er mit Forschungen zur Wahrnehmung von Hautfarben bei Kleinkindern nicht vertraut ist (York 2003).

> »Simba wird ja meist von einem farbigen Kind besetzt. Und während des letzten Stückes des ersten Aktes (›Hakuna Matata‹) läuft der junge Simba raus und der erwachsene Simba kommt auf die Bühne. Bei einer meiner ersten Besuche, schwingt dann auf einmal ein hellhäutiger Mann hinein, wo ich dann dachte, das passt jetzt leider gar nicht. [...] Aber ich glaube, Kindern ist die Hautfarbe am Ende scheißegal. Und das ist auch gut so. Kindern ist ja auch die Hautfarbe ihres Spielpartners völlig egal. Von daher ist das eine Diskussion, die völlig unnötig ist heutzutage. Es sind immer nur wir Erwachsene, die darüber unnötige Diskussionen führen und ich selbst ertappe mich natürlich auch dabei. Auch gerade in diesem Moment. [...] Das farbige Kind geht raus und ein Weißer springt rein, wo ich dann denke: na gut. Die Leistung ist trotzdem überragend gut. [...] Aber den Kindern ist es egal im Publikum. Die haben trotzdem Spaß dabei. Und das ist die Hauptsache. Und sie werden ihn niemals deswegen abwerten oder sagen: ›Er ist nicht gut, weil er ein weißer Simba ist‹.« (Achim, 6.10.2022)

Auch Sven ist es wichtig zu betonen, dass es letztlich auf die gesanglichen, tänzerischen und schauspielerischen Fähigkeiten der Darsteller*innen ankommt und er sogar die verstärkte Präsenz von PoC auf Musicalbühnen unterstützt. Dazu zählt für ihn auch die korrekte Aussprache, auch wenn ihm nicht bewusst ist, dass PoC-Darsteller*innen in *Der König der Löwen* nicht unbedingt leichter afrikanische Sprachen lernen können als andere Menschen. Seine differenzierten Aussagen zu unterschiedlichen Besetzungspraktiken und deren politischer Bedeutung zeigen aber auch, dass er kein Anhänger einer radikalen Diversitätsdebatte ist.

> »Ich bin generell der Meinung, dass wir in den letzten Jahrzehnten schon stark dazu tendiert haben, dass eher weiße Menschen spielten. Das ist etwas, das ich auf jeden Fall nicht unterstütze. Ich finde, bei den meisten Rollen sollte eher auf das Talent und nicht auf die Hautfarbe geachtet werden. Aber es sollte eben auch nicht ein dunkelhäutiger Cast zusammengestellt werden, nur damit man sich als divers präsentieren kann. Sondern ich finde wirklich, es sollte geguckt werden, wer am besten für die Rolle qualifiziert ist.

Bei *König der Löwen* ist das schwierig, weil es [das Stück] eine andere Entstehungsgeschichte hat. […] Es wird ja viel mit afrikanischen Sprachen gearbeitet und da ist es dann vielleicht einfach passender, jemanden zu casten, der das als zweite Muttersprache hat oder der die Sprache leichter erlernen kann. […] Generell finde ich es gut, dass Schwarze Menschen mehr Präsenz auf Bühnen bekommen und überhaupt die Chance haben, gleichberechtigt in den Prozess des Castens reinkommen zu können.« (Sven, 19.10.2022)

Bei der Frage nach rassifizierenden Besetzungspraktiken verstricken sich die Befragten in den Interviews in Widersprüche. Einerseits sind ihnen Schwarze Darsteller*innen in *Der König der Löwen* wichtig. Gleichzeitig wissen sie aus eigener Erfahrung, dass es auch anders geht. Schließlich bekennen sie sich zur Vielfalt in der Musicalszene und wünschen sich mehr ›farbenblinde‹ Besetzungen, bei denen Menschen unabhängig von ihrer Hautfarbe für Rollen ausgewählt werden. Das ist nicht alles gleichzeitig möglich. Aber gerade die Ambivalenz der Aussagen zeigt, dass die Fans in ihren Einschätzungen durchaus beweglich sind und keineswegs einer politisch konservativen Richtung zuzuordnen sind. Möglicherweise haben sie sich bislang noch nie intensiv mit der Bedeutung der vorherrschenden Besetzungspraxis auseinandergesetzt.

Fähigkeit zu Kritik am Disney-Konzern

Kritik an den allgemeinen Geschäftspraktiken des Disney-Konzerns können die Befragten alle äußern. Achim ist sich trotz seiner Begeisterung für *Der König der Löwen* bewusst, dass die Geschichte auf einem japanischen Zeichentrickfilm basiert. Auch die Rassismusvorwürfe gegen eine Reihe von Zeichentrickfilmen sind ihm bekannt. Friedrich kritisiert aufgrund seines persönlichen Hintergrundwissens die befristeten Arbeitsverträge der Darsteller*innen und Instrumentalist*innen, die Sparmaßnahmen bei den Zweitbesetzungen sowie den Arbeitsdruck, der bei den Produktionen herrscht und zu einer Art ›Fließbandarbeit‹ führen kann. Außerdem wünscht er sich als Disney-Fan etwas mehr Entgegenkommen im Umgang mit den Bildrechten, wenn er am Bühnenausgang oder Backstage Fotos für seine Social-Media-Seiten macht. Alle drei Männer zeigen kein Interesse an Merchandising-Produkten zu den Musicals. Die Gründe dafür fasst Sven für ein Produkt zu *Aladdin* besonders treffend zusammen:

»Da gibt es diese potthässliche Plastikflasche für 65 €. Also Merch[andising] fühlt sich für mich mittlerweile immer mehr an wie Fans-Abzocken. Es gibt auch diese wahnsinnig billigen Plüschtiere aus China, wo sie ja zwischendurch auch Lieferschwierigkeiten hatten. Es ist halt wahnsinnig überteuert und vor allem ist die Zielgruppe des Merch[andising] eindeutig nicht mehr die Fans, die das Geld für die Tickets bezahlen, sondern gerade bei Disney-Musicals liegt der Fokus des Marktes vor allem bei den Kindern. Weil Erwachsene auch eher dazu tendieren, was für ihre Kinder zu kaufen als was für sich selbst.« (Sven, 19.10.2022)

Die Befragten können ohne Gewissensbisse zwischen den von ihnen geliebten Musicalproduktionen und anderen Geschäftspraktiken des Disney-Konzerns unterscheiden. Sie suchen sich aus den Angeboten diejenigen aus, die ihnen gefallen, und betrachten sie unabhängig von den anderen Geschäftsbereichen. Für das Musical sind sie bereit, viel Geld auszugeben, beim Merchandising sind sie geizig. Ein generell kritischer Umgang mit dem Unternehmen ergibt sich für sie daraus aber nicht.

Der Erfolg des ›Classic Disney‹-Formats

Welche Musicalproduktionen haben »sonst noch so einen Freund« wie Achim, Friedrich oder Sven? Wie der Dschinni in *Aladdin* fühlen sie sich abhängig von dem Live-Erlebnissen und sorgen mit ihren regelmäßigen Besuchen dafür, dass diese Produktionen über Jahre hinweg in Deutschland erfolgreich sind. Die drei beispielhaften Interviews zeigen, wie gut die Strategie des Disney-Konzerns funktioniert, die Musicalbühnen mit Werken zu bestücken, die dem Publikum bereits aus Zeichentrickfilmen bekannt sind, die sie in ihrer Kindheit gesehen haben. Dadurch ist nicht nur eine Zielgruppe bereits vorhersehbar, sondern durch die Transformation der Stücke in Erwachsenen- und Familienunterhaltung werden Kindheitserfahrungen wieder aufgefrischt. Dies führt zu einer positiven Einstellung gegenüber den Produktionen, die weiterhin aus einer kindlichen Perspektive beurteilt und nur selten mit einer erwachsenen, reflektierten Haltung kritisch betrachtet werden. Der Disney-Konzern erscheint diesen Personen wie ein zahmes Raubtier, das seine Stärke in besonderen Musicalproduktionen zeigt. Ansonsten ist das Unternehmen aber harmlos wie die Löwenmutter Sarabi. Die erkennbaren Ausbeutungstendenzen bei den Darsteller*innen und Musiker*innen oder die fragwürdigen Vermarktungsmethoden beim Merchandising erkennen sie. Sie schenken diesen Erscheinungen aber keine Achtsamkeit, sondern vertrauen den positiven, spirituell gefärbten Aussagen der Bühnenshow.

Die induktiven Analysen dieser qualitativen Interviews ermöglichen, die Interessen und Motivationen der Befragten innerhalb der kritischen Disney-Studien einzuordnen. Die Ergebnisse fallen wenig überraschend aus. Was die drei Männer an den Musicals fasziniert, beschreibt die Kommunikationswissenschaftlerin Janet Wasko als das ›Classic Disney‹-Format im Zeichentrickfilm: Stilistisch wird leichte Unterhaltung mit Musik und Humor geboten; die Geschichte besteht aus überarbeiteten Märchen, Legenden oder Sagen und wird nach der Dramaturgie von Hollywood-Filmen gestaltet; die Figuren erscheinen als vermenschlichte Tiere mit stereotypen Charaktereigenschaften; und die Themen behandeln amerikanische Werte wie Individualismus und Optimismus in einer fantastischen, magischen und unschuldigen Welt, in der eine romantische Liebe zwischen Guten über das Böse siegt (Wasko 2001, 114). Die Befragten sind Fans dieser Musicals, weil die Stücke genau dem entsprechen, wofür der Disney-Konzern mit seinen Produkten allgemein steht. Sie stellen deswegen keine Verbindungen zu gesellschaftspolitischen Auseinandersetzungen her, sondern interessieren sich nur für das Erlebnis der Show und die beteiligten Bühnendarsteller*innen. Die Handlung und die Musik beziehen sie ganz auf ihre eigene Persönlichkeit und ihr familiäres Umfeld. Der jeweils dargestellte kulturelle Kontext wäre eigentlich austauschbar. Dies deckt sich auch mit den Forschungen, die Davis zum Branding von Disney gemacht hat und zu dem Ergebnis kam:

> »Disney may be a cooperation, but for many the name ›Disney‹ carries the warm and fuzzy connotations of fantasy, adventure, romance, and – perhaps most fundamentally – wholesome, high-quality, family-friendly entertainment.«[35] (Davis 2019, 2)

35 »Disney mag ein börsennotiertes Unternehmen sein, aber für viele ist der Name ›Disney‹ mit warmen und wohligen Assoziationen von Fantasie, Abenteuer, Romantik und – vielleicht am grundlegendsten – unbedenklicher, hochwertiger, familienfreundlicher Unterhaltung verbunden.« (Übers. d. A.)

Nun halte ich es nicht für verwerflich, sich von Musiktheaterstücken unterhalten zu lassen. Auch eine Faszination für Inszenierungen, Kostüme und artistische Darbietungen ist nachvollziehbar, ebenso wie der Wunsch, sich in eine Bühnenwelt zu träumen. Aber im Falle der besprochenen Disney-Musicals handelt es sich nicht um eine Märchen- oder Fantasiewelt wie in *Die Eisprinzessin* oder eine europäische historische Vergangenheit wie in *Der Glöckner von Notre Dame*. Die Stücke spielen in existierenden Weltregionen und geben vor, deren Kulturen zu repräsentieren, während gleichzeitig weltpolitische Konflikte zwischen westlichen Ländern und diesen Gegenden ausgetragen werden und dabei der Wert ihrer kulturellen und religiösen Ausdrucksformen verhandelt wird.

In den Interviews erkenne ich zudem mehrere Widersprüchlichkeiten: Einerseits reflektieren die Personen durch die Handlungen ihre persönlichen Entwicklungsprozesse, anderseits benötigen sie dafür orientalisierende Musicalwelten, die überhaupt nicht ihren Lebensumgebungen entsprechen. Die Befragten geben sich selbst als weltoffen, legen aber gleichzeitig Wert darauf, dass in *Der König der Löwen* bestimmte Rollen von Schwarzen, andere wiederum von *Weißen* gespielt werden. Das Live-Erlebnis löst bei ihnen besondere positive Empfindungen aus, sie fragen sich aber nie, ob es sich für die PoC-Darsteller*innen genauso positiv anfühlen mag, allabendlich für ein mehrheitlich *weißes* Publikum Tiere auf der Bühne zu verkörpern. Dabei warten die Befragten regelmäßig am Bühnenausgang, um danach mit den Darsteller*innen gemeinsam Fotos zu machen. Für diese Wahrnehmungen gibt es zwei Erklärungsansätze. Zum einen haben die *weißen* Fans aufgrund ihrer Erziehung, Bildung und ihres sozialen Umfeldes nur ein begrenztes Bewusstsein für rassistische Diskriminierungen in der deutschen Gesellschaft. Zum anderen betreibt der Disney-Konzern eine Imagekampagne, die bewusst das Familiäre und Unpolitische seiner Werke betonen soll. Eine sinnvolle Analyse der *weißen* Rezeption von Disneys Musicalproduktionen in Deutschland muss genau von diesem Bewusstwerdungsprozess für rassistische Diskriminierung ausgehen. Beispielhaft lassen sich die verschiedenen Ebenen der Auseinandersetzungen mit diesen Werken anhand der Presseberichterstattung von Musicalaufführungen erklären.

»Es ist barbarisch, aber hey, so ist unser Zuhause« Leerstellen in der Presserezeption

›Blackfacing‹ oder ›Goldfacing‹ bei Aladdin?

Dass gesellschaftspolitische Fragen rund um Rassismus und PoC-Empowerment auch vor Disney-Musicals in Deutschland nicht Halt machen, zeigte im November 2021 die öffentliche Debatte um Blackfacing[36] bei der Stuttgarter Aufführung von *Aladdin*. Vertreter der Black Community Foundation Stuttgart, die 2013 im Zusammenhang mit der ›Black Lives Matter‹-Bewegung gegründet worden war, kritisierten in einem Interview mit dem Online-Nachrichtenportal BW24 die Praxis, dass der Darsteller des Dschinni, der *weiße* Maximilian Mann, in dem Musical dunkel geschminkt war und forderten gleichzeitig eine andere Besetzungspraxis.

> »›Wir finden diese Darstellung nicht nur falsch und beleidigend, sondern auch sehr problematisch‹, sagt die Organisation gegenüber BW24. ›Es ist für uns unverständlich, wieso man einen Cast nicht passend der Charaktere wählt. Statt rassistisch vorzugehen und die *Farbe*, für die andere Menschen diskriminiert werden, aufzumalen, sollte man passende Darsteller casten.‹ Das fördere auch Talente, die bisher ›aufgrund von Diskriminierung nicht gebucht oder gesehen werden‹.« (Becker 2021)

Die Kritik an der Praxis des Blackfacing auf deutschen Theaterbühnen ist nicht neu und wurde in den letzten Jahren in der Presse immer wieder geäußert (Milagro 2012; Adeoso 2020). Überregional diskutiert wurde sie

36 Blackfacing stammt aus der Praxis amerikanischer Minstrel Shows im 18. und 19. Jahrhundert, bei denen *weiße* Schauspieler*innen Schwarze verkörperten, indem sie sich schwarz schminkten. Ziel war es, die rassistische Diskriminierung von Schwarzen durch eine stereotype und abwertende Darstellung ihrer Charaktere zu rechtfertigen.

beispielsweise in Dieter Hallervordens Theaterproduktion *Ich bin nicht Rappaport* von Herb Gardner am Berliner Schlossparktheater (Haruna 2012). Die Reaktionen zu dieser *Aladdin*-Meldung im Internet waren reflexartig abwehrend und diffamierend gegenüber der Organisation, wie etwa die Kommentare auf der rechtspopulistischen Medienplattform journalistenwatch.com (Sauer 2021):

> »Soll die Black Community Foundation halt eigene Musicals auf die Beine stellen. Die können sie dann besetzen, wie sie wollen. Und um direkt auch den Vorwürfen vorzubeugen, dass die Aufführung heteronrmative [sic!] Muster bedient, kann auch die queere Szene eine eigene Version bringen.«

> »Was ist eigentlich in Deutschland los? Wollen wir jetzt das Theater abschaffen? Besser wäre es, wir würden das linksgrüne Milieu davon ausschließen«

> »Die Menschen mit Migrationshintergrund, die diese abstrusen Vorwürfe vorbringen (und gleichzeitig Arbeitsplätze für ihre Klientel fordern), spielen sich als Kolonialherren auf.«

Diese Kommentare auf der Website lassen nicht erkennen, ob die Verfasser*innen das Musical *Aladdin* überhaupt besucht haben. Anscheinend stehen sie dem Genre amerikanischer Disney-Großproduktionen in Deutschland aber nicht kritisch gegenüber.

Die Produktionsfirma Stage Entertainment ließ durch ihren Pressesprecher Stephan Jaekel diplomatisch verlauten: »Diesen Punkt nehmen wir sehr ernst und möchten auf gar keinen Fall, dass sich jemand durch das Make-up verletzt fühlt.« Vertreter*innen der Organisation wurden zu einem persönlichen Gespräch eingeladen und erhielten laut Redaktionsnetzwerk Deutschland folgende Erklärung:

> »Das Make-up-Design des Dschinni intensiviere sich im Laufe der Show, bis er in einer Szene durch Gold und Edelsteine glitzere. ›Keinesfalls soll das Make-up suggerieren, der Dschinni sei schwarz.‹ So hat die Produktion nun auch eine neue Designentscheidung getroffen: ›Wir haben es daher nun noch stärker auf den Goldglanz hin ausgerichtet.‹« (Oetken 2021)

Diese Erklärung würde bedeuten, dass die Stage Entertainment das ursprüngliche Rollenkonzept des Dschinni abgeändert und eine Form eines magischen ›Goldfacing‹ für seine Geistfigur erfunden hat, um sich der

Rassismuskritik zu entziehen. Wie oben beschrieben war für die amerikanischen Produzenten und das Kreativteam eine zentrale Motivation bei der Bühnenadaption, den Dschinni von einem blauen Geistwesen in eine afroamerikanische Entertainer-Figur zu verwandeln. Dementsprechend wurde die Rolle bereits vom Kostümbildner Gregg Barnes im Gegensatz zu Aladdin und Jasmin für eine Schwarze Person konzipiert und bei der Uraufführung am Broadway und West End mit Schwarzen Darstellern besetzt. In der Inszenierung in Tokio wurde der japanische Sänger dunkel geschminkt (Lassell 2017). Selbst wenn das Make-up in der Stuttgarter Aufführung kein eindeutiges Blackfacing erkennen lässt, bleibt die Assoziation bei dem in afroamerikanischer Manier singenden und swingenden Dschinni untergründig vorhanden. Die Stuttgarter Zeitung berichtete hingegen von einer Relativierung der Körperfarben und fügte sogar eine Rechtfertigung hinzu, um den Vorwurf der Bevorzugung *Weißer* zu entkräften.

> »Der Hauptdarsteller Maximilian Mann ist nicht dunkelhäutig geschminkt, wie behauptet, sondern golden. Im Disney-Original ist Dschinni blau. Das Ensemble ist so international – die Darstellerinnen und Darsteller haben von Natur aus verschiedene Hautfarben –, dass allein das Bild der Vielfalt auf der Bühne den Vorwurf des Rassismus widerlegt.« (Bogen 2021)

Wie allerdings allein eine Vielfalt von Darsteller*innen auf der Bühne verhindern soll, dass rassistische Diskriminierung dargestellt wird, erklärt der Reporter nicht. Ein Gespräch, das ich mit einem Schwarzen Darsteller des Ensembles im Frühjahr 2022 über den Vorfall führen konnte, ergab eine weitere Interpretation der Ereignisse. Er spielte bereits seit der Hamburger Aufführung in der Produktion mit und berichtete mir, dass der gesamte Cast über den Vorwurf des Blackfacing schockiert gewesen sei, da bisher niemand die Rolle des Dschinni als die eines Schwarzen verstanden habe. Außerdem sei der Vorwurf in den Medien zu einem Zeitpunkt aufgekommen, als die *Aladdin*-Produktion aufgrund der Corona-Pandemie gerade erst wiedereröffnet worden war. Alle Darsteller*innen hätten sich gewundert, aufgrund welcher Erfahrungen die Organisation ihre Vorwürfe entwickelt hätte. Als PoC-Darsteller fügte er hinzu, dass er wahrnehme, dass die deutsche Musicalszene in den letzten Jahren diverser werde. Allein in der aktuellen Besetzung von

Aladdin seien Darsteller*innen aus Deutschland, der Türkei, Amerika, Holland, Spanien, Italien und Griechenland vertreten, darunter auch einige Schwarze verschiedener Nationalitäten. Natürlich handele es sich bei Disney-Produktionen um ein durchchoreographiertes Produkt, bei dem jeder nur eine festgelegte Rolle zu spielen habe und kein Raum für individuellen Ausdruck bleibe. Dafür bekäme er die Möglichkeit eines längerfristigen Engagements, das er in der Musicalszene sonst kaum erhalte.

Um diese Diskussion über eine Disney-Musicalproduktion zu verstehen, zählt die Besetzungspraxis in der amerikanischen Erstproduktion wenig. Ebenso hält es niemand für notwendig, die Charakterzeichnung des Dschinni kritisch zu betrachten, die sich durch die Besetzung mit einem PoC-Darsteller auch nicht verändern würde. Kein Beteiligter recherchiert die Fakten, gibt eine Interpretation der Stückaussage wieder und argumentiert aufbauend darauf in dem Konflikt. Ausgangspunkt einer Untersuchung über die Rezeption der Stücke in der Presse müssen deswegen die Reaktionen von deutschen *Weißen* auf die Rassismusvorwürfe sein. Diese können rechtspopulistisch ausfallen wie auf einer privaten Website oder relativierend wie in der offiziellen Tagespresse. In beiden Fällen ist die *Aladdin*-Produktion allerdings nur ein Gegenstand zur eigenen politischen Meinungsäußerung.

Für eine solche Analyse gibt es theoretische Konzepte aus der Antidiskriminierungspraxis. Diese beschäftigt sich mit menschlicher Kommunikation und der Meinungsbildung unter der Frage, wie sich koloniale und rassistische Einstellungen bei Einzelpersonen verändern lassen. Auf Grundlage dieses Modells lässt sich erkennen, wie der Disney-Konzern durch Imagekampagnen versucht, solche rassismuskritischen Auseinandersetzungen mit seinen Shows zu verhindern. Auf der Seite der Presse wird erkennbar, ob Journalist*innen unbewusst dieser Imagekampagne folgen oder ob sie beginnen, Disneys Produktionen und die deutsche Musicalszene kritisch zu betrachten. Zeitungen und Zeitschriften eignen sich in diesem Fall als Untersuchungsgegenstand gut, weil sie in der öffentlichen Diskussion eine größere Breite an Meinungen zu dem Thema vertreten als die bereits untersuchten Besucher*innen und Fangemeinschaften.

Die Phasen des Bewusstwerdungsprozesses für rassistische Diskriminierungen

Die Antidiskriminierungs-Beraterin und Autorin Tupoka Ogette hat in ihrem Handbuch *exit RACISM. Rassismuskritisch denken lernen* (2017) ausgehend von amerikanischen Vorbildern für *Weiße* ein idealtypisches 5-Phasen-Modell für den Bewusstwerdungsprozess von rassistischen Diskriminierungen für die Gesellschaftssituation in Deutschland weiterentwickelt. Dieses lässt sich auch auf die generelle Rezeption von Disneys Musicals übertragen. In Phase 1 ›Happy Land‹ leugnet die *weiße* Person Rassismus. Sie sieht sich als Ausnahme von rassistischem Denken und lehnt eine Diskussion über das Thema ab. Rassismus und Kolonialismus spielen für sie in der deutschen Gesellschaft keine Rolle. In der Phase 2 ›Abwehr› entwickeln die Personen eine sogenannte *weiße* Wut (white rage) (vgl. Saad 2020), wenn ihnen rassistische Äußerungen vorgeworfen werden. Sie versuchen, sich mit Argumenten gegen die Vorwürfe zu wehren. Zudem zeigen sie Anzeichen von *weißer* Verletzlichkeit (white fragility) (vgl. DiAngelo 2018), wonach sie angeblich als *weiße* Person ebenfalls Diskriminierungen ausgesetzt sind. Durch die Verkehrung der Täter- in eine Opferrolle sollen die eigenen Privilegien geschützt und von ihren rassistischen Äußerungen und Handlungen abgelenkt werden. In Phase 3 ›Scham‹ beginnen die Personen die Geschichte des Rassismus zu begreifen und sich für ihr *Weiß*sein zu schämen. Menschen mit dieser Haltung erkennen rassistische und ausbeuterische Praktiken in ihrer Umgebung. Sie fangen an, diese kritisch zu hinterfragen. Personen in der Phase 4 ›Schuld‹ erkennen ihr Fehlverhalten als *Weiße* und erinnern sich an Situationen, in denen sie sich selbst rassistisch verhalten haben. Sie betonen nun öffentlich, dass sie in Zukunft antirassistischer denken und handeln wollen. In Phase 5 ›Anerkennung‹ begreifen die Personen rassistische Strukturen in der eigenen Gesellschaft und in ihrem Denken. Sie beginnen, Verantwortung dafür zu übernehmen, und kritisieren rassistische Strukturen und Situationen öffentlich. Dementsprechend ändern sie ihr Freizeit- und Konsumverhalten und setzen sich politisch für Antidiskriminierung, soziale Teilhabe und Gleichberechtigung ein.

Ogette ist es wichtig zu betonen, dass die verschiedenen Phasen der Sensibilisierung für das Thema nicht unbedingt eine aufeinander aufbauende Entwicklung darstellen. *Weiße* Personen können sich bei verschiedenen Themen in unterschiedlichen Phasen zugleich befinden. Zudem ist es möglich, dass eine Person im Bewusstwerdungsprozess wieder Rückschritte macht. Das 5-Phasen-Modell, das Ogette für individuelle Prozesse bei *weißen* Personen dargestellt hat, lässt sich ebenso auf Gruppen oder Institutionen anwenden. Gerade beim Disney-Konzern ist zu erkennen, dass beständig in der Außendarstellung versucht wird, ein Selbstbild von Phase 1 ›Happy Land‹ zu verbreiten und bei Kritik mit der Phase 2 ›Abwehr‹ zu reagieren.

Disneys Imagekampagne eines ›Happy Land‹

Die Behauptung von unpolitischen Musicals

Die Werbetexte der Stage Entertainment für die von ihr produzierten Disney-Musicals beziehen sich alle auf die Regionen und Kulturen, in denen die Stücke spielen, und stellen diese positiv dar. *Der König der Löwen* wird in der Serengeti angesiedelt, die eine »Faszination Afrikas« auslöst, *Aladdin* soll eine orientalische »magische Welt aus 1001 Nacht« zeigen, in die man sich »entführen« lässt, und *Tarzan* spielt in einer »lebendigen Dschungelwelt«. Die Herkunft der jeweiligen Geschichte bleibt im Ungefähren, die politischen Motive der ursprünglichen Autoren werden verschwiegen oder gar umgedeutet. Das Programmheft zu *Tarzan* bietet beispielsweise neben hochwertigen Szenenfotos eine Inhaltsangabe des Stücks, ein Interview mit Phil Collins zur Komposition und einen Lebenslauf des Romanautors Edgar Rice Burroughs. Seine Motivation für seine Tarzan-Geschichte wird mit harmlos klingenden Worten umrissen: »Er hatte den Wunsch, die Menschen mit seinen Geschichten zu unterhalten« (Hotze 2008). Der orientalisierte westliche Blick und die zweifelhafte Quellenlage bei *Aladdin* werden im Programmheft ebenfalls nur angedeutet:

> »Ein spektakuläres Musical am Broadway war wohl nicht gerade das, was sich Antoine Galland, ein französischer Übersetzer, vorstellte, als er Anfang des 18. Jahrhunderts die Geschichte von Aladdin und der Wunderlampe zu den Märchen aus 1001 Nacht hinzufügte.« (Eick und Lasner 2015).

Dass die Märchensammlung das exotisierende und sexualisierende, aber auch das aggressive, korrupte und unterdrückerische Bild des Orients mitgeprägt hat, wird verschwiegen. Gleiches gilt für die Handlung von *Aida*, die so geschildert wird, als ob sie auf historischen Tatsachen und nicht auf den literarischen Ideen des Ägyptologen Auguste Mariette beruhen würde:

> »Die Legende der versklavten nubischen Prinzessin, sagt man, ist so alt wie die Sphinx und die Pyramiden. Doch Europa erfuhr von dem tragischen Schicksal einer unsterblichen Liebe an den Ufern des Nils erst im Jahre 1871, als das Sujet, zuerst in Form der Oper von Guiseppe Verdi, seinen Siegeszug um die Welt antrat.« (Krumm 2003)

Das Abgleiten in die Darstellung von Fantasiewelten ist eine Spezialität von Disney-Musicals. Die Geschäftsführerin von Stage Entertainment Deutschland, Uschi Neuss, fasste dies 2015 wie folgt zusammen:

> »Disneys ALADDIN ist ein Rausch für alle Sinne. [...] Man schlägt ein Bilderbuch auf und taucht für ein paar Stunden in eine farbenfrohe, exotische Welt ein – ganz egal wie alt man ist.« (Uschi Neuss in Lasner und Cholewa 2015, 3)

Disneys Werbetexte und Programmhefte wollen – anders als die oben zitierten anglophonen Produktionsbücher zu den Shows – auf diese Weise das Bild vermitteln, dass ihre Musicalproduktionen rein unterhaltende Funktion haben und keine aktuellen politischen Themen behandeln. Sie möchten einen emotionalen ›Happy Land‹-Zustand suggerieren.

Die Verschmelzung von Urlaubsreise und Musicalbesuch

Ein Großteil des Publikums erlebt die Musicals im Rahmen eines Kurzurlaubs. Die Reiseveranstalter versuchen dabei gezielt, die Grenzen zwischen Urlaub und Musicalbesuch zu verwischen und damit die Produktionen losgelöst von den alltäglichen gesellschaftlichen Zusammenhängen darzustellen. Ein Hamburger Reiseveranstalter bewirbt im Frühjahr 2022 sein Pauschalangebot für einen Aufenthalt in der Stadt mit zwei Hotelübernachtungen, einer dreitägigen Hamburg-CARD für den öffentlichen Nahverkehr, der Überfahrt zum Musical mit den Shuttlebooten sowie Ticket und Programmheft mit den Worten:

> »Allein der Weg zu Disneys DER KÖNIG DER LÖWEN ist bereits ein wahres Erlebnis. Denn die einmalige Reise nach Afrika beginnt gleich mit

> einer außergewöhnlichen Überfahrt – von den Hamburger Landungsbrücken mit kostenlosen Shuttle-Schiffen direkt zum Anleger des Stage Theaters im Hafen. Der Blick auf Michel, Elbphilharmonie und Speicherstadt ist dabei schon eine Reise wert. Wenn sich dann der Vorhang hebt, die Sonne langsam über der Savanne aufgeht und Rafikis machtvolle Stimme ertönt – spätestens dann wird im Theatersaal die Faszination Afrikas spürbar. Lassen auch Sie sich von den atemberaubenden Masken, fantastischen Kostümen und natürlich von der unvergesslichen Musik – einer Mischung aus Popmusik von Sir Elton John und original afrikanischen Rhythmen – verzaubern.« (SAT.Reisen 2022)

Zur gleichen Zeit bietet ein anderes deutsches Reisebüro unter dem Titel »Aladdin, Dschinni und der Zauber des Orients« ein Reisepaket zur Stuttgarter Musicalinszenierung von *Aladdin* mit folgenden Leistungen an: zwei Übernachtungen im Komfort-Doppelzimmer und eine Eintrittskarte für das Musical. Inklusive sind ein reichhaltiges kalt-warmes Frühstücksbuffet, ein Tellergericht »Zauber des Orients« mit orientalischen Fleischbällchen mit Couscous, Mandeln und Rosinen sowie Joghurtcreme mit orientalischen Gewürzen. Zur Einstimmung auf das Musical gibt es im Hotel einen Cocktail »Aladdin« oder ein alkoholfreies Getränk namens »Dschinni's Drink«. Inklusiv stehen daneben die Nutzung des Wellnessbereichs mit Saunen, Dampfbad, Erlebnisduschen, Fitnessgeräten und Ruheraum, ein Leihbademantel und kostenloses WLAN zur Verfügung. Hier soll das Erlebnis des Musicalbesuchs kulinarisch vor- und nachempfunden werden, so als würden sich die Besucher*innen wie der Aladdin im Stück auf eine traumhafte, magische Reise begeben. Die Methode der Verschmelzung von Bühnenshow und Publikumserlebnis wird im Foyer des Stage Apollo Theaters in Stuttgart noch dadurch verstärkt, dass neben der Bar, an der Getränke in *Aladdin*-Bechern verkauft werden, eine Ecke mit einer Nachbildung des Bühnenbildes und einer Wunderlampe auf einem Podest eingerichtet ist. Dort können alle Besucher*innen Fotos für ihre Social-Media-Accounts in der imaginierten Stadt Agrabah mit dem zentralen Zaubergegenstand machen.

Die Marketing-Methode findet auch ihre Fortsetzung bei der Wiederaufnahme des Musicals *Tarzan* in Stuttgart im November 2023. Die Website musicals-mit-hotel.de bewirbt seine Reiseangebote mit der Show aufgrund ihrer immersiven Inszenierung:

»Das erfolgreiche Musical TARZAN kehrt zurück nach Stuttgart. Ab sofort können Sie im Stage Palladium Theater in die bunte Welt des Dschungel von TARZAN eintauchen. [...] Stuttgart nimmt Sie mit auf Tarzans emotionalen Weg, sich selbst zu finden. Obendrein trifft er auf dieser Suche auch seine große Liebe Jane. Tarzans berührende Geschichte wird mit einer 360° Inszenierung in Stuttgart spektakulär auf die Bühne gebracht. Seien Sie dabei, wenn die Grenze zwischen Bühne und Theatersaal verschwimmt und sich das Stage Palladium Theater in eine lebendige Welt des Dschungel verwandelt.«

Dass die Stücke tagespolitische Themen aufgreifen und ein bestimmtes koloniales und rassistisches Bild von Afrika und der arabischen Welt reproduzieren, wird hier ausgeblendet. Gerade bei der Wiederaufnahme von *Tarzan* 2023 führt das allerdings zu der widersprüchlichen Situation, dass zeitgleich auf der anderen Straßenseite im Apollo Theater der Stage Entertainment das rassismuskritische Stück *Tina – das Tina Turner Musical* aufgeführt wird. Darin geht es gezielt darum, den Missbrauch von Frauen und den Rassismus gegen Afro-Amerikaner*innen auf Grundlage einer Biographie zu thematisieren und dabei das Schwarze Empowerment der Sängerin positiv zu präsentieren. Eine sehr andere Art der Selbstfindung, die ebenfalls innerhalb des 360° Umfeldes zu sehen ist!

Das Narrativ der Superlative und Innovation

Dass Disneys Musicalproduktionen etwas Außergewöhnliches sein sollen, wird in der Werbung und in begleitenden Texten besonders hervorgehoben. Die Programmhefte und Produktionsbücher sind durchzogen von dem Narrativ der Superlative und des Hochleistungssports, den das Kreativteam und die Darsteller*innen leisten, um die Erfolgsproduktionen perfekt auf die Bühne zu bringen. Die Regieassistentin von *Der König der Löwen*, Michele Steckler, beschreibt etwa Julie Taymor mit den Worten:

»Working with Julie is an adventure every day. She has energy like no one I have ever seen before. She can rehearse seven hours a day and with right through lunch break and then do some meetings. She never stops, and her mind never stops.«[37] (Steckler in Taymor und Greene 2017, 164)

37 »Mit Julie zu arbeiten ist jeden Tag ein Abenteuer. Sie hat eine Energie, wie ich sie noch nie erlebt habe. Sie kann sieben Stunden am Tag proben, ohne Mittagspause

Das Probentagebuch im Programmheft der deutschen *Aida* Inszenierung gleicht eher einem Bericht über ein sportliches Trainingslager als über eine künstlerische Produktion.

> »Trotz ausgelassener Stimmung – allen ist bewusst: Anfang Oktober feiert AIDA große Premierengala und nun steht ein siebenwöchiger, schweißtreibender Probenmarathon bevor. [...] Choreographin Tracey Corea, energiegeladen und nie um einen Scherz verlegen, gönnt den Tänzern und Tänzerinnen keine Verschnaufpause, bis die Szene auch unter ihren geschulten Augen besteht. Die athletische Choreographie von Wayne Cilento verlangt selbst den Durchtrainiertesten alles ab.« (Krumm 2003)

Der argentinische Regisseur und Artist Pichón Baldinu beschreibt sein Luftakrobatik-Training mit den Darsteller*innen in *Tarzan* als etwas Neues und beinahe Irreales auf der Theaterbühne:

> »What I like about suspending the actors [...] is that is introduces something new to the theater. It changes the expectations by changing the physical world. It adds a whole dimension to the way the actors can move in space. What I love about flying itself is that it's a dream. It's a dream we have. So flying in the theater is not just about changing the physical vocabulary to the art form, but of moving it past the literal to the unconscious.«[38] (Baldinu in Lassell, 2007, 64)

Ein solches Narrativ ist dem europäischen klassischen Musiktheaterbereich fremd, obwohl dort oft mit weitaus weniger Geld ein vergleichbarer technischer und künstlerischer Aufwand betrieben wird. Dabei haben die Kreativteams dort nicht die Möglichkeiten wie beim Disney-Konzern, ihre Stücke über Monate hinweg in Workshops und mit Voraufführungen zu entwickeln.

und danach noch ein paar Besprechungen machen. Sie hört nie auf, und ihr Geist hört nie auf.« (Übers. d. A.)

38 »Was mir daran gefällt, die Schauspieler so in der Schwebe zu halten [...], ist, dass es etwas Neues in die Theaterwelt bringt. Es verändert die Erwartungen, indem es die physische Welt verändert. Es fügt der Art und Weise, wie sich die Schauspieler*innen im Raum bewegen können, eine ganz neue Dimension hinzu. Was ich am Fliegen liebe, ist, dass es ein Traum ist. Es ist ein Traum, den wir haben. Beim Fliegen im Theater geht es also nicht nur darum, das physische Vokabular der Kunstform zu verändern, sondern es über das Wörtliche hinaus ins Unbewusste zu verschieben.« (Übers. d. A.)

Tatsächlich versucht der Disney-Konzern mit diesen Berichten zu behaupten, dass seine Produktionen einzigartig in ihrer künstlerischen Kreativität und szenischen Umsetzung sind, obwohl dies keinesfalls der Realität entspricht. Menschen in Tierverkleidungen gab es schon länger auf der Musiktheaterbühne wie etwa in *Das schlaue Füchslein (1924)* von Leoš Janáček. Seit Lloyd Webbers Musical *Cats* war eine reine Tiergeschichte im Genre Musical zudem schon international erfolgreich erprobt. Damit war die Transformation des Filmes *Der König der Löwen* zu einem Bühnenmusical gar nicht so unvorstellbar, wie die Produktionsteams behaupteten (Grossman 2017, 122). Die akrobatischen Einlagen in *Tarzan* mögen zwar auf der Musicalbühne unbekannt sein. Zirkusproduktionen mit ausgefeilter Musikdramaturgie wie etwa Cirque du Soleil präsentieren allerdings weltweit seit Jahrzehnten artistisch sogar anspruchsvollere Programme, die ein vergleichbares Zielpublikum ansprechen. Auch der scheinbar ›fliegende‹ Teppich in *Aladdin* basiert auf einem Illusionstrick, den Varieté- und Zaubershows lange beherrschen und bereits mit anderen Kunststücken übertreffen.

Die Stilmittel der Dramatisierung und Übertreibung der Produktionsprozesse wollen davon ablenken, dass viele künstlerische Leistungen Formen von Variation, Übernahme oder Aneignung darstellen. Die Behauptung einer außergewöhnlichen Innovation verhindert eine Diskussion darüber, dass die Handlungen der Stücke weitgehend Aufbereitungen von Bekanntem sind und nichts Neues darstellen, sondern koloniale Weltsichten mit rassistischen Stereotypen reproduzieren.

Der Anspruch eines Empowerment von PoC-Darsteller*innen

Eine weitere Methode, von den kolonialen Stückinhalten und deren rassistischen Aussagen abzulenken, besteht darin, dass sich der Disney-Konzern seit der Erstproduktion von *Der König der Löwen* nach außen als Unterstützer eines Empowerment von PoC-Darsteller*innen im Musical darstellt. Ausgerechnet die rassifizierende Besetzungspraxis, mit der die kulturellen Aneignungsprozesse der Inszenierungen gerechtfertigt werden, wird dazu benutzt, das eigene Unternehmen als besonders progressiv darzustellen. Dabei betrifft die ethnische Vielfalt ausschließlich die Darsteller*innen auf der Bühne, mit deren Gesichtern Werbung gemacht wird. Schon im Bereich der Instrumentalist*innen arbeiten fast ausschließlich *Weiße*. Die besonders große Anzahl von Arbeitsmöglichkeiten für PoC bei Disneys Musicalproduktionen rührt zudem vor allem daher, dass *Der König der Löwen* so erfolgreich wurde, dass er weltweit in mehreren Produktionen gleichzeitig zu sehen ist und dementsprechend über Jahre hinweg eine große Anzahl Schwarzer benötigt werden.

Disneys Imagekampagne geht allerdings noch einen Schritt weiter, in dem die Regisseurin Taymour behauptet, dass *Der König der Löwen* weder mit dem Thema Rassismus zu tun habe, noch ihre Besetzungspraxis rassifizierend sei, wenn Schwarze auf der Bühne afrikanische Tiere verkörpern.

> »It was by far the biggest musical with a majority of black performers that was not about race or racism. [...] In America, most shows with African American actors [...] have always been about racial issues. Here was a show that could finally transcend that tradition and breathe new opportunity into the extraordinary pool of nonwhite talent in our culture.«[39] (Taymor 2017, 13)

Die offensichtliche Konstruktion eines Narrativs von PoC-Empowerment zeigt sich darin, dass diese und vergleichbare Aussagen immer von *Weißen* in Machtpositionen gemacht werden. Empowerment im engeren Sinne beschreibt hingegen eine Situation, in der PoC sich selbst ermächtigen und politische und gesellschaftliche Partizipation einfordern (Herriger 2010). Im Falle eines Musicals würde das bedeuten, dass sie mit ihrer Musik ihre eigenen Geschichten erzählen. Sie können dabei von *Weißen* unterstützt werden, fungieren aber nicht ausschließlich als Darsteller*innen in einem von *Weißen* erdachten und produzierten Stück. Taymors Anspruch des Empowerments von PoC-Darsteller*innen ist aus diesen Gründen der Phase 2 ›Abwehr‹ zuzuordnen. Mit Scheinargumenten versucht sie, dem Vorwurf des Rassismus zu entgehen. Wie kann die Regisseurin, vor allem nach der Kritik, die der Zeichentrickfilm in den Medien bereits erhalten hatte, behaupten, dass in dem Stück nicht

39 »Es war bei weitem das größte Musical mit überwiegend Schwarzen Darsteller*innen, in dem es nicht um Ethnie oder Rassismus ging. [...] In Amerika handelten die meisten Shows mit afroamerikanischen Darsteller*innen [...] immer von rassistischen Themen. Hier war eine Show, die endlich über diese Tradition hinausging und neue Möglichkeiten für den außergewöhnlichen Pool nicht-*weißer* Talente in unserer Kultur eröffnete.« (Übers. d. A.)

das Thema Rassismus verhandelt wird und ihre Besetzungspraxis unabhängig davon zu verstehen ist?

Der Disney-Konzern versucht daneben noch zu behaupten, das Stück trage zu Frieden und Völkerverständigung bei, wie etwa zwischen Japan und den USA oder in Südafrika in der Post-Apartheid-Zeit (Taymor 2017, 15). Verschwiegen wird jedoch, dass in den verschiedenen Musical-Produktionen keine farbenblinden Castings stattfinden, sondern PoC-Darsteller*innen nur dann besetzt werden, wenn sie in das Regiekonzept passen. Dadurch wird diese Personengruppe weiterhin von zahlreichen Rollen ausgeschlossen und zur Verkörperung von rassistischen Stereotypen verwendet (Block 2017, 92–94).

Die Disneyization der deutschen Gesellschaft

Die Merkmale, die ich hier als Imagekampagne des Disney-Konzerns in der deutschen Musicalszene beschrieben habe, ähneln in vielen Punkten dem, was der Sozialwissenschaftler Alan Bryman anhand einer Analyse der Disney-Freizeitparks in seinem gleichnamigen Buch als *The Disneyization of Society* (2004) beschrieben hat. Seine Absicht ist aufzuzeigen, welche Strukturen Disneys Freizeitangeboten zugrunde liegen und wie ihr Erfolg dazu führt, dass sich westliche Gesellschaften als Ganzes an diesen Prinzipien der kommerziellen Unterhaltung zu orientieren beginnen. Bryman sieht dabei vier Bereiche, die der Disney-Konzern als Marketing-Instrumente verwendet: ›theming‹, das Einbinden eines Ereignisses oder eines Objektes in eine narrative Erzählung, die ursprünglich nichts mit den Anlässen oder Gegenständen zu tun hat; ›hybrid consumption‹, das Vermischen von nicht zusammenhängenden Konsumformen unter ein zentrales Thema; ›merchandising‹, die Vermarktung von unterschiedlichen Produkten unter einem gemeinsamen Label; und ›performative labour‹, die Darstellung von Arbeit als eine Aufführung, die dem Arbeitenden Freude und Befriedigung verschafft.

Im Bereich der deutschen Musicalszene besteht das ›theming‹ in der Behauptung, die Stücke wären harmlose Unterhaltung, durch die man für eine Zeit der Realität entfliehen könnte und in eine orientalisierende Phantasie- und Märchenwelt eintaucht, die nichts mit den politischen und gesellschaftlichen Zuständen der Welt zu tun hat. ›Hybrid consumption‹ ist in der Verschmelzung von Städtereise und Musicalbesuch zu erkennen, so dass die Unterschiede zwischen Restaurant-, Musical- und Wellness-Besuch fließend werden. ›Performative labour‹ lässt sich aus dem Narrativ der Superlative und Innovation sowie dem Anspruch des Empowerments von PoC-Darsteller*innen erkennen. Es wird das Gefühl vermittelt, die Darsteller*innen würden die Shows vor allem aus intrinsischem sportlichem Ehrgeiz bestreiten und die beteiligten PoC würden es nur als Ehre empfinden, in solchen Stücken mitwirken zu dürfen. Die Technik des ›merchandising‹ ist bei Disney-Musicals ohnehin offensichtlich, sie wird in diesem Buch an anderen Stellen ausführlicher behandelt. Wie sehr sich diese Disneyization mittlerweile auch in der deutschen Gesellschaft verfangen hat, zeigen die Reaktionen der Presse auf die Produktionen in den letzten Jahrzehnten.

Rezeption der Disney-Musicalproduktionen in der deutschen Presse

Rezensionen in der Fachpresse. Das *musicals-Magazin*

Die zentrale deutsche Berichterstattung über die nationale und internationale Musicalszene fand zwischen 1986–2023 in der Fachzeitschrift *musicals. Das Musicalmagazin* statt. Eine konstante Gruppe musicalbegeisterter Journalist*innen sowie Musicalforscher*innen berichteten alle zwei Monate über aktuelle Inszenierungen, führten Interviews mit Produzent*innen, Komponist*innen und Darsteller*innen, informierten über Projekte und Entwicklungen auf dem internationalen Musicalmarkt und rezensierten Ton- und Videoaufnahmen. Gelegentlich erschienen auch Beiträge zur Geschichte des Musicals. Die Zeitschrift war für Musicalinteressierte, Theatermacher*innen und Darsteller*innen gedacht. Die Anzeigen enthielten neben aktuellen Produktionen auch Ausbildungsangebote, Casting-Aufrufe, Berufsberatungsanzeigen sowie Verlagshinweise auf Notenmaterial. Darüber hinaus förderten Kleinanzeigen und Leserbriefe den Austausch unter den Fans. Keine Zeitschrift war näher an den Bühnenproduktionen und dem interessierten Publikum dran.

Über die deutschen Aufführungen von Disney-Musicals, die in nichtwestlichen Kulturen spielen, wurde über die Jahre hinweg im Sinne der Imagekampagne des Disney-Konzerns berichtet, als seien die orientalisierenden und exotisierenden Produktionen gesellschaftspolitisch unbedenklich. Die Journalist*innen rezensierten die Stücke aus der Bewusstseinsphase 1 ›Happy Land‹ und reproduzierten dabei an einigen Stellen diskriminierende Stereotype über PoC-Darsteller*innen.

Die Besprechungen der deutschen Erstaufführungen der Disney-Musicals folgen einem vergleichbaren Format: In einem ersten Teil wird der Rang des Werkes innerhalb der Musicalgeschichte beschrieben und eine erste emotionale Reaktion auf die Aufführung gegeben. Es folgt eine Zusammenfassung der Handlung und eine Bewertung der Inszenierung, des Bühnenbildes und der Choreographie. Danach werden die verschiedenen Qualitäten der Hauptdarsteller*innen hervorgehoben, um abschließend eine allgemeine emotionale Bewertung der gesamten Aufführung zu geben, die oft einer Besuchsempfehlung gleichkommt. Die Stücke werden also werkimmanent beschrieben. Bezüge der Stückinhalte zu gesellschaftlichen Themen werden ausgeblendet, kritische Analysen der Inszenierungspraxis oder Hinweise auf strukturelle Diskriminierungen finden nicht statt.

Klaus-Dieter Kräft beginnt seine Besprechung der deutschen Erstaufführung von *Der König der Löwen* mit einem emotionalen Statement, das ganz auf das Erlebnis der Musical-Aufführung ausgerichtet ist.

> »Es gibt sie also doch noch: diese Momente, wo man im Musical sitzt und spürt, dass man in diesem Augenblick gerade etwas ganz Besonderes miterlebt, etwas, von dem man intuitiv spürt, dass es Theatergeschichte schreiben wird.« (Kräft 2002)

Kräft reflektiert die Bühnenhandlung und das inszenierte Afrikabild nicht, hält das Werk sogar für unbedenklich. Disneys Kreativteam hingegen wirft er emotionale Oberflächlichkeit durch wenig ausgearbeitete Charaktere vor.

> »Schnell muss man dann feststellen, dass in der berauschenden Verpackung eben doch ein typisches Disney-Produkt steckt: familienfreundlich, politically correct und gefällig, aber in letzter Konsequenz ohne wirklich tiefgehende Emotionen.« (Kräft 2002)

Mangelnde Emotionalität wirft er auch der Schwarzen Darstellerin der erwachsenen Nala vor, die ihm »stimmlich zu schwach« ist. Die

Schwarzen Kinderdarsteller*innen hingegen zeigen für ihn eine besondere »Spielfreude und Natürlichkeit«. Er reflektiert die rassifizierende Besetzungspraxis des Stückes nicht, beklagt sogar die mangelnde Textverständlichkeit der ausländischen Schwarzen Sänger*innen, die »sehr zu wünschen übrig« lasse.

Auch Gerhard Knopfs Rezension der deutschen Erstaufführung von Disneys *Aida* umgeht die Thematik Rassismus, Sklaverei und Unterdrückung. Er beschreibt die Musik von Elton John neutral als »Rock-Pop-Soul-Mixtur« mit »fetzigen Rhythmen« und »wunderschönen, einfühlsamen Balladen«, setzt sie aber nicht in Bezug zum rassistischen Konflikt in der Handlung zwischen dem *weißen* Ägypten und dem Schwarzen Nubien. Schon die Tatsache, dass die Darstellerin der Aida – anders als in Aufführungen der Verdi-Oper – nach ihrer Hautfarbe ausgewählt wurde, wird nur als »schwierig« in Deutschland im Vergleich zu den USA dargestellt:

> »Insbesondere die Titelrolle ist in Deutschland schwer zu besetzen. Die Wahl fiel auf *Florence Kasumba*, die in Uganda geboren und in Essen aufgewachsen ist. Sie spielt leidenschaftlich, ist sehr präsent und zieht nicht zuletzt durch ihre Mimik die Aufmerksamkeit auf sich. [...] Kasumbas Stimme ist zwar gut, wenn auch nicht außergewöhnlich oder besonders schön gefärbt, lässt aber doch manchen Wunsch offen.« (Knopf 2003)

Bei der migrantischen Künstlerin, die ausgerechnet aus einem ehemaligen deutschen Kolonialgebiet stammt, wird hier mit den Begriffen Leidenschaft und Präsenz vor allem ihre Körperlichkeit und Emotionalität hervorgehoben. Ihre Stimme hingegen entspricht nicht dem, was sich der Autor unter einer Schwarzen Sängerin vorstellt, wobei er ausgerechnet auf den in der Rassismus-Forschung sensiblen Begriff ›Farbe‹ anspielt. An diesem Rezensionsstil ändert sich auch Jahre später bei der Premiere von *Tarzan* in Hamburg nichts. Hier weist Knopf auf Änderungen zwischen Buch und Musical hin, übersieht aber den anderen Ausgang der Geschichte und die Streichung der afrikanischen Bevölkerung. Professor Porter und seine Tochter Jane werden nüchtern als forschende Botaniker beschrieben, Clayton als Wildjäger, ohne auf den kolonialen Kontext der Geschichte hinzuweisen. Die Kostüme der Affen mit langen Rasta-Perücken erscheinen ihm nur »phantasievoll«. Dagegen wird die Auswahl der beiden Hauptpersonen durch die vorherige Sat.1-Castingshow *Ich Tarzan, du Jane* ausführlich thematisiert. Bei einem PoC-Nebendarsteller wird plötzlich kritisch die Textverständlichkeit gegen seine akrobatischen Fähigkeiten ausgespielt. Damit wird das antiasiatische Stereotyp reproduziert, nach dem diese mehr Talent für Technik als für Emotionalität besäßen.

> »Den Terk, den stets gut gelaunten Spaßvogel der Gorilla-Sippe, gibt *Rommel Singson* mit atemberaubender Wendigkeit und guter Stimme. Er singt auch schon mal kopfüber an einer Liane hängend und müsste schlichtweg als Idealbesetzung gelten, wenn das, was er von sich gibt, wenigstens einigermaßen akzentfrei und problemlos zu verstehen wäre. [...] Angesichts der perfekten Akrobatik des Filipinos ist die Besetzung jedoch zu rechtfertigen.« (Knopf 2009)

Markus Zeller hingegen erkennt in seiner Rezension der Stuttgarter *Tarzan*-Premiere zumindest ansatzweise die Widersprüche zwischen der unterhaltsamen Bühnenshow und der Erzählung im afrikanischen Dschungel. Er vergleicht die Anfangssequenz des Stücks mit der Darstellung des Angriffs der Alliierten auf die Normandie im Film *Der Soldat James Ryan* und zieht damit implizit eine Parallele zur Eroberung Afrikas durch die Europäer*innen. Das von Disneys Kreativteam umgeschriebene Ende der Geschichte hält er für unrealistisch.

> »Dass Jane sich am Schluss dazu entscheidet, bei Tarzan im Dschungel zu bleiben, wird leider völlig ironiefrei und bar jeglichen Augenzwinkerns erzählt – und bleibt völlig unglaubwürdig.« (Zeller 2014)

Michaela Flint (2016) verliert in ihrer Rezension der Hamburger Premiere von *Aladdin* kein Wort über den Zusammenhang der Darstellung des Orients mit der aktuellen politischen Situation in dieser Weltregion. Sie geht auch nicht auf die große Anzahl von Migrant*innen in Deutschland und das politische Klima nach der Kölner Silvesternacht 2015 ein. Das Musical interpretiert sie als »bunt, schwungvoll, lustig und mit Happy End« und sieht vor allem die Bezüge zu früheren Broadway-Musicals wie *42nd Street*. Die Wahrnehmung des *Aladdin*-Musicals ändert sich auch einige Jahre später bei der Stuttgarter Uraufführung nicht. Zeller (2019) beschreibt das Stück zusammenfassend als »ein märchenhaftes, perfekt inszeniertes, familientaugliches Bühnenspektakel«, als hätte der Orient auf der Bühne nichts mit den politischen Ereignissen außerhalb des Theaters zu tun.

Musical-Berichterstattung im deutschen Feuilleton

Das deutsche Feuilleton beschäftigt sich in der Regel kaum mit dem Massenphänomen Musical. Zum einen wird dem kommerziellen Musiktheater wenig künstlerischer Wert beigemessen und damit im Sinne der Bewusstseinsphase 1 ›Happy Land‹ auch die Aussagen der Stücke ignoriert. So klingt die Kritik von Franz Lerchenmüller (2002) zur Premiere von *Der König der Löwen* positiv: »Kunst? Sagen wir: Handwerk auf hohem Niveau«. Nur in Ausnahmefällen werden Musicalinszenierungen von den Redakteur*innen auf Augenhöhe mit anderen Opern- und Schauspielaufführungen betrachtet, so erneut bei *Der König der Löwen*:

> »Aber was da an balinesischen Schattenspielen, japanischem No-Theater, an Stelzengängern oder Marionetten entliehen und aufgeboten wird, ist nie Mittel zum Zweck wie beispielsweise Bochumer Gleise für einen *Starlight Express*, sondern poesievoll umgesetztes Theater anderer Kulturen. Ähnliches kennen wir in Hamburg allenfalls aus Bob Wilsons Arbeiten am Thalia Theater (*Black Rider*) oder der Staatsoper auf Kampnagel (*Cosmopolitan Greetings*).« (Söring, Lachnit, und Sewig 2001)

Ein Bezug zur aktuellen politischen Weltlage wird nie hergestellt, weil die Inszenierungen dies anscheinend nicht nahelegen. Birgit Walter spricht der deutschen Erstaufführung von Disneys *Aida* ein solches Ansinnen sogar ab:

> »Die Inszenierung fragt nicht nach dem Sinn von Versklavung und Eroberung, nach der Feindschaft von Völkern, dem Verhältnis von Macht und Individuum oder von Schwarz und Weiß. Sie will einfach nur gefallen.« (Walter 2003)

Die meisten Journalist*innen sehen – wie die Fans – in den Identifikationsangeboten der Handlungen den Schwerpunkt der Stücke.

> »*Der König der Löwen* das Musical für das Kind – in jedem von uns. Treue, schlechtes Gewissen, Liebe, die Angst vor dem Alleingelassen werden, Mut,

Verrat, Verlorenheit – sie sind der Treibstoff, der die Lieder mit Bedeutung erfüllt und die Bilder auflädt.« (Lerchenmüller 2002)

Eberhard Rathgeb in der Frankfurter Allgemeinen Zeitung ist einer der wenigen, der kritisch auf die Illusion einer heilen Welt hinweist, auch wenn er sich des rassistischen Kontextes des Stückes nicht bewusst ist.

> »Manche Botschaften der Löwen haben nur in ihrem Reich Bestand. Papa, wir sind Freunde und bleiben immer zusammen: Das ist angesichts der Scheidungsrate in Deutschland und angesichts all der alleinerziehenden Mütter mit ihren Kindern, denen die Väter weggelaufen sind, ein wüster Wüstenwitz.« (Rathgeb 2001)

Dennoch lässt sich im Feuilleton seit 2015 feststellen, dass die allgemeine weltpolitische Lage immer mehr an Bedeutung gewinnt und zunehmend auch die Interpretationen der Disney-Musicals beeinflusst. Die Journalist*innen beginnen kritische Auseinandersetzungen mit den Stückinhalten und Präsentationsformen, die sich zwischen den Bewusstseinsphasen 3 ›Scham‹ und 4 ›Schuld‹ bewegen. Der ZEIT-Redakteur Kilian Trotier erkennt in seinem Bericht über die Premiere von Disneys *Aladdin* in Hamburg die orientalisierenden Züge des Werkes.

> »Das Arabische, das Unbekannte, das Fremde wird erfolgreich reduziert, wenn nicht gelöscht. [...] Man trägt Turban und Schleier, die Männer zeigen ihre Sixpacks, die Frauen kokette Brillanten im Bauchnabel. Es glitzert, es glänzt, nur was da hüpft und schallt und lacht, das ist nicht der Orient. Es ist der Westen, wie er sich den Orient wünscht. [...] Ein leichter Stoff in schweren Zeiten, zumal die Gegend, in der die Geschichte spielt, als Krisenregion gilt. Aladdins Heimat ist der Irak, seine Abenteuer spielen mutmaßlich in Bagdad.« (Trotier 2015)

Aladdins Textzeilen über die Sehnsucht nach Reisen stellt Trotier schließlich in Analogie zu den aktuellen Flüchtlingsbewegungen: »Und man denkt kurz an andere Schiffe, die gerade in der arabischen Welt bereit gemacht werden.« Dass es sich bei der Inszenierung um einen westlich-amerikanischen Blick auf die Welt handelt, macht er schließlich auch an der Musik fest:

> »Und entsprechend der Logik dieser Inszenierung, die ihre Figuren als Emanzipations- und Wohlstandskämpfer begreift, sind auch die Songs keine Oud- und Tabla-Folklore, sondern astreiner amerikanischer Swing.« (Trotier 2015)

Ähnlich charakterisiert Klaus Irler (2015) in der taz die Musical-Premiere: »Im neuen Hamburger Musical *Aladdin* wird ein überzuckerter Orient Schauplatz einer virtuosen Swing-Show. Eine Tiefendimension eröffnet der kulturelle Crossover nicht.« Auch Stefan Grund konstatiert in Die Welt die große Diskrepanz zwischen Bühnenillusion und weltpolitischer Realität:

> »Ansonsten herrscht in diesem Teil Arabiens ein großes, prächtiges Durcheinander, was auch daran liegen mag, dass er von Walt Disneys Zeichnern erfunden wurde, die sich durch die Wirklichkeit nicht ihre bunten Träume vermiesen lassen«. (Grund 2015)

Alexander Schuller greift im *Hamburger Abendblatt* auf Ironie zurück, um die bitteren Unterschiede zwischen der romantischen Bühnenillusion und der politischen Realität in den arabischen Ländern zu thematisieren:

> »Denn eine solche Liebe, ein Kuss vor der Ehe, war im Morgenland schon immer heikel. Eher sogar lebensgefährlich, bis heute. [...] Wenn Aladdin und Jasmin zueinanderfinden dürfen, weil ihr Vater sein Reich spontan mit einem arabischen Frühling beglückt: Dann wünscht man sich, nachhaltig amüsiert, wie man ist, einen Flaschengeist herbei, der den realen Irrsinn im Nahen Osten sofort stoppen könnte.« (Schuller 2015)

Das Thema Rassismus in der deutschen Musicalszene, ein Reflektieren und Argumentieren in den Bewusstwerdungsphasen 3 ›Scham‹ und 4 ›Schuld‹, wird in den Artikeln nicht vorgenommen. Es lässt sich lediglich in Berichten über andere Musical- und Musiktheaterproduktionen und in Darsteller*innen-Portraits finden.

Berichterstattung zu Rassismus in der deutschen Musicalszene

Eine mediale Diskussion zum Thema Rassismus in der Musicalszene gab es beispielsweise um die Besetzung einer Produktion von *Hair* des Theaters Chemnitz 2020. Der Intendanz wurde Whitewashing vorgeworfen, da die Produktion in einer gekürzten Fassung ohne das Thema Antirassismus und ohne Schwarze Darsteller*innen aufgeführt werden sollte (Wienand 2020). Besondere Aufmerksamkeit erhielt diese Diskussion aufgrund des Ortes, da es in Chemnitz im Jahr 2018 zu rassistischen Ausschreitungen gekommen war. Dem Theater wurde vorgeworfen, vor potentiellen politischen Gegnern einzuknicken. Einige Medien nahmen den Vorfall zum Anlass, um allgemein über Benachteiligungen von PoC-Darsteller*innen in Deutschland zu berichten (Wildermann 2020; Schulze 2021). Die öffentliche Diskussion führte zu einer Entschuldigung der Verantwortlichen, zu einer Podiumsdiskussion im Theater zum Thema und zu Änderungen an der Inszenierung. In diesem Fall war eine Bewegung bei den *weißen* Verantwortlichen zu erkennen, die sich über die Bewusstseinsphase 2 ›Abwehr‹ zu 3 ›Scham‹ und 4 ›Schuld‹ hin zu 5 ›Verantwortung‹ für das Thema bewegte. Dieser Prozess wurde von den Medien mit objektiver Berichterstattung begleitet.

Heftiger war die Kritik an der Inszenierung der Oper *Jonny spielt auf* von Ernst Krenek 2022 am Münchner Staatstheater am Gärtnerplatz durch den Musicalkomponisten und Regisseur David Lund. Ein auf der Bühne inszeniertes Blackfacing eines *weißen* Darstellers führte zu einem offenen Protestbrief, der von über 540 deutschen Kulturschaffenden (2022) unterzeichnet wurde. Sie kritisierten die Darstellung der rassistischen Praxis auf der Bühne und die Tatsache, dass das Produktionsteam nicht divers besetzt war. Die Kritik führte dazu, dass das Blackfacing aus der Inszenierung gestrichen und die Produktion nach der Spielzeit abgesetzt wurde (Schäufele 2022). Das Besondere an diesem Fall war, dass sich unter den Unterzeichner*innen des Protestbriefes nicht nur PoC befanden, sondern auch zahlreiche *weiße* Personen, die sich im Sinne der Bewusstseinsphase 5 ›Verantwortung‹ an dem Widerstand beteiligten und sich mit den Betroffenen verbündeten. Eine Abwehrhaltung im Sinne der Bewusstseinsphase 2 mit Gegenargumenten war für die Verantwortlichen dadurch nicht mehr möglich. Die Berichterstatter*innen begleiteten die Diskussionen aus einer Perspektive der Verantwortung für PoC in der deutschen Gesellschaft, ohne dass sie eigene Positionen in dem Konflikt bezogen.

In den letzten Jahren bemühen sich einige Journalist*innen aufgrund der ›Black Lives Matter‹-Bewegung und der vieldiskutierten deutschen

Erstaufführung von *Hamilton* 2022 darum, PoC-Musicaldarsteller*innen eine Stimme zu verleihen, in dem sie Interviews mit ihnen führen oder Podcasts produzieren. Darin können diese ihren beschwerlichen Berufsweg in einer weitgehend *weißen* Musicalszene beschreiben. Sie werden nach Diskriminierungserfahrungen im deutschen Alltagsleben befragt und um Stellungnahme zu den aktuellen antirassistischen Bewegungen gebeten. Zweifellos erhalten die Personen dadurch eine Aufmerksamkeit, die sie bislang nicht hatten. Durch das Format des unkommentierten Interviews entziehen sich die Journalist*innen aber ihrer Aufgabe, die deutsche Musicalszene in Bezug auf Stückinhalte und diskriminierende Strukturen kritisch zu analysieren.

So veröffentlichte das Redaktionsnetzwerk Deutschland 2023 ein längeres Interview mit der deutschen Sängerin Zodwa Selele, die als Kind südafrikanischer Eltern in Bayern aufwuchs, ihre Ausbildung an der Joop van den Enden Academy in Hamburg absolvierte und bisher unter anderem in Disney-Produktionen von *Der König der Löwen* und *Aida* auftrat (Keilbach 2023). Mit deutlichen Worten thematisiert Selele den deutschen Alltagsrassismus, berichtet von ihren Diskriminierungserfahrungen und präsentiert stolz ihre beruflichen Erfolge, die sie sich trotz der Abwertungen aufgrund ihres Schwarzseins erkämpft hat. Auf die Frage nach Vorbildern in ihrer Kindheit kritisiert sie die fast durchgängige *weiße* Spielzeugwelt, die auch vom Disney-Konzern maßgeblich geprägt wurde, und setzt sich für mehr Vielfalt ein.

> »Ich bin aufgewachsen mit Disney-Filmen, mit Disney-Prinzessinnen, die nicht aussahen wie ich, mit Puppen, die nicht aussahen wie ich. Die erste Barbie, die so aussah wie ich, die bekam ich, als ich schon sieben oder acht Jahre alt war. Diese gab es nur einmal in einer limitierten Edition in Deutschland. Das ist schon eine Sache, die im Hinterkopf ist. Als schwarzes Kind schaut man sich das an, sieht sich aber nicht repräsentiert. Du siehst nicht die Möglichkeit: Das könnte auch ich sein. […] Ich finde es schade, wenn man mit dem Gefühl aufwächst: Das ist dein Platz, bleib in deiner Ecke, das sind deine Möglichkeiten. Ich finde, uns steht allen alles zu, ohne Limits bei sexueller Orientierung, Hautfarbe, Religion.« (Selele in Keilbach 2023)

Die Diskussion über Rassismus wird damit auf die Ebene der Repräsentation reduziert und thematisiert weder das Geschlechterbild, das die genannten Filme und Puppen vermitteln, noch die damit verbundenen rassistischen Stereotype.

Daniel Erks (2023) porträtiert in seinem ZEIT-Podcast den Schwarzen Musicaldarsteller Gino Emnes, der zu dem Zeitpunkt eine der Hauptrollen in *Hamilton* in Hamburg spielte. Der gebürtige Niederländer Emnes war der Simba in der deutschen Erstaufführung von *Der König der Löwen* und ist seitdem ein erfolgreicher Musicaldarsteller, der unter anderem in *Miss Saigon*, *Sister Act*, *Ragtime* und *Hamilton* zu sehen war. Eindrucksvoll beschreibt er seine nach wie vor sichtbare Außenseiterrolle als Schwarzer im Musicalgeschäft und sieht sich in einer Vorbildfunktion für andere PoC, die eine Karriere in diesem Bereich anstreben möchten. Dabei beschreibt er kritisch die rassistische Besetzungspraxis in Musicals und erklärt, wie ihn diese lange Zeit in seinen Berufsperspektiven eingeschränkt hat.

> »Natürlich haben wir Leute auf der Bühne gesehen, die nicht weiß sind, aber es war immer [...] in einem bestimmten Rahmen von, wie Sie gerade gesagt haben: *Miss Saigon*. Okay, dafür haben wir dann asiatisch aussehende Leute. [Die] brauchen wir dafür, um die Geschichte zu erzählen. Und wir erzählen dann auch oft in diesen Shows die Narrative, die wir eigentlich heutzutage nicht mehr brauchen. [...] Früher als kleiner Junge – was man nicht sieht, existiert einfach nicht – und ich habe mich oft nicht gesehen auf der Bühne. Also habe ich mich dann eingeschränkt und gedacht: Okay, dann gibt es *König der Löwen* für mich, und dann gibt es für mich *Sister Act*, weil da gibt es auch eine Rolle, die dann besetzt ist für einen Schwarzen Mann, und was gibt es dann noch? O ja, *Ragtime*.«

Obwohl Emnes das Interview aus der Position führt, gerade in dem Musical *Hamilton* aufzutreten, mit dem er sich inhaltlich identifizieren kann, kritisiert er Stücke, in denen er selbst mitgewirkt hat. Auch in diesem Podcast wird die Ebene der rassifizierenden Besetzung, in der er als Schwarzer bestimmte Stereotype verkörpern muss, nicht klar von der generellen Repräsentation Schwarzer auf der Musicalbühne getrennt. Der Journalist Erks greift in seiner Rückfrage zwar das Problem der eingeschränkten Rollenmöglichkeiten für Schwarze Darsteller*innen auf, hinterfragt aber nicht die ebenfalls kritisch thematisierte Musicalhandlung von *Miss Saigon*.

Mit solchen Interviews folgen die Journalist*innen letztlich nur der Imagekampagne des Disney-Konzerns und setzen sich weder kritisch mit den Stückinhalten und ihren Aussagen noch mit den dahinterstehenden Geschäftspraktiken auseinander. Ihre Motivationen für die Interviews lassen sich zwar mit der Bewusstwerdungsphase 5 ›Verantwortung‹ beschreiben, es fehlt ihnen jedoch ein Bewusstsein von ›Scham‹ im Sinne eines Eingeständnisses, dass die deutsche Kolonialgeschichte mitverantwortlich für die heutige Situation der Schwarzen Darsteller*innen ist, und ein Bewusstsein von ›Schuld‹, dass sie selbst als *Weiße* den strukturellen Rassismus in der deutschen Gesellschaft mittragen.

Der Erfolgsdruck und die öffentliche Meinung

Die kommerzielle Musicalszene am New Yorker Broadway und im Londoner West End ist vom internationalen westlichen Tourismus abhängig. Die islamistischen Anschläge in New York 2001 und in London 2005 haben zeitweilig zu einem erheblichen Einbruch der Tourismuszahlen und damit zum vorzeitigen Ende einiger auf lange Spielzeiten angelegter Musicalproduktionen geführt. Die dortigen Produktionsfirmen haben daher ein Interesse daran, in ihren Stücken eine Politik zu unterstützen, die den konsumorientierten westlichen Lebensstil propagiert, der die Grundlage ihres wirtschaftlichen Erfolgs darstellt. Disneys Imagekampagne eines ›Happy Land‹ ist genau die Strategie. Sie soll eine konservative wirtschaftsliberale Politik unterstützen, da sie sich von der die meisten Zuschauer*innen für ihre Shows verspricht.

Gleiches gilt für die kommerzielle Musicalszene in Deutschland, die besonders vom Bus- und Städtetourismus abhängig ist. Um profitabel zu sein und ein Massenpublikum anzuziehen, müssen die Stücke eine positive Anziehungskraft ausüben und erstklassige Unterhaltung versprechen. Daher ist es nicht verwunderlich, dass die Fachpresse zunächst ein Interesse daran hat, Megamusical-Produktionen wohlwollend zu beurteilen und über mögliche inhaltliche Kritikpunkte hinwegzusehen. Die Journalist*innen nehmen da auch mal in Kauf, dass die Stücke ein wenig »barbarisch« gegenüber anderen sind, »aber hey, so ist unser Zuhause«. Schließlich finanzieren Erfolgsproduktionen wie *Der König der Löwen* auch andere, weniger erfolgreiche Stücke mit. Der Disney-

Konzern erscheint ihnen deswegen als ein Raubtier, das die Musicalszene gegen ökonomische Gefahren von außen beschützt, nach innen aber die bestehende Ordnung wie der patriarchische Löwenvater Mufasa aufrecht erhält.

Lediglich im deutschen Feuilleton findet sich eine kritische Berichterstattung, die sich jedoch meist aus einer generellen Ablehnung des Genres speist und nicht aus einer kritischen Haltung gegenüber den Geschäftspraktiken des Disney-Konzerns. Nur in Einzelfällen stellen die Journalist*innen Bezüge zwischen den Werken und der Kolonialgeschichte oder aktuellen politischen Themen her. Erst in den letzten Jahren hat sich im Zuge der internationalen ›Black Lives Matter‹-Bewegung und der deutschen #MeTwo-Kampagne gegen Alltagsrassismus auf Social-Media-Kanälen eine kritische Auseinandersetzung mit Rassismus und PoC-Empowerment im Umfeld der Musicalszene entwickelt. Journalist*innen versuchen vor allem einzelnen PoC-Darsteller*innen eine Stimme zu verleihen. Sie äußern sich aber nie selbstkritisch zu ihrer Verantwortung für die deutsche Geschichte oder zu dem Alltagsrassismus in der Gesellschaft.

Nun wäre es ein Leichtes, die begeisterten Reaktionen des deutschen Publikums den wohlwollenden Aussagen der internationalen PoC-Musicaldarsteller*innen, die gerne bei einer Disney-Produktion arbeiten, gegenüberzustellen. Oder die kritischen Stimmen gegenüber den Musicals mit denen der Darsteller*innen zu vergleichen, die mit den Arbeitsbedingungen nicht glücklich sind. Dann könnte ich ein einfaches Gut-Böse-Schema aufstellen, wie es bei Charakteren in Disney-Filmen üblich ist. Ein solches Analogieverfahren ist aber aus einem einfachen Grund nicht zulässig: Das Publikum bezahlt von seinem Einkommen die Tickets, um in seiner Freizeit Musicals als Unterhaltungsangebot zu konsumieren; die PoC-Darsteller*innen werden für ihr Auftreten bezahlt und benötigen das Geld, um ihren Lebensunterhalt zu finanzieren. Die beiden Gruppen, während der Aufführung in einem Saal vereint, befinden sich auf unterschiedlichen Machtebenen und ihre Aussagen lassen sich nicht gleichsetzen.

Um zu verstehen, in welcher Situation sich PoC-Darsteller*innen in der deutschen Musicalszene befinden und ob sie ihre Meinung überhaupt frei äußern können, muss ich ein weiteres Mal die Seite wechseln. Im folgenden dritten Teil des Buches werde ich mich der Beteiligung und dem PoC-Empowerment in der deutschen Musicalszene widmen. Dabei wird deutlich, dass sich der Zustand des ›Happy Land‹, den der Disney-Konzern, die Fans und weite Teile der deutschen Presse vertreten, nicht mit der Wahrnehmung der Situation der PoC-Darsteller*innen deckt.

Teil 3:
Partizipation und Empowerment

»Die Sonne Nubiens, scheint sie auch fern, kommt wieder.« Ausbeutung und Teilhabe in Disneys Produktionen

PoC-Empowerment innerhalb des Disney-Konzerns?

Der Schwarze Musicaldarsteller Alton Fitzgerald White verkörperte jahrelang auf amerikanischen Bühnen den Löwenvater Mufasa. In seiner Autobiographie *My Pride. Mastering Life's Daily Performance* beschreibt er, wie er sich während der 4.000. Jubiläumsaufführung fühlte, als er das Lied »They Live in You« sang, in dem die Löwenahnen in den Sternen als Unterstützer der Lebenden angerufen werden.

> »It reminded me of all the many performers of color who had come before me and had not been afforded the opportunity to ever make it to Broadway, much less achieve a milestone like this in one of theater's greatest all-time hits. This landmark performance of mine was in honor of them and the courageous trail that they blazed to make something like this at all possible for me.«[40] (White 2017, 12)

Für White ist *Der König der Löwen* ein politisches Stück, das zugleich seine Identität betrifft, da er als Schwarzer eine Hauptrolle in einem Broadway-Musical spielen darf, was in den USA noch vor wenigen Jahrzehnten undenkbar gewesen wäre. In der Handlung von Unterdrückung und Befreiung sieht er Parallelen zur gesellschaftspolitischen Entwicklung seines Landes und zu seinen Lebenserfahrungen als Angehöriger der Schwarzen Minderheit in den USA.

Die Vorbildfunktion, die White als Musicaldarsteller einnimmt, wird in seiner Autobiographie deutlich. Darin geht es nicht nur um

40 »Es erinnerte mich an all die vielen Darsteller*innen of Color, die vor mir gekommen waren und denen es nicht vergönnt war, jemals an den Broadway zu kommen, geschweige denn einen Meilenstein wie diesen in einem der größten Theatererfolge aller Zeiten zu erreichen. Mit dieser bahnbrechenden Aufführung wollte ich sie und ihren mutigen Weg ehren, den sie auf sich genommen haben, um mir dies zu ermöglichen.« (Übers. d. A.)

den beschwerlichen Lebensweg eines Schwarzen in der Musicalszene in den USA, dem zunächst nur Sklavenrollen in Stücken wie *Show Boat* prophezeit wurden. Als erster Schwarzer Schauspieler durfte er dann den Soldaten John in *Miss Saigon* verkörpern, bevor er in *Der König der Löwen* zum Star wurde. Dass White die perfekte Verkörperung des Mufasa sein soll, wird dadurch verstärkt, dass er parallel seinen eigenen Vaterkonflikt und dessen Überwindung beschreibt. Das Buch versteht sich daneben auch als Ratgeber und Lebenshilfe für andere Schwarze. Zahlreiche Zitate von Lebensweisheiten und Karrieretipps werden in die persönlichen Erzählungen eingestreut.

Mit dieser positiven Einstellung gegenüber Disneys Musicalproduktionen ist White nicht allein. James Monroe Iglehart, der preisgekrönte Schwarze Darsteller des Dschinni in der Erstproduktion von *Aladdin* am Broadway, äußerte seinen Stolz darüber, mit seinem Engagement Teil einer Geschichte des Schwarzen Empowerments in der Musicalszene sein zu dürfen:

> »One of the amazing things about performing here in the New Amsterdam is that this is the theatre where the first African American ever appeared onstage with a white cast. His name was Bert Williams, and he was a huge star in vaudeville. He was also in the first all-black musical ever to appear on Broadway, but he could not work onstage with white actors until Flo Ziegfeld hired him to the *Follies* in 1910. It's been over a hundred years, but eight times a week I go out on that same stage and perform this role with this incredibly diverse cast...«[41] (Iglehart in Lassell 2017, 144)

Auch die Erstbesetzung der Jasmin am Broadway, die amerikanisch-vietnamesische Courtney Reed, identifizierte sich aufgrund eigener Diskriminierungserfahrungen mit der Rolle im Stück:

41 »Das Erstaunliche an einem Auftritt im New Amsterdam ist, dass in diesem Theater der erste Afroamerikaner auf der Bühne stand, der mit einem *weißen* Ensemble auftrat. Er hieß Bert Williams und war ein großer Star des Vaudeville. Er spielte auch im ersten rein Schwarzen Musical am Broadway, konnte aber nicht mit *weißen* Schauspieler*innen auf der Bühne arbeiten, bis Flo Ziegfeld ihn 1910 für *Follies* engagierte. Das ist jetzt über hundert Jahre her, aber ich stehe immer noch achtmal die Woche auf derselben Bühne und spiele diese Rolle mit dieser unglaublich diversen Besetzung...« (Übers. d. A.)

> »Jasmine was the first Disney princess I could really relate to because I grew up in a mixed-ethnic family and had dark hair and felt that I never really fit in. [...] I have to say that as a mixed-race actor, I am constantly confronted by limitations. Everyone wants to know if I'm this or that, and I keep saying, ›What difference does it make? Do you think I can play the part?‹ [...] So it's such a thrill to be in a show where it turn out that being multiracial is actually an advantage.«[42] (Reed in Lassell 2017, 143)

Diese Erfolgsgeschichten stehen einerseits für sich und belegen die Öffnung der amerikanischen Musicalszene für PoC-Darsteller*innen in den letzten Jahrzehnten. Die Berichte verschweigen aber, dass sie nur für bestimmte Charaktere besetzt werden und farbenblinde Castings noch die Ausnahme sind. White oder Iglehart hätten niemals die Rolle des Phantoms oder Jean Valjeans angeboten bekommen, Reed niemals die Rolle der Christine Daaé oder Éponine. Es ist leicht vorzustellen, wie solche Besetzungen die Interpretation der Musicalhandlungen von *Das Phantom der Oper* oder *Les Misérables* verändern würden. Die PoC-Darsteller*innen gehen in den Interviews auch nicht darauf ein, wie es sich anfühlt, ein afrikanisches Tier oder einen komödiantischen Flaschengeist zu spielen.

Für diese Reaktionen gibt es zunächst einen nachvollziehbaren persönlichen Grund. Mit einem längerfristigen Engagement in einer Disney-Produktion erhalten die Darsteller*innen eine vergleichsweise gute Bezahlung, so dass es nicht in ihrem wirtschaftlichen Interesse liegt, die Stücke zu kritisieren und damit ihre Anstellung zu riskieren. Anderseits darf nicht übersehen werden, dass diese Erfolgsgeschichten und Aussagen über das Empowerment von PoC-Darsteller*innen direkt vom Disney-Konzern verbreitet werden. Sie erscheinen in Programmheften, Produktionsbüchern oder in der oben zitierten Autobiographie, die im kon-

42 »Jasmin war die erste Disney-Prinzessin, mit der ich mich wirklich identifizieren konnte, denn ich bin in einer gemischt-ethnischen Familie aufgewachsen, hatte dunkle Haare und das Gefühl, nie richtig dazu zu gehören. [...] Ich muss sagen, dass ich als mixed-race Schauspielerin ständig mit Einschränkungen konfrontiert werde. Jeder will wissen, ob ich dies oder das bin, und ich sage immer: ›Was macht das für einen Unterschied? Glaubt ihr, dass ich die Rolle spielen kann?‹ [...] Es ist also so aufregend, in einer Show zu spielen, in der sich herausstellt, dass es ein Vorteil ist, mixed-race zu sein.« (Übers. d. A.)

zerneigenen Verlag erschienen ist. Wird dieses Empowerment von den PoC-Darsteller*innen tatsächlich immer so empfunden oder handelt es sich um einen Marketingversuch des Unternehmens, eine Bühnenillusion zu erzeugen, um damit andere Bereiche der Produktion auszublenden, in denen genau das Gegenteil davon der Fall ist?

Um die Aussagen von PoC-Darsteller*innen zur Situation in der Musicalbranche genauer verstehen und einordnen zu können, ist es zunächst notwendig, den Prozess der Bewusstwerdung einer rassifizierten PoC-Identität in einer mehrheitlich *weißen* Gesellschaft zu verstehen. Gleichzeitig müssen die generellen Partizipationsmöglichkeiten von PoC innerhalb von Disneys Unternehmensstruktur benannt werden, bevor deren Aussagen analysiert und mögliche Bereiche eines Empowerments aufgezeigt werden können.

Bewusstwerdung der PoC-Identität bei Darsteller*innen

Die Journalistin und Antirassismus-Aktivistin Anne Chebu definiert in ihrem Buch *Anleitung zum Schwarz sein* (2016) ein 5-Phasen-Modell, das den Prozess der Bewusstwerdung einer rassifizierten Identität bei Schwarzen in *weißen* Mehrheitsgesellschaften beschreibt. Dieses Modell kann weitgehend auf andere PoC in der deutschen Gesellschaft ausgeweitet werden. In Phase 1 ›*Weiß*orientiert‹ übernimmt die PoC vollständig *weiße* Werte und Maßstäbe als positives Vorbild und macht sich von der Bestätigung und Akzeptanz durch *Weiße* abhängig. Die Person vermeidet den Kontakt zu anderen PoC und glaubt, dass nicht die Hautfarbe, sondern die eigene Leistung entscheidend für die persönliche und berufliche Entwicklung ist. In Phase 2 ›Konfrontation‹ nimmt die PoC rassistische Situationen in der Gesellschaft wahr und beginnt, ihr bisheriges Weltbild in Frage zu stellen. Wut und Empörung führen zu einer kritischeren Betrachtung des *Weiß*seins und zu einer Auseinandersetzung mit der eigenen Identität. Die Suche führt zunächst zu persönlicher Verunsicherung und Schuldgefühlen gegenüber dem bisherigen Denken und Handeln. Die PoC erkennt, dass sie unter den Fremdzuschreibungen leidet, die sie von *Weißen* im Berufs- und Privatleben erfährt. Sie sehnt sich nach einer anderen Repräsentation ihrer Persönlichkeit. Phase 3 ›Desintegration‹ ist durch eine Gruppenbildung innerhalb der eigenen PoC-Community gekennzeichnet, in der gemeinsame Diskriminierungserfahrungen ausgetauscht und ein positives PoC-Bild konstruiert und gelebt wird. Die *weiß* dominierte Gesellschaft wird als grundsätzlich negativ abgelehnt. Im Extremfall kann es dazu führen, dass die PoC beruflich und privat einen anderen Lebensweg einschlägt. In Phase 4 ›Integration‹ bildet sich eine neue Identität heraus. Diese kann entweder darin bestehen, dass sich die Person mit den Gegebenheiten einer *weiß* dominierten Gesellschaft arrangiert oder sich von ihrem bisherigen *weißen* Lebensumfeld trennt und eine Persönlichkeit aufbaut, die sich ausschließlich an ihrer PoC-Community orientiert. Phase 5 ›Selbstbestimmung und Handeln‹ beschreibt schließlich den Zustand, in dem die PoC ein selbstbewusstes Auftreten erlangt und sensibel auf Diskriminierungen in der Gesellschaft reagiert. Ihre politische Überzeugung drückt sich im eigenständigen Handeln aus und die Person wird sich aktiv für Antidiskriminierung einsetzen. Chebu sieht dieses Phasenmodell als offen und transformativ:

> »Eine Person kann verschiedene Stadien durchlaufen, ein bisschen wie Entwicklungsstadien. Wobei keine Phase wirklich ›besser‹ oder ›schlechter‹ ist. Die Person befindet sich nur gerade in einem ganz bestimmten Prozess. Wissen, Einstellungen, Gefühle können sich in diesem Prozess ändern. Je nachdem, in welchem Umfeld man lebt, wie FreundInnen und Familie einen unterstützen, fallen die Phasen geringer oder intensiver aus. Wie und welche Phasen durchlaufen werden, ist von Person zu Person ganz unterschiedlich.« (Chebu 2016, 69)

Wie können Darsteller*innen dieses Bewusstsein einer rassifizierten PoC-Identität in der deutschen Gesellschaft entwickeln, solange sie in einer Disney-Musicalproduktion angestellt sind? Und warum wird der Disney-Konzern versuchen, genau diesen Prozess bei seinen Angestellten zu verhindern? Um dies zu verstehen, ist es nötig, einen kritischen Blick auf die generelle Struktur des Unternehmens zu werfen und sich klar zu machen, welche Personen darin über Partizipation und Teilhabe entscheiden.

Die wirtschaftliche und kulturelle Dominanz des Disney-Konzerns

Der amerikanische Global Player

Der Disney-Konzern ist ein US-amerikanisches Medienimperium, das seine wirtschaftlichen Interessen weltweit mit dem Verkauf verschiedener Unterhaltungsprodukte verfolgt. Seine Existenz ist eng mit der Geschichte der USA verbunden, beginnend mit der Kolonialisierung Nordamerikas durch christlich-europäische Auswanderergruppen ab dem 17. Jahrhundert, über die Verdrängung und weitgehende Vernichtung der dort lebenden Native Americans und ihrer Kulturen, die Verschleppung von Millionen afrikanischer Menschen nach Amerika und deren Versklavung als billige Arbeitskräfte bis hin zur Gründung eines unabhängigen Staates im Jahre 1776. Wie sehr diese Geschichte das Unternehmen prägt, zeigt sich daran, dass die Themen der kolonialen Landnahme und der rassistischen Gesellschaftsform gleich in verschiedenen Filmen wie *Pocahontas*, *Küss den Frosch* oder *Zoomania* verhandelt werden. Personen, die sich an Disney-Produktionen beteiligen, wirken immer auf irgendeine Weise an dieser Aufarbeitung der amerikanischen Geschichte mit.

Die USA sehen sich nach wie vor als Vorbild für alle Demokratien der Neuzeit und beanspruchen seit dem 20. Jahrhundert fast ununterbrochen eine führende Rolle in der Weltpolitik, die sie ökonomisch und militärisch durchzusetzen bereit sind. Der Disney-Konzern verbreitet in seinen Comics bereits früh vergleichbare imperialistische Ideologien (Smoodin 1994, 4). Grundlage für den wirtschaftlichen Erfolg der USA ist das kapitalistische System, das Engagement und Innovation von vorwiegend *weißen* Einzelpersonen ermöglicht und fördert. Das Prinzip des bewusst gelebten Individualismus – auch gegen gesellschaftliche Normen – als Garantie für wirtschaftlichen Erfolg und persönliches Glück durchzieht gleichfalls die Darstellung aller Hauptpersonen in Disneys Filmen und Musicals, ob diese nun in Amerika, Europa, Afrika oder Asien spielen.

Dass Einzel- oder Familienunternehmen in einem demokratischen Staat intern nicht demokratisch strukturiert sein müssen, bildet sich ebenfalls in den Filmen ab (Artz 2005). Deren Hauptpersonen streiten zwar immer wieder um Gleichberechtigung und Gerechtigkeit, die politische Macht soll aber stets innerhalb eines hierarchischen Familiensystems verwirklicht werden wie in *Der König der Löwen*, *Aladdin*, *Tarzan* oder *Ein Königreich für ein Lama* (Ward 2002, 10–32). Damit propagiert der Disney-Konzern in seinen Werken nicht die amerikanische demokratische Gesellschaft als Vorbild, sondern spiegelt vielmehr die eigene Unternehmenskultur. Dass es innerhalb des Disney-Konzerns zu heftigen Kämpfen um Macht und Einfluss kommen kann, der den Intrigen der Bösewichter in den Animationsfilmen in nichts nachsteht, belegen sowohl Eisners Autobiographie (1999) wie auch wirtschaftsjournalistische Publikationen (Grover 1992; Stewart 2006). Das 1923 von den Brüdern Walt und Roy Disney gegründete Unternehmen war und ist in seiner Struktur deshalb nur in den USA denkbar. Sein weltweiter Einfluss ergibt sich aus der wirtschaftlichen und politischen Abhängigkeit der meisten Staaten von dieser Nation.

Die wirtschaftliche Globalisierung nach dem Ende des Kalten Krieges äußerte sich in der Öffnung internationaler Märkte und ermöglichte dem Disney-Konzern nicht nur billigere Produktionsmöglichkeiten in Ländern des Globalen Südens, sondern auch ein erweitertes zahlungskräftiges Publikum in bestimmten Weltregionen, das es mit neuen Geschichten zu erreichen galt (Stein 2011, 246–248). Der Grund für die Produktion von *Mulan* war beispielsweise, in den 1990er-Jahren Zugang zu dem Markt der Volksrepublik China zu erhalten (Schweizer und Schweizer 1998, 255–264). Mit einem positiven Chinabild sollte die chinesische Politik besänftigt werden, die den Vertrieb des Spielfilms *Kundun* (1997) von Martin Scorsese durch den Disney-Konzern öffentlich kritisiert hatte (Pinsky 2004, 183–184). Die globale Expansion zeigt sich auch in der Eröffnung von Freizeitparks in den letzten Jahrzehnten in den USA (Anaheim 1955, Orlando 1971), Frankreich (Paris 1992) und in Asien wie in Japan (Tokio 1983) und China (Hongkong 2005, Shanghai 2016). Die Gewinne aus diesen Angeboten stellen eine zentrale Einnahmequelle für alle Aktivitäten des Disney-Konzerns dar. Disneys Filmprojekte werden immer danach beurteilt, ob sich daraus auch Bühnenshows und Attraktionen in den Freizeitparks gestalten lassen. Der Disney-Konzern richtet seine Produkte seit Beginn der Globalisierung auf die führenden Industrienationen aus, die sich seine Unterhaltungsangebote leisten können. Die Zeichentrick- und Animationsfilme greifen historische Erzählungen dieser Länder auf oder behandeln Themen aus

Weltregionen, die zu touristischen Zielen der anvisierten Zielgruppe gehören. Wenn der Disney-Konzern Filme und Musicals mit nicht-westlichem Handlungsort produziert, ist die Auswahl niemals zufällig. Dahinter verbergen sich weniger kulturelle Interessen oder ein Bildungsauftrag, sondern in erster Linie wirtschaftliche.

Die Zusammensetzung der Kreativteams

Bei der Zusammensetzung von Disneys Kreativteams zeigt sich eine *weiße* Überheblichkeit. Personen aus den dargestellten Herkunftskulturen sind bei der Stoffentwicklung nur beratend beteiligt, wie etwa bei *Pocahontas* (Edwards 1999) oder bei *Vaiana* (Yoshinaga 2019). Dass mit David Henry Hwang ein asiatisch-amerikanischer Autor für das Libretto von *Tarzan* ausgewählt wurde, stellt eine Ausnahme dar. Hin und wieder werden PoC-Choreograph*innen für die Inszenierung der Musicals engagiert wie in *Der König der Löwen* oder in *Tarzan*. Disneys Komponistenauswahl bis Ende der 1990er-Jahre bestand aus *weißen* Amerikanern oder Briten der Nachkriegsgeneration, die in den 1970–80er Jahren in der westlichen populären Musik weltweit erfolgreich waren und den Zenit ihrer Karriere meist schon überschritten hatten. In Analogie zu der kostensparenden Besetzungspraxis von Filmdarsteller*innen mit Beginn von Eisners Leitung des Disney-Konzerns ist davon auszugehen, dass hinter der Auswahl dieser Musiker ebenfalls ökonomische Gründe standen. Die entsprechenden Musiker waren zwar bekannt und beim Publikum positiv besetzt, sie waren allerdings billiger als aktuelle Topstars zu bekommen.

Keiner der Musiker war Spezialist für Kinder- oder Familienmusik, kaum einer hatte Erfahrungen mit musikdramatischen Werken. Nur Phil Collins hatte in seiner Zeit bei Genesis ein Konzeptalbum produziert. Die großen Vertreter dieses Genres wie der Amerikaner Jeff Wayne oder der Brite Mike Oldfield arbeiteten nicht für Disneys Animationsfilme, ebenso wenig Afroamerikaner wie Prince oder Michael Jackson. Letzterer war allerdings ein großer Fan von Disneys Freizeitparks und produzierte für sie mit Francis Ford Coppola 1986 den 3D-Film *Captain EO*. Der Musiker Roger Waters positionierte sich mit den Bühnenproduktionen seines Konzeptalbums *The Wall* bewusst außerhalb der Musicalszene, die er wegen ihres fehlenden politischen Bewusstseins ablehnte. Diese

Lücke in der Auswahl von Komponisten nutzten übrigens die Vereinigten Bühnen von Wien ab den 1990er-Jahren, um mit dem Alan Parsons Project aus dem Konzeptalbum *Freudiana* ein Musical zu entwickeln und aus der dramatischen Rockmusik des Komponisten Jim Steinman das Erfolgsstück *Tanz der Vampire*. Die teilweise opernhafte Rockmusik der britischen Band Queen wurde 2002 für das Jukebox-Musical *We Will Rock You* verwendet. Nur Alan Menken kam aus dem Musicalbereich, bevor er für den Disney-Konzern mehrere Filme vertonte. Zwar wurden mit Lebo M ein südafrikanisch-amerikanischer Musiker und mit Opetaia Foa'i einer aus der pazifischen Region an Disney-Kompositionen beteiligt, der Vorrang westlicher Komponisten bleibt aber weiterhin erhalten. Mit Lin-Manuel Miranda ist seit 2016 erstmals ein in den 1980er-Jahren geborener Amerikaner mit Migrationshintergrund für die Musik in Filmen verantwortlich. Ob dies der generelle Beginn einer neuen Strategie der Komponistenauswahl ist, bleibt abzuwarten.

Wie viel die Komponisten an einem Disney-Film verdienen, lässt sich nicht genau feststellen. In der Regel zahlt der Disney-Konzern begrenzte Gagen und offeriert unter Umständen lieber eine Gewinnbeteiligung. Bei den Popmusikern ist wahrscheinlich, dass ein Film mehr zu ihrem allgemeinen Bekanntheitsgrad beiträgt und dies wiederum den Verkauf ihrer eigenen Musik, besonders der älteren Alben, fördert. Allerdings müssen die Einnahmen aus Disneys Produktionen, wie immer sie zustande kommen, äußerst attraktiv sein. Anders ist es kaum zu erklären, dass Musiker an den Filmen und Bühnenversionen mitwirken, obwohl die Inhalte und Inszenierungen Diskriminierungen enthalten oder Weltbilder vertreten, die ihrem eigenen Image als politisch und sozial engagierte Persönlichkeiten widersprechen. Warum beteiligte sich Elton John, der sich jahrelang nicht traute, seine Homosexualität öffentlich zu machen, an *Der König der Löwen*, in der die aggressive und hinterhältige Einzelgänger-Figur Scar durch den sprachlichen Habitus als homosexuell markiert wird? Warum pflegt der Jude Alan Menken eine langjährige Zusammenarbeit mit dem Disney-Konzern, obwohl in den Filmen immer wieder antisemitische Stereotype inszeniert werden, etwa in *Aladdin* in der Figur des macht- und geldgierigen Dschafar, der mit dem antisemitischen Stereotyp der Hakennase dargestellt wird? Warum ließ sich der sozial engagierte Phil Collins darauf ein, in *Tarzan* eine Kolonialgeschichte zu vertonen, nachdem er Mitte der 1980er-Jahre ein engagierter Unterstützer von Bob Geldofs Benefizkonzerten für Afrika war? 1989 hatte er zudem mit seinem Hitsong »Another Day in Paradise« kritisch auf Obdachlosigkeit und Armut in Amerika und der Welt aufmerksam gemacht. Was trieb Sting dazu, nach jahrelangem politischem Engagement für die Verbreitung von Menschenrechten an dem orientalisierenden *Ein Königreich für ein Lama* mitzuarbeiten? Noch 1988 hatte er in seinem Song »They Dance Alone« mutig Partei für die Opfer des chilenischen Pinochet-Systems ergriffen.

Die genaue Höhe der wirtschaftlichen Anreize muss eine Vermutung bleiben, da die entsprechenden Personen keinen Einblick in ihre Einkünfte geben. Ein großer ökonomischer Gewinn ist allerdings aufgrund der Häufung der Widersprüchlichkeiten sehr wahrscheinlich. Die Motivation, für den Disney-Konzern zu arbeiten, kann für die Musiker mit ihrer jeweiligen kritischen politischen Haltung kaum in der Vertonung der speziellen Handlungen bestehen.

Partizipation von PoC an den Produktionen

Was für das musikalische Kreativteam gilt, setzt sich bei den Besetzungen der Stimmen in den Zeichentrick- und Animationsfilmen fort. Nur in Ausnahmefällen werden Menschen aus den entsprechenden Herkunftskulturen gecastet, um den Figuren ihre Sprech- oder Gesangsstimme zu verleihen. Im gesamten Cast von *Pocahontas* gibt es drei Sprecher*innen, die Native Americans zuzuordnen sind. Einer davon ist Russell Means, ein Bürgerrechtler, der Powhatan im Film spricht. Er soll seinen Einfluss geltend gemacht haben, um einzelne Textzeilen des umstrittenen Liedes »Savages« zu ändern (Pinsky 2004, 165). In dem Film *Der König der Löwen* übernahmen mit Whoopi Goldberg eine Afroamerikanerin und mit Cheech Marin ein Schauspieler mexikanischer Herkunft die Stimmen der Hyänen, reproduzierten damit aber ein rassistisches Stereotyp, da ihre Dialekte in dem Film Hinterhältigkeit und Gewalttätigkeit ausdrücken. In *Aladdin* wurden keine arabischen oder nordafrikanischen Sprecher*innen und Sänger*innen engagiert. Den Gesang der Jasmin übernahm dafür die philippinische Musical-Sängerin Lea Salonga, die in den USA kurz zuvor als Hauptrolle in dem Musical *Miss Saigon* berühmt geworden war. Für den Film *Tarzan* wurde keine Schwarze Person als

Sprecher*in oder Sänger*in engagiert. In *Vaiana* arbeiten mehrere PoC-Sprecher*innen mit, allerdings keine aus dem pazifischen Raum. Bereits bei der Synchronisation der Animationsfilme mit nicht-westlichem Handlungsort sind PoC-Sprecher*innen und Sänger*innen in der Minderheit und werden zudem nach orientalisierenden Gesichtspunkten und in einem ›Othering‹-Prozess engagiert.

Die von der Disney-Imagekampagne behauptete Förderung von PoC findet vor allem auf der Ebene der Darsteller*innen in den Musicals statt. Die seit Jahren in Deutschland laufenden Produktionen haben wechselnde Casts. Bei Stücken mit nicht-westlichen Schauplätzen lässt sich jedoch ein System hinter den Besetzungen erkennen. Es werden internationale Gruppen zusammengestellt, in denen stets eine Reihe erfahrener PoC-Darsteller*innen und Tänzer*innen aus den USA und England mitspielen. Die Hauptpersonen werden mit prominenten *Weißen* aus Deutschland, Österreich, den Niederlanden oder Belgien besetzt. Die *weißen* Deutschen aus dieser Gruppe haben private oder staatliche Ausbildungsstätten besucht. Sie werden aber nicht bevorzugt ausgewählt. Vereinzelt finden sich auch deutsche PoC-Darsteller*innen in den Casts, wobei diese oft als ›Token‹ benutzt werden: Die in Indien geborene Judith Lefeber darf dann die nubische Aida verkörpern, asiatisch gelesene Deutsche können auch in *Tarzan* oder *Aida* die nicht-*weiße* Kultur repräsentieren. Besonders bei *Aladdin* ist zu bemerken, dass die orientalisierte Umgebung gerne durch Darsteller*innen aus Italien, Spanien oder Brasilien besetzt wird. Die Grenze zur ›fremden Welt‹ verläuft somit schon zwischen Mittel- und Südeuropa. Die Förderung von PoC gilt insgesamt betrachtet vor allem für die Hauptrollen: In *Tarzan* wird die Affenmutter Kala Schwarz besetzt. In *Aida* muss die weibliche Hauptrolle Schwarz sein. Lediglich der Cast von *Der König der Löwen* wird mehrheitlich mit Schwarzen aus Südafrika oder Amerika besetzt.

Die Musicalproduktionen eröffnen damit eine temporäre Tätigkeit für vorwiegend ausländische Darsteller*innen, die in ihren Herkunftsländern keine vergleichbaren Anstellungen erhalten können. Sie sind quasi als ›Gastarbeiter*innen‹ in Deutschland zu bezeichnen, wodurch sie besonders in Abhängigkeit von ihrem Arbeitgeber geraten und kaum Möglichkeiten haben, ihr berufliches Umfeld selbstbestimmt zu gestalten. Hinzu kommt, dass die Partizipation von PoC zwar an einer publikumswirksamen Stelle beginnt, sie im Produktionsprozess aber am unteren Ende der Hierarchie stehen. Wenn PoC in *Der König der Löwen*, *Aladdin*, *Tarzan* oder *Aida* gecastet werden, erhalten sie zwar einen gewissen Anteil an den Gewinnen der Produktionen. Sie haben aber keinen Einfluss auf deren Gestaltung und müssen teilweise sogar rassistische Stereotype verkörpern.

Der Wunsch des Disney-Konzerns, die Musicalszene nach außen für PoC zu öffnen, setzt sich von den Darsteller*innen abwärts mit schlecht bezahlten Hilfstätigkeiten im Produktionsumfeld fort. Bei Besuchen der Aufführungen von *Der König der Löwen* in Hamburg fiel mir auf, wie viele Schwarze als Türsteher oder Garderobiere arbeiten, während im Publikum fast nur *Weiße* sitzen.

Ausbeuterische Arbeitsverhältnisse bei der Herstellung des Merchandising

Eine große Menge an PoC aus dem Globalen Süden tragen allerdings an einer ganz anderen Stelle zum Gewinn des Disney-Konzerns bei: Sie arbeiten in Billiglohnländern in den Produktionsstätten für die Merchandising-Produkte, die sie sich selbst nie leisten können. Der Dokumentarfilm *Mickey Mouse Goes to Haiti: Walt Disney and the Science of Exploitation* (1996) des National Labor Committee zeigte bereits, unter welchen ausbeuterischen Bedingungen das Unternehmen seine Produkte herstellen lässt. In so genannten Sweatshops müssen Arbeiter*innen unter menschenunwürdigen Bedingungen bis zu 13 Stunden am Tag arbeiten, darunter auch Kinder ab 14 Jahren. Der Stundenlohn liegt unter einem Euro, Überstunden werden nicht bezahlt, so dass die Eltern ihre Familien oft nicht ausreichend ernähren können (Goldberg 2016, 31–33). Es gibt weder eine Gesundheits- oder Arbeitslosenversicherung noch feste Arbeitsverträge oder Kündigungsschutz. Diese Bedingungen gelten nicht nur für Haiti, sondern auch für andere mittel- und südamerikanische Länder wie Mexiko, Brasilien, Kolumbien und El Salvador oder asiatische Länder wie Vietnam, Thailand, China, Indien, Bangladesch, Indonesien und Burma, wo der Disney-Konzern mit der Militärregierung und dem Drogenkartell zusammenarbeitete (Schweizer und Schweizer 1998, 245–254). Seit Eisner den Disney-Konzern leitet, wurde dieser Geschäftsbereich besonders erweitert, was sich in einer mehrfachen Gewinnmaximierung für die Aktionäre auszahlte (Grover

1992, 165–192). Eisner bestätigt sogar diese Strategie bewusst, ohne mit einem Wort darauf einzugehen, wie die verschiedenen Merchandising-Produkte produziert werden (Eisner 1999, 308–345). Dieses System führt grundsätzlich dazu, dass die Anteilseigner im Westen gewinnen, während der Globale Süden ausgebeutet wird (Wasko 2001, 100–102). Davis fasste das moralische Dilemma des Disney-Konzerns zwischen dem Anspruch der Filme und der Realität der Produktionsweise vor einigen Jahren prägnant zusammen, in dem er nur die Einkommensunterschiede innerhalb der USA anhand von Eisners Nachfolger Bob Iger mit denen seiner Angestellten verglich:

> »According to an article on CNBC.com, Disney's CEO since 2005, Robert Iger, saw fiscal 2017 compensation reach $ 36,3 million. In contrast to Disney's purchasing power and its CEO's earnings, Disney's theme park employees are struggling just to afford the basics. [...] In another article, the Orange County Register notes that ›85 percent [of Disneyland employees] now earn less than $ 15 an hour with more than half earning less than $ 12 dollar ...‹ It is hard of such an enormous – and enormously successful – company to justify such a financial – and moral – disparity in its dealings.«[43] (Davis 2019, 2)

Die Unterschiede sind noch viel größer, wenn das Einkommen von Iger mit dem eines Arbeiters in einem Sweatshop im Globalen Süden verglichen würde. Gerade die Kulturen, die in Filmen wie *Mulan*, *Encanto*, *Vaiana* oder *Ein Königreich für ein Lama* glorifiziert werden, werden nicht an den Verkaufserlösen beteiligt, sondern bewusst ausgebeutet. Im Gegensatz zu den PoC-Darsteller*innen wird dieser Bereich des Disney-Konzerns in den Imagekampagnen allerdings nie gezeigt.

43 »Laut einem Artikel auf CNBC.com erhielt Robert Iger, seit 2005 Vorstandsvorsitzender von Disney, im Geschäftsjahr 2017 eine Vergütung von 36,3 Millionen Dollar. Im Gegensatz zur Kaufkraft von Disney und dem Einkommen seines CEOs haben die Angestellten der Disney-Themenparks Schwierigkeiten, sich das Nötigste zu leisten. [...] In einem anderen Artikel stellt das Orange County Register fest, dass ›85 Prozent [der Disneyland-Mitarbeiter] jetzt weniger als 15 Dollar pro Stunde verdienen, mehr als die Hälfte davon weniger als 12 Dollar ...‹. Es ist schwer für ein so riesiges – und enorm erfolgreiches – Unternehmen, ein solches finanzielles – und moralisches – Ungleichgewicht in seinen Geschäften zu rechtfertigen.« (Übers. d. A.)

An dieser Stelle schließt sich der Kreis, den ich im ersten Kapitel mit dem Verweis auf die Tradition der Völkerschauen und Exotenfilme begonnen habe. Unterscheidet sich das Produktionssystem des Disney-Konzerns von der kolonialen Tradition der Darstellung des ›Fremden‹ oder findet hier eine Fortsetzung statt? Wenn fast ausschließlich *weiße* Produktionsteams darüber entscheiden, dass PoC-Darsteller*innen achtmal in der Woche ihre orientalisierenden Stücke aufführen, und gleichzeitig PoC-Arbeiter*innen im Globalen Süden zu Hungerlöhnen unter menschenunwürdigen Arbeits- und Lebensbedingungen die Merchandising-Produkte herstellen, dann wird hier das System der Schaugewerbe- und Filmproduktionen der deutschen Kolonialzeit und des Nationalsozialismus reproduziert. Auch dort wurden Darsteller*innen in von *Weißen* erdachten Produktionen gezwungen, Stereotype zu verkörpern, die sie selbst ablehnten. Sie waren dennoch froh, damit ihren Lebensunterhalt bestreiten zu können. Die PoC-Darsteller*innen in den deutschen Disney-Musicalproduktionen sind in diesem Bereich nicht so weit von den historischen Vorbildern aus der deutschen Kolonialzeit und der Weimarer Republik entfernt. Im Nationalsozialismus wurden außerdem massenhaft Schwarze Kriegsgefangene gezwungen, in Filmen mitzuwirken, um die Aussagen der deutschen Kriegspropaganda wirkungsvoll zu unterstützen. Wie weit sind die PoC-Arbeiter*innen in Disneys Sweatshops von einer Zwangsarbeit entfernt? Dass die exotisierenden und orientalisierenden Inszenierungen und ihre Darsteller*innen zu Beginn des 20. Jahrhunderts in Deutschland populär waren, ohne dass das Publikum sich ernsthafte Gedanken über die Konstruktion des ›Fremden‹ und deren Ausbeutung machte, verbindet die Zeiten ebenso miteinander.

Angesichts der hierarchischen Struktur des Disney-Konzerns stellt sich die Frage, welche Optionen die PoC-Darsteller*innen in den Musicals haben, um ihre Meinung zu diesem Produktionsprozess frei zu äußern. Die erste Option besteht darin, mitzuspielen und sich gar nicht zu Wort zu melden, sondern schweigend Geld zu verdienen. Solchen Menschen begegnete ich bei meinen Forschungen mehrfach. Sie lehnten es ab, mir Interviews zu geben. Einige identifizieren sich dagegen mit den Stücken, wie ich es in der Einleitung des Buches in Bezug auf *Der König der Löwen* beschrieben habe. Eine solche Aneignung wird allerdings bei anderen Disney-Musicals nicht funktionieren. Oder die PoC-Darsteller*innen machen sich die rassistischen Stereotypen zu eigen, wie der aus Jamaika stammende Schwarze Choreograf Garth Fagan von *Tarzan*, der afrikanischen Kulturen eine größere Nähe zur Natur unterstellt. Damit ist er ein typischer Vertreter der Bewusstwerdensphase 1 ›*Weiß*orientiert‹:

> »Lion King land includes strong elements of Africa, body-rhythmic and weighted movement, the kind of movement used by cultures that are close to the earth and to nature.«[44] (Fagan in Taymor und Greene 2017, 150)

Einige PoC-Darsteller*innen möchten ihrer Unzufriedenheit mit der Musicalszene Ausdruck verleihen und ihre eigenen Lebenserfahrungen teilen, dabei aber nicht ihre Karriere aufs Spiel setzen. Das ist keine einfache Gradwanderung, wie die folgenden Untersuchungen zeigen werden. Die Personen werden sich stets zwischen Bewusstwerdensphase 2 ›Konfrontation‹ und 4 ›Integration‹ bewegen müssen. Gelangen sie zur Bewusstwerdensphase 3 ›Desintegration‹, können sie kaum noch in Megamusicals mitarbeiten. Ob es PoC in Disneys Produktionen überhaupt möglich ist, aus dem Bewusstsein der Phase 5 ›Selbstbestimmung und Handeln‹ heraus ihre Meinung zu äußern, bleibt fraglich. Sie werden sich eher ein anderes Arbeitsfeld suchen müssen oder ihre eigenen Stücke produzieren.

Die Analysen von Interviews mit PoC-Darsteller*innen zu ihrer Perspektive auf die deutsche Musicalszene können daher nicht wie die Aussagen der Presse oder der Fans behandelt werden, die in der Lage sind, offen ihre Meinung zu äußern. Sie sind nur innerhalb des Machtsystems und der Abhängigkeiten zu verstehen, in dem sie aufgrund ihres Berufes stehen.

44 »Das Land des *Königs der Löwen* enthält starke afrikanische Elemente, körperliche, rhythmische und körperbetonte Bewegungen, wie sie in erd- und naturverbundenen Kulturen üblich sind.« (Übers. d. A.)

PoC-Darsteller*innen in der deutschen Musicalszene

Die Interviews, die im Folgenden untersucht werden, stammen von dem Musikethnologen Lukas Lessing. Er hat sie innerhalb seines Masterstudiums an der Hochschule für Musik, Theater und Medien Hannover durchgeführt. In seiner Forschungsarbeit *Rassismus in der deutschen Musicallandschaft* (2021) hat er die drei PoC-Darsteller*innen Madina Frey, David Whitley und Gino Emnes zu ihrem Lebens- und Berufsumfeld befragt und die Antworten auf rassistische Diskriminierungserfahrungen hin analysiert. Ich habe bewusst entschieden, mich im Folgenden auf diese Interviews zu konzentrieren, weil meinem Wissen nach Lessing der Erste war, der dieses Thema bearbeitet hat, während in der Musical-Fachpresse rassistische Diskriminierungen noch nicht mal erwähnt wurden. Zudem ist es mir ein Anliegen, eine studentische Arbeit, die grundlegende Forschung betrieben hat, auf diese Art zumindest in Teilen zu veröffentlichen, um zu zeigen, dass zu diesem sensiblen Thema relativ unkompliziert Einsichten gewonnen werden können, sobald nur eine entsprechende Motivation dafür vorhanden ist.

Alle drei Befragten arbeiten seit längerer Zeit im deutschsprachigen Raum, jedoch nicht ausschließlich für Disney-Musicals. Ihre Aussagen ähneln dem bereits erwähnten Interview mit Zodwa Selele (Keilbach 2023) und anderen Interviews zu dem Thema, die 2023 auf Internetplattformen veröffentlicht wurden (Böke 2023; Lapp 2023). Vergleichbare Aussagen machte auch die PoC-Musicaldarstellerin Olivia Higurashi 2023 in einem Videobeitrag des WDR-Senders Cosmo, der auf Social-Media-Kanälen zu sehen war. Es ist nicht davon auszugehen, dass von weiteren PoC davon deutlich abweichende Meinungen vertreten werden. In Rücksprache mit Lessing und seinen Interviewpartner*innen erlaube ich mir, die Interviews erneut unter dem Fokus von rassistischen Diskriminierungen und der Frage nach Repräsentation von PoC in der Musicalszene auszuwerten.

Soziale Herkunft und Berufswahl

Zunächst bestätigen alle Befragten, dass sie in ihrer Kindheit meist durch den Besuch von *Der König der Löwen* das erste Mal ein positives Bild von PoC-Darsteller*innen auf der Bühne erhalten haben. Dies bestärkte

Madina Frey in ihrer Berufswahl, auch wenn ihre Familie ihr davon abriet, da die Rollenangebote für sie im Musicalbereich begrenzt sind.

> »Ich glaube, ganz ehrlich, deshalb hat mich auch *König der Löwen* so verzaubert, weil da war das so, da hab ich zum ersten Mal von jemandem gehört: ›Das könntest auch du sein, die kleine Nala!‹ So, das ist mir davor ja gar nicht in den Sinn gekommen.« (Frey in Lessing 2021, Z. 603–606)

Dieses Musical scheint durch die hohe PoC-Repräsentanz den potentiellen Nachwuchs zu bestärken, da die Personen die Szene auf einmal nicht nur als ›*weiß*orientiert‹ wahrnehmen. Auch bei der Bewerbung an einer Musicalschule hat Frey das Gefühl, dass sich die Institutionen mittlerweile um Diversität unter den Darsteller*innen bemühen. Dennoch entsteht ihrer Meinung nach ein struktureller Rassismus, da nicht alle Jugendlichen in Deutschland die gleichen Möglichkeiten haben, sich auf diese Prüfungen vorzubereiten. Migrantischen Familien stehen mehrheitlich weniger finanzielle Mittel zur Verfügung, sie besuchen seltener kommerzielle Musicalproduktionen und können einen privaten Musik- und Schauspielunterricht ihrer Kinder oft nicht unterstützen. Dadurch bewerben sich weniger Personen aus diesen Bevölkerungsgruppen um die Ausbildungs- und Studienplätze.

Rassifizierungen in der weißen Musicalwelt

Die jugendliche positive Einstellung zu dem Genre wandelt sich zur Bewusstwerdensphase 2 ›Konfrontation‹, sobald die Personen erkennen, dass ihnen in den Musicalproduktionen als PoC nur bestimmte Rollen offenstehen. Die *Weißen* bilden nicht nur die Mehrheit in den Produktionsprozessen, sie stellen auch auf allen Ebenen die Norm dar, wie Gino Emnes aus eigener Erfahrung erklärt.

> »Wenn da eine Einladung steht vom Musical: ›Wir suchen Tänzer‹, reden die nicht über mich. Oder ›Sänger‹, da reden die nicht über mich. Die reden über mich, wenn darunter steht: ›Wir suchen Sänger mit afrikanischer Herkunft‹ oder einer bestimmten Hautfarbe, PoC.‹ [...] Und das ist etwas, worüber nie jemand nachdenkt, weil es die Norm ist. [...] Es ist ein Fakt, dass wir Rassismus haben. Ob es jetzt in der Maske ist, dass wir bestimmte Hautfarben nicht [haben] oder [beim] Kostüm, dass wir nicht darüber nach-

> denken: Wir nennen etwas Hautfarbe: ›Ja, dieses Hautfarbe-Dings …!‹ und dann haben wir weiße Sachen, die nur für weiße Leute richtig sind. […] Mir ist damals gesagt worden für *Tanz der Vampire*, als ich vortanzen wollte: ›Es gibt keine schwarzen Vampire.‹ – Und das ist es, das gibt es sehr oft! […] Das ist weiß gecastet. Das sind fiktive Figuren. Worüber reden wir da? Aber das ist bei den Leuten so drinnen, dass diese Rollen weiß gecastet werden. Glauben die, dass diese Figuren real sind?« (Emnes in Lessing 2021, Z. 304–359)

Die Darsteller*innen bemerken darüber hinaus, dass sie nicht nur nach Hautfarbe besetzt werden, sondern dass das Kreativteam von PoC auch bestimmte stereotype Verhaltensweisen erwartet. Die Gründe dafür sehen alle drei Befragten darin, dass das Musical im Bereich der Stadt- und Landestheater als ›Goldesel‹ gilt und unreflektiert koloniale Stücke mit rassistischen Weltsichten produziert werden, die vermeintlich hohe Besucherzahlen garantieren.

> »Bis heute reden wir oder casten wir so: Wir haben eine Schwarze Sängerin und sofort denkt jeder: ›Ja, das ist a Big Mama! Und sie singt Gospel und sie singt so.‹ Das ist, wie wir auch trainiert worden sind – ich als Schwarzer Mann! Ich muss ein bestimmtes Muster erfüllen, weil, die haben mir einen Vertrag gegeben. Weil es das ist, was die von mir verlangen. Niemand wird […] erwarten und wollen, dass da eine Big Mama steht, die totale Sopran-Oper singt. Weil, das geht nicht da drinnen! Das ist nicht, wofür wir da sind. Wir sind da, um… being ethnic. To give the peace a little bit of color […uns ethnisch zu zeigen. Um dem Frieden etwas Farbe zu verleihen]. ›Und dann tanzen die auch noch ein bisschen schön, und eure Hüften, das ist so schön! Und ihr singt so schön!‹ – Was … ne? – ›Du singst nicht schwarz genug! Kannst du ein bisschen schwarzer spielen? Kannst du ein bisschen schwarzer singen, kannst du ein bisschen schwarzer tanzen?‹ – Was heißt das? Wir wissen alle, was das bedeutet.« (Emnes in Lessing 2021, Z. 393–404)

Mit ihrer Kritik an den *weißen* Produzent*innen und den Reaktionen des *weißen* Publikums zeigen die Befragten durch ihre Frustrationen erste Zeichen der Bewusstwerdensphase 3 ›Desintegration‹. Sie beginnen, ihren *weißen* Kolleg*innen und dem *weißen* Publikum zu misstrauen und wissen nicht, wie sie auf diese Art der Diskriminierungen reagieren sollen.

Verbale Mikroaggressionen im Berufsalltag

Selbst die Aufnahme in eine Musicalausbildung oder ein erfolgreiches Casting bedeuten nicht, dass Vielfalt und Toleranz im Alltag gelebt werden. Von verbalen rassistischen Mikroaggressionen in einem Probenprozess berichtet David Whitley. Seine Erzählung zeigt darüber hinaus, wie er aufgrund seines stabilen Bewusstseins seiner PoC-Identität in der Lage war, im Sinne der Bewusstwerdensphase 5 ›Selbstbestimmung und Handeln‹ in die Konfrontation zu gehen.

> »I just sweat, it is one of my languages. And the woman I was working with, she said, ›Oh, why do you sweat so much?‹ And the director said, ›Oh‹, he said, ›because he's Black! All Black people sweat a lot.‹ And I looked at him and I said: ›That's kind of stupid! I never heard of something so stupid!‹ Then I looked at another colleague who was also sweating because we were working really, really hard – this was in the Probenraum, this was during a Probenzeit – and I said, ›But he's sweating, too! This hasn't anything to do with being Black‹, and then we had a discussion about it and he apologized saying, ›I'm so sorry to say something so ignorant.‹ I said: ›But that's what you were feeling! So you actually said it. So you don't have to apologize. This is just what makes you feel that I'm different because of this color of my skin.‹«[45] (Whitley in Lessing 2021, Z. 345–355)

In der verbalen Auseinandersetzung nimmt diese Person keine Rücksicht auf die Arbeitsumgebung und die Hierarchien, sondern setzt ein deutliches Zeichen eines Schwarzen Selbstbewusstseins. Dies löst zumindest für den Augenblick einen Bewusstseinswandel bei dem *weißen* Täter aus.

45 »Ich schwitze einfach, das ist eine meiner Ausdrucksweisen. Und die Frau, mit der ich gearbeitet habe, sagte: ›Oh, warum schwitzt du so viel?‹ Und der Regisseur sagte: ›Oh‹, sagte er, ›weil er Schwarz ist! Alle Schwarzen schwitzen viel.‹ Und ich sah ihn an und sagte: ›Das ist so dumm! So etwas Dummes habe ich noch nie gehört!‹ Dann habe ich einen anderen Kollegen angeschaut, der hat auch geschwitzt, weil wir sehr, sehr hart gearbeitet haben – das war im Probenraum, das war während einer Probe – und ich habe gesagt: ›Aber der schwitzt doch auch! Das hat nichts damit zu tun, dass er Schwarz ist‹. Und dann haben wir darüber diskutiert, und er hat sich entschuldigt und gesagt: ›Es tut mir so leid, dass ich so etwas Ignorantes gesagt habe.‹ Und ich sagte: ›Aber du hast es genau so empfunden! Du hast es genauso gesagt. Du brauchst dich nicht zu entschuldigen. Das ist genau das, was dir das Gefühl gibt, dass ich anders bin, weil ich diese Hautfarbe habe.‹« (Übers. d. A.)

Kritisches Bewusstsein für Antirassismus

Bei den drei Befragten hat die ›Black Lives Matter‹-Bewegung ebenfalls eine größere Reflexion über Alltagsrassismus ausgelöst. Sie haben den Mut gewonnen, diesen offen anzusprechen und kritisieren insbesondere den strukturellen Rassismus in der Theaterbranche, der den PoC auf allen Ebenen zu wenig Partizipation einräumt.

> »Für mich stellt sich die Frage, inwiefern geht es halt wirklich um Besetzungspolitik? Weil ich glaube, darum geht's zwar auch, aber ich denke, dass es eher symptomatisch für eine größere Frage [steht], nämlich: Welche Stoffe spielen wir überhaupt? Wer schreibt die Geschichten? Wer wählt das Programm aus? Wer sind unsere Zuschauer? Beziehungsweise: Wer sollen unsere Zuschauer sein? Und, also, es ist halt schön, dass auf den Bühnen Diversität gewünscht ist. Aber solange das nicht auch hinter den Bühnen der Fall ist, sehe ich auch keine Lösung. [...] Und es geht auch nicht nur um die Kompositionen oder die Geschichtsschreibung. Es geht um so viel! Es geht um die Intendanz..., es geht um alles! Die Kostümbildner, sogar die Make-Up-Leute. Es ist einfach alles. Wenn ich in die Maske komme und dann haben die keinen Hautton von mir! Das sind so Sachen. Das geht durch alle Bereiche, die daran irgendwie beteiligt sind. Und auch ja, das betrifft alles. Aber grundsätzlich: Entscheidungsträger! Vielleicht ein gutes Stichwort. Weil das sind wirklich immer cis-weiße Männer, geboren vor 1960.« (Frey in Lessing 2021, Z. 379–402)

Dass es bislang nicht genug PoC auf allen Ebenen der Musicalbranche gibt, hat ihrer Meinung nach nichts mit fehlenden Talenten zu tun, sondern mit einer *weißen* Angst. *Weiße* Personen in den Kreativteams befürchten, dass sich die Musicallandschaft verändern könnte, wenn PoC mehr Verantwortung in den Prozessen übernehmen und ihren Perspektiven auf die Werke Ausdruck verleihen.

> »Es ist oft fast glaube ich wie eine Bedrohung für die weiße Seite, jetzt einen Schwarzen Regisseur oder Choreograph oder Creative Person da zu haben. [...] Vielleicht, dass sie dann unbewusst denken, die Geschichte wird dann auf einer Ebene erzählt, die dafür [...] zu viel [ist] oder..., dass das nicht interessant ist oder... Und ja! Irgendwie stimmt das dann auch, weil es ist einfach nicht, was wir gewohnt sind! Wir sind gewohnt, die Geschichte zu hören, aus einer Perspektive [...] Wenn dann auf einmal eine Geschichte erzählt wird, die wir

kennen, aber aus einer anderen Perspektive? [Dann sind die Reaktionen:] ›Was passiert gerade? Was …?‹ – Ja. Es ist so einfach und so schwer, [wie] man es selber macht. Und das ist leider das Thema, glaube ich. Die gibt es, es gibt alles, es gibt Creative People, die das einfach machen können! Schwarze Leute! Aber wie kommen die rein?« (Emnes in Lessing 2021, Z. 431–444)

Auch wenn die drei Darsteller*innen nicht gezielt Disney-Musicals ansprechen, sind es gerade diese Werke, in denen sie auf dem deutschsprachigen Markt die meisten Rollen erhalten können. Entgegen der Imagekampagne des Unternehmens fühlen sich diese drei Befragten trotz der wachsenden Angebote in der Musicalbranche stereotypisiert. Sie haben weniger Chancen, wenn sie sich auf alle Rollen bewerben, die ihren gesanglichen, schauspielerischen und tänzerischen Qualitäten entsprechen. Whitley hofft, dass sich das mit einem Stück wie *Hamilton* ändert. Ein einzelnes Werk wird aber seiner Einschätzung nach nicht die ganze Szene verändern können.

Aufgrund dieser Interviews ist Lessings Fazit zuzustimmen, dass es in der Musicalbranche eher selten zu offen artikulierten rassistischen Diskriminierungen kommt, sondern vielmehr strukturelle Exklusion dadurch entsteht, dass in der Szene weiterhin eine *weiße* Normativität herrscht. Seine abschließende Handlungsempfehlung versucht an dieser Stelle anzusetzen:

> »Um etwas an der Situation zu ändern, braucht es diese Diversität aber nicht nur auf der Bühne. ›Repräsentation‹ ist das Stichwort, das für sämtliche Positionen der Musicallandschaft gelten sollte: Identifikationsfiguren on- und offstage, die v.a. auch Entscheidungspositionen besetzen müssten. Auf diese Weise könnte Empowerment funktionieren, auf diese Weise könnten neue Narrative geschrieben, neue Bilder produziert, neue Geschichten erzählt werden. Aber dieser Weg, dieser langwierige und schwierige Weg, der darf eines nicht schon wieder nur sein: *weiß*.« (Lessing 2021, 47)

Schriftstellerische Auseinandersetzungen mit Diskriminierungen

Eine andere Form der Auseinandersetzung mit dem Empowerment von PoC-Darsteller*innen findet in den letzten Jahren in literarischen Werken statt. Einzelne bekannte Musicalsängerinnen legen Autobiographien oder Romane vor, in denen sie sich mit Fragen von Diskriminierung, Rassismus und Empowerment beschäftigen. Auf diese Weise können sie ihre Ansichten genauer durchdenken als in Interviews, ausführlicher ihre Situation beschreiben und ihre Erfahrungen längerfristig in die Öffentlichkeit bringen. Die Bücher möchten Verständnis für ihre Situation bei *weißen* Leser*innen erzeugen und gleichzeitig für PoC Rollenvorbild sein.

Ana Milva Gomes' Autobiographie *Look at me*

Erstmals im deutschsprachigen Raum thematisiert die Musicaldarstellerin Ana Milva Gomes in ihrer Autobiografie *Look at me. Ein schwarzes Mädchen in einer weißen Welt* (2021) das Schwarzsein in der Musicalszene öffentlich. Reflektiert aus der Bewusstwerdensphase 3 ›Desintegration‹ heraus beschreibt sie die rassistischen Diskriminierungen, denen sie als Kind kapverdischer Eltern in den Niederlanden ausgesetzt war und die sie in ihrem Berufsleben in Essen, Hamburg und Wien erlebte. Sie hat in dieser Zeit niemals eine stabile PoC-Identität ausbilden können, sondern musste sich immer Fremdvorstellungen anpassen. Angeregt durch die weltweite ›Black Lives Matter‹-Bewegung setzt sie sich nun intensiv mit den Rassismuserfahrungen in ihrem Leben auseinander und möchte ihre Sicht dazu schildern.

> »Ich habe mich immer irgendwo zwischen den Welten gefühlt, entwurzelt und fremd, war mir stets des Kontrasts zu den anderen bewusst. Die meisten meiner Freunde sind weiß, die meisten meiner Kolleginnen und Kollegen im Showbusiness sind weiß, und die meisten Rollen, die angeboten werden, sind ebenfalls weiß. Allzu häufig stelle ich mir die Frage, wo ich eigentlich hingehöre. (Gomes 2021, 68) Auch als erwachsene und erfolgreiche Frau auf der Musicalbühne habe ich oft das Gefühl, mehr leisten zu müssen, als ich es bereits tue. Mir keine Fehler erlauben zu dürfen. Ja nicht das Falsche zu sagen. Bloß die Quotenschwarze zu sein. Das sind Gedanken, die ich ständig mit mir herumtrage.« (Gomes 2021, 17)

Gomes beschreibt einerseits, wie schwierig es für sie als Schwarze ist, Rollen in Musicals zu bekommen, berichtet aber auch von den Vorteilen, da es nur wenige Schwarze Darstellerinnen auf dem Musicalmarkt gibt, gegen die sie sich durchsetzen muss. So hat ihr die Produktionsfirma von *Aida* in Essen ein besseres Angebot gemacht, um sie zu halten, als sie eigentlich aus persönlichen Gründen kündigen wollte (Gomes 2021, 97). Ihr beruflicher Erfolg führte auch dazu, dass sie in den letzten Jahren mehrfach farbenblind besetzt wurde, wie z.B. in *Mamma Mia!*, *Mozart!* oder *Cat*s. Dabei war sie immer eine der ersten Schwarzen, die diese Charaktere verkörpern durfte. Das erfüllt sie mit Stolz und Selbstbewusstsein, gleichzeitig sieht sie weiterhin ein strukturelles Problem in der Musicalbranche.

> »Immerhin war ich die erste schwarze Donna in *Mamma Mia!* weltweit. Doch bevor an dieser Stelle zu viel Jubel ausbricht: wir sind noch lange nicht dort, wo wir sein sollten. Sieht man sich das Gros der Stücke an, die auf den Bühnen dieser Welt aufgeführt werden, spiegeln die Geschichten, die darin erzählt werden, nur in den seltensten Fällen die Realität von ›People of Color‹ wider. Genauer gesagt: Sie streifen sie nicht einmal. [...] Aber das gilt für den Großteil aller Musicals. Wahrscheinlich ist diese Form der Unterhaltung nach Oper und Operette die weißeste Branche des Showgeschäfts.« (Gomes 2021, 79)

Mit Disney-Produktionen kam sie erstmals durch das Musical *Aida* in Berührung, in dem sie zunächst die Zweitbesetzung spielte und später in einer Tourneeproduktion die Hauptrolle übernahm. Hier kritisiert sie vor allem die gesellschaftliche Ablehnung, die ihr in der Stadt Essen entgegenschlug, als sie zum ersten Mal in Deutschland arbeitete (Gomes 2021, 204). Darüber hinaus war es für sie eine große emotionale Belastung, die Rolle einer Sklavenprinzessin in einer Geschichte zu verkörpern, »die aus den Köpfen weißer Männer stammt« (Gomes 2021, 156).

> »Ich wusste auch nicht, dass man eine Rolle nicht nur vorbereiten, sondern auch verarbeiten muss. Und die Rolle der Aida hat es in sich. Immerhin musste ich als solche – Achtung, Spoiler für alle jene, die das Stück nicht kennen – Abend für Abend mein Leben lassen. [...] Regelmäßig einen musikalisch zwar elegisch klingenden, aber verdammt grausamen Bühnentod zu sterben, lässt niemanden kalt. Das macht was mit dir. (Gomes 2021, 94) Erst Jahre später wurde mir bewusst, wie gerne die Geschichte der Sklaverei im Showbusiness romantisch verklärt wird, während ihre Aufarbeitung in der Realität kaum eine Rolle spielt. [...] Stattdessen sah ich *Aida* einfach als erste große Möglichkeit, mich und meine Fähigkeiten als Künstlerin zu beweisen.« (Gomes 2021, 61)

In den folgenden Jahren spielte Gomes in Hamburg die Nala in *Der König der Löwen* und die Kala in *Tarzan*. Sie sieht diese Rollenangebote als eines der wenigen Betätigungsfelder für Schwarze Schauspielerinnen, geht aber mit keinem Wort auf die Problematik ein, dass sie beide Male ein Tier spielen musste, im Falle von *Tarzan* sogar eine Gorilladame. In diesen Berichten wechselt Gomes eher in ein Bewusstsein der Phase 4 ›Integration‹, in dem sie versucht, die Vor- und Nachteile ihres Berufslebens in eine Balance zu bringen. Sie arrangiert sich mit bestimmten Tätigkeiten, um sich ihren Berufswunsch zu erfüllen. Nur am Rande berichtet sie – wohl bewusst allgemein gehalten –, dass ihre Eltern sie bereits gewarnt hätten, dass ihr aufgrund ihrer Hautfarbe ein schwieriges Berufsleben bevorstehe.

> »Sie waren immer kritisch, wenn es um meinen Traum von der Musicalbühne gegangen ist. ›Welche Rollen wirst du überhaupt spielen können, Ana? Wie viele Stücke für schwarze Darstellerinnen gibt es denn?‹ Vergleichsweise wenige, da musste ich ihnen recht geben. Und jene, die vermeintlich diverse Geschichten erzählen, basieren zumeist auf Stereotypen. Die meisten der erfolgreichsten Stücke sind ja auch von weißen Menschen nach ihren Realitätsvorstellungen geschrieben worden. Und da die meisten nicht über etwaige Klischees hinausdachten, werden Schwarze in vielen Rollen eben gerne als faul, besonders musikalisch, clownesk und etwas dumm gezeichnet. Oder einmal als ›the black best friend‹, der der weißen Protagonistin stets mit weisen Sprüchen zur Seite steht, aber selbst keine eigene Storyline hat. Der Rollenpool, aus dem ich auswählen kann, ist im Vergleich zu jenem meiner weißen Kolleginnen sehr viel kleiner.« (Gomes 2021, 155)

Gomes nennt kein konkretes Musical mit diesen rassistischen Stereotypen. Aufgrund ihres Lebenslaufs und des Rollenangebots in der deutschsprachigen Musicalszene wird jedoch deutlich, auf welche Stücke sie sich hier bezieht. Die Bewusstwerdensphase 5 ›Selbstbestimmung und Handeln‹ kann sie trotz ihrer beruflichen Erfolge nur einnehmen, wenn sie farbenblind besetzt wird.

Das Buch, das sein Zielpublikum vor allem unter ihren Fans findet, soll diese an ihrem Leben teilhaben lassen und zum Nachdenken über die deutschsprachige Musicalbranche anregen. Möglicherweise können *weiße* Leser*innen sich dadurch in ihrem Bewusstseinsprozess für rassistische Diskriminierungen in der deutschen Gesellschaft eine Phase weiter bewegen. Für andere PoC mit dem Berufswunsch Musical will Gomes das Vorbild sein, dem es gelungen ist, die stereotypen Rollenbesetzungen zumindest in einigen Produktionen zu überwinden.

Abla Alaouis Roman *Bissle Spätzle, Habibi?*

Abla Alaoui ist eine deutsche Musical-Darstellerin, Schauspielerin und Autorin, die als Kind marokkanischer Eltern in der Nähe von Frankfurt aufgewachsen ist. Seit 2013 tritt sie erfolgreich auf deutschsprachigen Bühnen auf. Dabei wurde sie stereotyp aufgrund ihres Aussehens und ihrer Herkunft besetzt wie etwa als Esmeralda in Disneys *Der Glöckner von Notre Dame*. In den meisten Rollenangeboten haben diese Kategorien dagegen keinen Ausschlag gegeben, wie bei *Die Eiskönigin*, *Mozart!*, *Elisabeth, Tanz der Vampire*, *Mama Mia!*, *Sunset Boulevard* oder *Miss Saigon*. Bei Alaoui scheinen ebenfalls internationale Antidiskriminierungsbewegungen Anlass gewesen zu sein, seit 2020 über ihren Beruf hinaus aktiv zu werden, wobei sie subtil gegen Diskriminierung aufgrund von Aussehen, kultureller Herkunft und Religion aufbegehrt. An erster Stelle steht für sie der direkte Kontakt zu ihren Fans, den sie seit 2023 auf Instagram durch Fantalks aus ihrer Garderobe heraus fördert, die von Tausenden angeschaut werden. Dort gibt sie Einblicke in ihr Berufs- und Privatleben, diskutiert aber auch mit den Zuschauer*innen Fragen wie beispielsweise, ob Frauen im Musicalbusiness nach bestimmten Stereotypen besetzt werden. Ihrer Meinung nach sind farbenblinde Besetzungspraktiken mittlerweile verbreitet, wohingegen immer noch streng nach Geschlecht und bei Frauen nach Aussehen bzw. Gewicht besetzt wird. Sie vertraut aber den positiven Entwicklungen in diesem Bereich. Nach ihren Lieblingsmusicals gefragt stellt sie *Hamilton* und *Hadestown* an erste Stelle, womit sie implizit zeigt, dass sie sich für Themen wie Rassismus und Geschlechterbeziehungen auf der Musicalbühne interessiert. Insgesamt möchte sie mit diesen Aktivitäten auf ihre individuelle Erfahrungswelt aufmerksam machen und zu einer größeren Toleranzbereitschaft auffordern, ohne dass sie das Berufsfeld Musical offen angreift. So erzählt sie beispielsweise am 4. Juni 2023 auf eine Frage im Fantalk, dass sie sich bereits zweimal auf die Rolle der Jasmin in *Aladdin* beworben hat, jedes Mal ins Finale kam, aber ihr die Rolle nie angeboten wurde. Deswegen hat sie nun beschlossen, sich um dieses Stück nicht weiter zu bemühen. Zum Inhalt des Musicals und zur darin enthaltenen stereotypen Darstellung der arabisch-muslimischen Welt äußert sie sich online nicht, ganz im Gegensatz zu dem Roman, den sie 2023 veröffentlicht hat.

Alaouis Buch *Bissle Spätzle, Habibi?* (2023) ist aus der Perspektive der Deutsch-Marokkanerin Amaya geschrieben, die in Hamburg in einer muslimischen Familie aufgewachsen ist. Gegen den Willen ihres Vaters hat die alleinstehende Frau Schauspiel studiert und arbeitet nun als Seriendarstellerin. Als sie 30 Jahre alt wird, soll sie auf Druck ihrer Eltern einen muslimischen Ehemann finden. Über eine entsprechende Dating-App lernt sie einen attraktiven Muslim kennen, verliebt sich aber in dessen besten Freund, einen Schwaben. Mit vielen Notlügen versucht sie dies zunächst vor ihren Eltern zu verbergen, bis sie lernt, zu ihren Gefühlen zu stehen und ihren Glauben und ihre Familie mit einer deutschen Lebensweise in Einklang zu bringen. Unterhaltsam und mit einer Dramaturgie, die an Fernsehkomödien erinnert, thematisiert Alaoui auf humorvolle Weise all die Stereotypen, die Deutsche über Muslime haben, und gleichzeitig all die Stereotypen, die Schwaben in der deutschen Gesellschaft zugeschrieben werden. Das Buch hat seine größten Stärken, wenn Alaoui nicht nur Klischees beschreibt und lächerlich macht, sondern sich auch gegen übertriebene Islamversteher*innen wendet, die aus *weißer* Überheblichkeit die Diskussion bestimmen wollen, wie bei einer Familienfeier des Freundes in Stuttgart.

> »›Ich habe eine Arbeitskollegin, die aus dem Iran kommt, und ich unterhalte mich viel mit ihr über den Islam.‹
>
> ›So‹, sage ich und frage mich, ob der Unterschied zwischen der schwäbischen und deutschen Kultur nicht mindestens genauso groß ist. ›Wie schön, dass dich die islamische Kultur so interessiert.‹
>
> ›Ja, ja‹, sagt sie mit gewichtiger Miene und hebt den Zeigefinger, ›ich kenne mich mittlerweile ziemlich gut aus mit dem Ramadan, den Spenden, Mekka und den Gebeten. Betest du?‹
>
> Ich nicke.
>
> ›Das finde ich so interessant. Dann machst du davor sicher auch *Woodoo*.‹
>
> Ich blinzele. ›Woodoo?‹

›Die rituelle Waschung vor dem Gebet, Amaya‹, erklärt sie mir nachsichtig.

Ein lautes ›Ha!‹ entfährt mir, doch Christina Franziska sieht mich so verletzt an, dass ich mich schnell fange. ›Entschuldigung‹, sage ich und beiße mir fest auf die Unterlippe. ›Ich glaube ... Ich glaube, du meinst *Wudu*.‹

›Ach ja‹, sagt Christina Franziska, beugt sich zurück und streicht sich über das Flower-Power-Jackett. ›Ja, von niemanden lernt man schneller alles über Ausländer als von Ausländern selbst, sag ich ja immer.‹« (Alaoui 2023, 278–279)

Auch die Diskriminierungen, die die Hauptfigur im Berufsleben erfährt, werden nicht verschwiegen, wie etwa bei einem Casting bei einer deutschen Regisseurin mit asiatischem Migrationshintergrund. Als Deutsche soll sie plötzlich zeigen, dass sie eine muslimische Flüchtlingsfrau mit Kopftuch authentisch verkörpern kann.

»›Wir würden nämlich wahnsinnig gerne eine muslimische Schauspielerin für diese Rolle besetzen. Nicht nur eine mit Migrationshintergrund. Ich will so nah wie möglich an die Essenz dieser Frau gehen, die aus einem Land, wo Krieg und Unterdrückung herrscht, mit ihrem Kleinkind in eine neue Welt fliehen muss.‹

›Das finde ich ... auch nur konsequent!‹ Ich legte allen Zuspruch in meine Stimme, den ich aufbringen konnte.

›Und ich würde die Bewerberinnen wirklich gern mit Kopftuch sehen, um ein Gefühl dafür zu bekommen, wie es aussieht, wenn sie ihrer Religion am nächsten sind.‹ Nun war die Ungeduld ganz offensichtlich in ihrem Gesicht zu sehen. Sie neigte den Kopf zur Seite und wartete.

Perplex sah ich in ihre dunklen Augen und überlegte, was ich erwidern konnte – ja, ob ich dazu etwas sagen sollte. [...]

›Versteht mich bitte nicht falsch, selbstverständlich würde ich mir für diese Rolle das Haar bedecken. Ich habe per se kein Problem damit ... Aber ist ... Religion ist doch eine Sache des Herzens, und nicht was man trägt? Deshalb dachte ich, es sei vielleicht nicht so wichtig ...‹« (Alaoui 2023, 410–11)

Trotz manch vorhersehbarer Handlungsentwicklung ist zu erkennen, dass Alaoui mit ihrem Buch für Toleranz gegenüber unterschiedlichen Lebensweisen in der deutschen Gesellschaft werben und einen ehrlichen

Einblick in das Leben und die Erfahrungen nordafrikanischer Migrantenfamilien geben will, wie sie in einem Interview erklärt:

> »Es hat mich in der Literatur- und Filmlandschaft immer ein wenig gestört, dass die Geschichten, die über religiöse Menschen erzählt werden, immer stark von Klischees und Vorurteilen geprägt sind […] Das Gefühl der Religion in einer Familie, all die positiven Aspekte, die damit einhergehen – Zusammenhalt, Liebe, Treue –, waren mir immer sehr nah. Mit den Jahren ist mir klar geworden, dass mir die Art und Weise, wie das dargestellt wurde, immer ein wenig fremd vorkam. Als müsste ich mich genieren oder ein schlechtes Gefühl haben über die Art, wie der Islam dargestellt wird. […] Ich dachte, es wäre schön, eine Geschichte über eine Muslima zu erzählen, die ganz normale Probleme hat – beim Dating, im Beruf, mit ihren Freundinnen.« (Alaoui in Schaur-Wünsch 2023)

Ob die zahlreichen Vergleiche mit anderen Stereotypisierungen wie Nord- gegen Süddeutschen oder die Schwierigkeiten der Protagonistin mit ihren muslimischen Eltern im Vergleich mit denen eines Schauspielkollegen, der seine Homosexualität vor seinen konservativen Eltern verbirgt, rassistische Abwertungen ausreichend beschreiben, muss offen bleiben. Vielleicht will Alaoui aber auf diese Weise zunächst Aufmerksamkeit auf Diskriminierungsformen im Allgemeinen lenken und damit ihr *weißes* Publikum für sich gewinnen. Ob sie damit jedoch strukturelle Diskriminierungen in ihrem beruflichen Umfeld verändern kann, ist eher zu bezweifeln. Mit Sicherheit ist ihre Auseinandersetzung mit dem Thema Diskriminierung in ihrem Roman vielfältiger als manch eine Rolle, die sie auf der Bühne verkörpert.

Black Musicals Matter

Die versklavte Nubierin Aida drückt ihre Sehnsucht nach Heimat und Freiheit in einem hoffnungsvollen Song mit den Worten aus: »Die Sonne Nubiens, scheint sie auch fern, kommt wieder.« Ihre Freundin Nehebka ergänzt: »Die Leiden Nubiens sind irgendwann vorüber«. Das Musical dreht sich um die Folgen von Sklaverei und Möglichkeiten der Befreiung. Das bedeutet aber keinesfalls, dass der Disney-Konzern, der dieses Stück mit entwickelt und produziert hat, ein ernsthaftes Interesse daran besitzt, die PoC auf dieser Welt aus ihrer Diskriminierung zu befreien und ihnen ein faires Leben zu ermöglichen. Die Szene aus *Aida* stellt dabei keine Besonderheit dar: Selten handelt der Disney-Konzern nach den ethischen Regeln, die die Hauptpersonen seiner Stücke lautstark vor dem Publikum proklamieren (Ward 2002). Für die Betroffenen PoC, die an einer der unteren Positionen innerhalb dieses Unternehmens arbeiten, bedeutet dies, dass sie sich in einer wirtschaftlichen Abhängigkeit von einem weitgehend *weißen* amerikanischen Unternehmen befinden, in dem es als Angestellte*r schwierig ist, eine starke PoC-Identität zu entwickeln. Für sie ist der Disney-Konzern ein Raubtier, das ihnen zwar wie Onkel Scar einen Teil seiner Beute abgibt, dem sie sich aber unterzuordnen haben.

Die Analysen der Interviews und Texte von PoC-Darsteller*innen zeigen, dass das Bild zu ihrem Empowerment uneinheitlicher ist, als es der Disney-Konzern in seinen eigenen Publikationen darstellt. Einerseits gibt es Personen, die sich positiv mit der Geschichte von *Der König der Löwen* identifizieren und froh über die neuen Jobperspektiven in der Musicalbranche sind. Daneben gibt es auch eine Reihe von Personen, die seit dem Erstarken der ›Black Lives Matter‹-Bewegung in Deutschland beginnen, ihre Arbeitsbedingungen kritisch zu hinterfragen und eine Veränderung der stereotypen Zuschreibungen einfordern. Schließlich werden die Stimmen von PoC-Darsteller*innen immer lauter, die nach einer farbenblinden Besetzungspraxis auf der Bühne und nach einer größeren Diversität auf allen Ebenen von Musicalproduktionen rufen. Im Gegensatz zum Disney-Konzern haben viele PoC bereits das »Affenleben satt«. Selbst die Fans, denen bislang die rassifizierenden Besetzungspraktiken noch nicht kritisch ins Auge gefallen sind, werden auf Dauer darüber nachdenken müssen, welches Weltbild sie besitzen, wenn sie sich wünschen, Schwarze als Tiere verkleidet auf der Bühne zu sehen. Das gilt besonders für diejenigen, die für die Fähigkeiten einzelner Sänger*innen schwärmen und den Kontakt zu ihnen am Bühnenausgang suchen.

Als Musikethnologe möchte ich an dieser Stelle aber nicht stehen bleiben. Feldforschungen, Analysen von Texten und von Interviews führen zwar dazu, das Feld der Rezeption von Disney-Musicals in Deutschland differenzierter zu verstehen. Sie lassen auch erkennen, welche Machtverhältnisse zwischen *Weißen* und PoC sowie zwischen einem Unterhaltungskonzern und den Darsteller*innen bestehen und wie diese die allgemeinen Meinungen zu dem Genre generieren. Ich interessiere mich aber nicht nur für neue Interpretationen von Stücken und Produktionsformen, sondern möchte gerne weitergehen und nach Kräften in der Gesellschaft suchen, die diese Zustände transformieren könnten. In dem folgenden Kapitel werde ich deswegen zunächst darstellen, wie das Unternehmen Stage Entertainment auf die sich ändernden gesellschaftlichen Verhältnisse reagiert und welche Auswirkungen Diskussionen um Diskriminierungen und Diversität bereits in einem Studiengang Musical/Show haben können.

»Zwei Welten, eine Familie« Diversität und Inklusion in der deutschen Musicalszene

Der blinde *König der Löwen*-Fan

Robert Jaurich aus Rostock ist mittlerweile eine Berühmtheit. Über 100-mal hat er *Der König der Löwen* in Hamburg besucht. Er kann die Show nur hören, denn er ist blind. In einem Interview mit Focus Online fasste er 2018 seine Faszination für das Musical zusammen.

> »Für die Löwen schlägt mein Herz. Das Musical erzählt ein ganzes Leben in zweieinhalb Stunden – Geburt, Liebe, Freundschaft, das schwarze Schaf, das es in jeder Familie gibt, Tod und Happiness. Das finde ich faszinierend.« (Jaurich in Heinemann 2018)

Wie sehr sich Jaurich mit der Rolle des Löwenjungen Simba identifiziert, hat er bereits 2012 betont, als ihm die Stage Entertainment ein Goldenes Ticket überreichte, mit dem er seither die Vorstellungen kostenlos besuchen kann. Das Stück gebe ihm »Lebenskraft« und der damalige Mufasa-Darsteller Jean-Luc Guizonne versicherte bei der öffentlichen Übergabe, dass die regelmäßige Anwesenheit des Blinden in der ersten Reihe die PoC auf der Bühne motiviere.

> »Robert ist ein ganz besonderer Mensch, von dem wir alle lernen können. In Momenten wie diesen weiß man als Darsteller umso mehr, wofür man allabendlich auf der Bühne steht.« (Guizonne in KDL.info 2012)

Auf der einen Seite ein blinder Fan im Publikum, der in Deutschland in vielen Lebensbereichen mit gesellschaftlicher Ausgrenzung konfrontiert ist – auf der anderen Seite PoC-Darsteller*innen auf der Bühne, die in diesem Stück eine Arbeitsstelle erhalten haben und öffentliche Aufmerksamkeit bekommen, die ihnen sonst in der Musicalszene nur selten zuteilwird. Treffen hier zwei vergleichbare Welten von Diskriminierungen in einer neuen positiven Vielfalt aufeinander? Will die Stage Entertainment diesen Dialog von Betroffenen unterschiedlicher Diskriminierungen fördern, damit sie sich gegenseitig persönlich stärken, oder handelt es sich nur um eine weitere Imagekampagne, die von den grundlegenden strukturellen Diskriminierungen ablenken soll?

Neben den verschiedenen Aussagen und Aktivitäten von PoC-Darsteller*innen, die Kritik an den Diskriminierungen in Musicalproduktionen üben und mehr Teilhabe an den Produktionsprozessen fordern, gibt es in den letzten Jahren auch institutionelle Anstrengungen, die deutsche Musicalszene im Bereich Diversity zu stärken. *Weiße* Akteur*innen versuchen aufgrund ihrer eigenen Erfahrungen mit unterschiedlichen Formen von Diskriminierungen, das Berufsfeld zu verändern und langfristig andere Umgangsformen in der Musicalausbildung und bei der Ausübung der Arbeit zu etablieren. Ob sich daraus eine ›Coming-of-Age‹-Bewegung der deutschen Musicalszene dauerhaft etablieren kann, wird die Zukunft zeigen. Die individuellen Widerstände und institutionellen Zwänge sind unübersehbar. Noch erscheint es unmöglich, dass eine Musicalproduktion ohne staatliche Förderung überhaupt in der Lage sein wird, divers und inklusiv zu arbeiten.

Diversity-Management anstelle von Antidiskriminierung

Der Begriff Diversity (Vielfalt) stammt aus der Antidiskriminierungs- und Gleichstellungsbewegung ab den 1960er-Jahren in den USA und versucht, durch politische Maßnahmen verschiedenen Formen gesellschaftlicher Diskriminierung gleichzeitig entgegenzuwirken. Es werden folgende innere Dimensionen von Individuen und Gruppen unterschieden: Nationalität und ethnische Herkunft, Geschlecht und Geschlechtsidentität, körperliche und geistige Fähigkeiten, Religion und Weltanschauung, sexuelle Orientierung und Identität sowie soziale Herkunft. Ausgehend davon entscheidet sich in den äußeren Dimensionen, welche Stellung die Personen und Gruppen in der Gesellschaft einnehmen können und in einer weiteren organisationalen Dimension welche beruflichen Aufstiegschancen sie besitzen (Schönhuth 2011).

Seit der Veröffentlichung der Charta der Vielfalt (2006) wurde das Konzept des Diversity-Managements von Unternehmen aufgegriffen, um durch individuelle Maßnahmen ein Arbeitsumfeld zu schaffen, in dem alle Beschäftigten wertgeschätzt und gefördert werden. Dabei geht es nicht nur um Chancengleichheit, Gleichstellung, Partizipation und Inklusion. Interkulturelle Kommunikation soll ebenso gefördert werden, da sie durch die wirtschaftliche Globalisierung einen größeren Stellenwert erhalten hat. Die Unternehmen hoffen auch auf eine Innovationskraft, die durch respektvolle und anerkennende Vielfalt entstehen soll. Die an dem inhaltlichen Prozess beteiligten Personen müssen sich mit Theorien rassistischer Diskriminierung aufgrund von Herkunft, Kultur und Religion sowie mit Gender-, Soziologie- und Ableismustheorien auseinandersetzen, um die intersektionalen Überschneidungen der Themen in ihren eigenen Unternehmensstrukturen zu verstehen. Darauf aufbauend sollen sie konkrete Maßnahmen zur Umgestaltung erarbeiten. Ob ihre Vorschläge umgesetzt werden, liegt dann an der Unterstützung durch die Unternehmensleitung.

In der kulturwissenschaftlichen Forschung werden die verschiedenen Themen wie Diskriminierung aufgrund von Gender, sexueller Orientierung, Behinderung oder Beeinträchtigung, Religion und ethnischer Herkunft oft getrennt voneinander untersucht. Im Bereich von Disney-Filmen weisen Forscher*innen schon vor Jahren auf problematische Darstellungen und Handlungsentwicklungen bei verschiedenen Diversity-Themen hin (Cheu 2013). Das Konzept von Vielfalt ist mittlerweile auch Teil künstlerischer Auseinandersetzungen geworden. Die verschiedenen Kategorien werden nicht nur in Bühnenproduktionen aus vielen Perspektiven thematisiert, sondern Fragen nach farbenblinden, genderblinden oder weiteren diversen Besetzungspraktiken werden auf allen Ebenen künstlerischer Arbeiten diskutiert und ausprobiert. Das Ziel ist hier, das eigene Personal sowie das Publikum dazu zu bewegen, die verschiedenen Diskriminierungsformen in der Gesellschaft zu erkennen, sich für Vielfalt zu engagieren und Toleranz gegenüber individueller und kultureller Vielfalt zu leben.

Auch wenn die ethnische Herkunft nach wie vor das zentrale Merkmal in der Diskussion um Diversity ist, erweitern die übrigen Kategorien den Kreis der Betroffenen über rassistische Diskriminierungen hinaus. Dabei geht es nicht darum, die einzelnen Themen aufzuweichen. Vielmehr soll durch die intersektionalen Überschneidungen eine größere Minderheit zusammengebracht werden, die sich gemeinsam gegen gesellschaftliche

Diskriminierungen zur Wehr setzt. Ein solches Bündnis besitzt mehr gesellschaftspolitische Schlagkraft und soll verhindern, dass die Forderungen einzelner Interessenvertreter*innen als Minderheitenmeinungen an den Rand gedrängt werden.

Ausgehend von dem *weißen* Bewusstseinsprozess für rassistische Diskriminierungen und dem Bewusstwerdungsprozess von PoC-Identitäten in einer rassistischen Gesellschaft, die in den vorangegangenen Kapiteln thematisiert wurden, geht es bei Diversity-Bewegungen darum, Überschneidungen in den Sichtweisen der beiden Gruppen zu finden. *Weiße*, die sich gerade zwischen Phase 4 ›Schuld› und Phase 5 ›Anerkennung› bewegen, sollen sich mit PoC-Darsteller*innen zusammentun, die sich in Phase 4 ›Integration‹ oder Phase 5 ›Selbstbestimmung und Handeln‹ befinden. Beide Gruppen sind hinreichend für Diskriminierungserfahrungen sensibilisiert, um die jeweils andere Perspektive zu verstehen. Möglicherweise erkennen sie dabei, dass sie zusätzlich gemeinsame Diskriminierungen aufgrund des Geschlechts, der sexuellen Orientierung oder der Religion erleben, die sie zusammen bekämpfen können. Der Erfahrungsaustausch und das gemeinsame Engagement für Vielfalt sollen allen Beteiligten helfen, eine stabile Persönlichkeit zu entwickeln. Gemeinsam sollen sie dann *weiße* Personen, die sich noch in Phase 1 ›Happy Land‹ befinden, zu einem Bewusstwerdensprozess anregen und sie in den weiteren Phasen begleiten. Ebenso sollen PoC in ihrer Bewusstwerdung einer rassifizierten Identität in der deutschen Gesellschaft gefördert und beim Durchlaufen der Phasen 1–4 unterstützt werden.

Im Folgenden stelle ich zwei Institutionen vor, die sich derzeit auf unterschiedliche Weise mit dem Begriff Vielfalt beschäftigen: zum einen die Stage Entertainment mit ihrer internen Arbeitsgruppe zu Diversity, Equity und Inclusion (DEI), zum anderen der Studiengang Musical/Show an der Universität der Künste (UdK) Berlin mit seinen aktuellen Studierendenproduktionen.

Diversity Strategien bei der Stage Entertainment

Als Folge der internationalen ›Black Lives Matter‹-Bewegung hat sich die Managementebene von Stage Entertainment ebenfalls der Repräsentanz und Beteiligung von PoC im Unternehmen angenommen, da bereits ein Drittel ihrer Casts aus PoC-Darsteller*innen bestehen. Seit 2020 gibt es bei Stage Entertainment Germany eine Arbeitsgruppe zu Diversity, Equity und Inclusion. Unter der Leitung der Produzentin Simone Linhof arbeitet ein 12-köpfiges Team aus verschiedenen Abteilungen an einer Strategie zur Förderung von Vielfalt im Unternehmen und beim Publikum in den Bereichen ethnische Herkunft, Sexualität, Gender, Religion und Behinderung. Allen Beteiligten ist klar, dass dies in Linhofs Worten ein »langfristiger Weg« ist und »kein Sprint, sondern ein Marathon« vor ihnen liegt.

Das DEI-Konzept besteht laut Pressesprecher Stephan Jaekel aus verschiedenen Ebenen, die in einer Pyramidenform aufeinander aufbauen. Die Basis bilden Arbeitstreffen im Sinne des ›Zuhörens und voneinander Lernens‹, bei denen sich die Mitarbeiter*innen über ihre beruflichen Herausforderungen im Allgemeinen austauschen. Auf der zweiten Ebene organisiert das Team regelmäßig Sensibilisierungsworkshops, u.a. mit Tupoka Ogette, für die Mitarbeiter*innen zu Themen wie Antidiskriminierung, Gender und sexuelle Orientierung, um allen ein besseres Verständnis der Begriffe zu vermitteln. Auf der dritten Ebene beschäftigen sich die Verantwortlichen mit dem Thema Vielfalt hinter der Bühne. Auf Dauer soll eine größere Durchmischung in allen Abteilungen und Berufssparten des Unternehmens erreicht werden. Dazu gehörten bislang zum Beispiel Talentworkshops für Frauen in der musikalischen Leitung oder ein einjähriges Praktikum für eine PoC, um sie für die künstlerische Leitung von *Hamilton* zu qualifizieren. Auf der vierten Ebene geht es um die Publikumsperspektive und die Frage, wie Stücke und Werbebotschaften so formuliert werden können, dass sie nicht nur in Jaekels Worten ein »weißes, heterosexuelles, 50-jähriges« Publikum ansprechen. Dazu gehört neuerdings beispielsweise eine App für Sehbehinderte, mit der jede Aufführung mit zusätzlichen Audiokommentaren verfolgt werden kann. An der Spitze der Pyramide beschäftigen sich die Verantwortlichen damit, welche Stücke das Unternehmen in Zukunft zeigen kann, die diese Vielfalt widerspiegeln.

Die bisherigen Aktivitäten auf den einzelnen Ebenen haben unterschiedliche Erkenntnisse und Herausforderungen zutage gefördert. Auf der Ebene des gemeinsamen Austauschs mussten alle Beteiligten lernen, dass Produktionen mit einer großen Anzahl von PoC-Darsteller*innen zu zahlreichen Diskriminierungen führen, die den *weißen* Beschäftigten in verschiedenen Bereichen bis dahin nicht bewusst waren. Pressesprecher Jaekel, Mitglied des DEI-Teams, berichtet zum Beispiel:

> »Wir haben schnell gespürt, dass PoC eines der verletzungsreichsten Themen geblieben ist. [...] Wie wird mit der Struktur der Schwarzen Haare bei uns in den Maskenabteilungen umgegangen, semantisch wie auch praktisch? Wie wird mit den Hautschattierungen umgegangen, bei Tapes, bei Mikrofonierung, etc...? Es war uns eigentlich nicht klar, wie respektlos wir im Grunde sind. [...] Da sind wir selbst auch in Tiefen gestoßen, wo wir erstmal geschluckt haben und jetzt andauernd versuchen, Brücken zu bauen. Wir sind da noch gar nicht am Ende mit dem, was unsere eigene Firmenführung betrifft.« (Jaekel 14.09.2023)

Ausgehend von diesen Gesprächen werden laufende Produktionen daraufhin untersucht, ob Textpassagen in Libretti oder Kostüme Elemente enthalten, die auf PoC-Darsteller*innen verletzend wirken. Gemeinsam wird dann nach Alternativen gesucht. So wurden beispielsweise in den Dialogen von *Der König der Löwen* die Bezeichnungen »Affe« für Rafiki und »Wollknäuel« für Schwarze Haare einer Revision unterzogen. Diese Verhandlungsprozesse sind nicht immer leicht umzusetzen, wie Simone Linhof beschreibt:

> »Wir schauen da selbst auf die Stücke. Manchmal kommt auch was von den Darstellern. Das mit dem ›Affen‹ haben wir angesprochen und fanden das [Abändern] total wichtig. Dann ist das noch ein paar Mal [bei den Aufführungen] passiert – weil die spielen das jetzt schon zehn Jahre – und das hat die Frauen geärgert. Also wenn jetzt noch mal irgendjemand ›Affe‹ sagt, dann ... Den ›Pavian‹ empfinden sie nicht als störend. Trotzdem sind wir natürlich mit Disney in Abstimmung. Meistens passiert es dann auch: In Amerika wird was angepasst und dann kommt es in alle anderen Länder. Zum Beispiel passen wir die Perücke von Tarzan an. Der wird jetzt auch keine blonden Dreadlocks mehr haben.« (Linhof, 14.09.2023)

Trotz des engagierten Ansatzes lässt sich erkennen, dass die Stage Entertainment bei den vom Disney-Konzern lizenzierten Stücken keine freie Hand bei gewünschten Änderungen hat. Bei einer Eigenproduktion konnte das Unternehmen dagegen seine Einstellung ändern. Das Musical *Der Schuh des Manitu* wird derzeit nicht mehr an andere Theater lizenziert. Auch wenn alle den offensichtlichen Persiflage-Charakters des Stücks erkennen, halten die Verantwortlichen die Darstellung von Native Americans und Homosexuellen darin nicht mehr für vertretbar.

Auf der Ebene der Sensibilisierungsworkshops nimmt das DEI-Team wahr, dass PoC-Darsteller*innen darunter leiden, wenn sie auf der Bühne nur Tiere darstellen dürfen, und im Gegensatz dazu stolz darauf sind, wenn sie z.B. Rollen wie in *Hamilton* verkörpern können. Eine Durchmischung der Casts im Sinne von farben- oder genderblinden Besetzungen ist ein Anliegen des DEI-Teams und findet in einzelnen Produktionen wie etwa bei *Romeo & Julia* (2023) von Peter Plate und Ulf Leo Sommer statt. Eine Herausforderung für Stage Entertainment ist allerdings, passende PoC für die einzelnen Produktionen zu finden. Zu wenige Menschen mit Migrationsgeschichte absolvieren bislang eine Ausbildung im Musicalbereich. Die Schließung der Joop van den Ende Academy im Jahr 2017 hat zur Folge, dass das Unternehmen keinen eigenen Nachwuchs aus dieser Gruppe mehr fördern kann. Die Arbeitsbedingungen im Musicalbereich sind aber für PoC-Musiker*innen aus der populären Musikszene, die ebenfalls bei Castings angesprochen wird, unattraktiv, weil sie für eine en-suite Produktion mit acht Aufführungen in der Woche ihre übrige Karriere für eine längere Zeit unterbrechen müssen. Dass mangelnde Vielfalt auch in der Marketing- und Casting-Abteilung ein Problem darstellt, wenn die Stücke und das Publikum diverser werden sollen, erkennen die Verantwortlichen mittlerweile selbstkritisch.

> »Das hört man auch zum Teil aus dem PoC-Cast, die die Frage zurecht stellen: ›Wie könnt ihr glauben, dass ihr Zielgruppen erreicht, die anders sind als die, die ihr bisher hattet, wenn ihr aber selber gar nicht aus der kommt? Frag doch nicht immer mich, wenn du Schwarze Kinderdarsteller suchst. Sondern das musst du können! Du bist die Vermarktung, klar?‹ Da braucht man eben auch in der Vermarktung Menschen, die aus anderen Kulturbereichen kommen. Das ist schon ein komplexes Bild, um am Ende dann auf der Bühne eine schöne neue Welt zu haben!« (Jaekel, 14.09.2023)

Um Vielfalt auch hinter der Bühne zu fördern, organisiert die Stage Entertainment mittlerweile Bildungsprojekte mit dem Verein DeluxeKidz, der sich der kulturellen Förderung von Kindern aus sozial benachteiligten

Familien widmet. Durch Backstage-Führungen sollen vor allem Kinder aus Familien, die noch nie ein Theater betreten haben, die verschiedenen Arbeitsmöglichkeiten im kommerziellen Musicalbereich kennenlernen, wie etwa Tontechnik oder Kostümbild. Auf diese Weise erhofft sich das Unternehmen längerfristig einen vielfältigen Nachwuchs.

An der Spitze der DEI-Pyramide haben die Verantwortlichen erkannt, dass ein anderes Publikum auf Dauer nur erreicht werden kann, wenn die Stoffentwicklungen von einem diversen Personenkreis erfolgen. Aus diesem Grund arbeiten derzeit verstärkt Frauen und PoC an der Entwicklung neuer Stücke. Bereits bekannte Personen oder ein bekannter deutscher Stoff sollen das Interesse eines Massenpublikums garantieren. Der eher mäßige Erfolg der deutschen Produktion von *Hamilton* hat die Verantwortlichen zu der Einsicht gebracht, dass Diversität nicht in jedem Stück, sondern nur in einer größeren Produktpalette abgebildet werden kann.

> »*Hamilton* zu machen, ist so eine Freude, eine Ehre, eine grandiose künstlerische Erfahrung und grandiose menschliche Erfahrung. […] *Hamilton* ist ein so enormer Erfolg im Angelsächsischen, also in Amerika, aber auch in London. Warum ist der Erfolg nicht ganz so reproduzierbar hier in Deutschland? […] Wir haben bald 400.000 Leute im Laufe dieser Spielzeit für *Hamilton* begeistert und das ist wahnsinnig viel. Aber es sind eben nicht vier Millionen. Es sind vielleicht auch nur 400.000 Menschen in Deutschland, die sich dafür interessieren. Das ist auch okay. Als Firma können wir es uns allerdings nicht leisten, in unserem Portfolio von acht Theatern acht Stücke à la *Hamilton* zu machen, achtmal nur einen Achtungserfolg zu haben. Wir müssen mischen.« (Jaekel, 14.09.2023)

Diese Mischung bedeutet allerdings, dass politische und gesellschaftskritische Stücke produziert werden, während gleichzeitig Disney-Musicals an anderen Standorten laufen, die gegenteilige Aussagen zu den Themen machen. Die Stage Entertainment hat es zudem schwer, sich mit neuen Stücken, die gezielt Diversity-Themen aufgreifen, in den deutschen Medien positiv zu positionieren. Sie spürt in den letzten Jahren von der konservativen Boulevardpresse Gegenwind in Sachen Gendergerechtigkeit, Toleranz und Antidiskriminierung. Das bildungsbürgerliche Feuilleton hat dagegen Vorbehalte gegenüber ihren Anstrengungen. Dabei ist es gerade Stage Entertainment, die als erster Kulturbetrieb den Mut besaß, ein innovatives Stück wie *Hamilton* zu produzieren.

> »Ist doch schade, dass auch die deutsche Medienlandschaft das Vorurteil hat: Die Stage muss blöd sein! – Wie, warum? Warum nicht das einzelne Projekt betrachten? [...] Das kann doch nicht wahr sein, dass, obwohl wir eines der besten Stücke, die es da im Musiktheatergeschehen gerade gibt, wir nicht in die Kultursendungen im Fernsehen kommen. Wir kriegen nichts für so einen Auftritt. Wir zahlen uns dumm und dusselig für jeden Show Act, den wir irgendwo machen. Wir kriegen 1.500 Euro, das kostet uns aber 80.000 Euro, sowas zu machen. Geschweige denn ein Showausfall. [...] Ihr wisst alle gar nicht, was wir versuchen. Ihr wisst nicht, wie das ach-so-tolle intellektuelle Deutschland viel sperriger ist als das ach-so-dumme Amerika, das viel offener ist.« (Jaekel, 14.09.2023)

In Bezug auf alle Ebenen der DEI-Pyramide zeigt sich, dass neben der kritischen Perspektive der PoC-Darsteller*innen, die besonders Widerstände gegen die lizenzierten Disney-Produktionen haben, die größte Herausforderung für Stage Entertainment in der Vermarktung der Stücke liegt. Da das Unternehmen auf wirtschaftlichen Profit angewiesen ist, kann es nicht das alleinige Ziel verfolgen, das Publikum zu mehr Diversität zu erziehen.

> »Als Unternehmen sind wir subventionslos auf Gedeih und Verderb darauf angewiesen, dass das Publikum uns mag. Also sind wir nicht völlig frei in unserer Stückauswahl, beziehungsweise müssen sehen, beobachten und akzeptieren, dass ein Publikum die von uns gesetzten Angebote in sehr unterschiedlicher Weise annimmt. Und wenn es das nicht im hohen Maße tut, dann wird sehr schnell mit dem Finger auf die Marketingabteilung gezeigt: Ihr seid zu blöd, das deutsche Publikum zu erziehen. – Aber das geht eben nicht so einfach!« (Jaekel, 14.09.2023)

> »Ich glaube, dass ganz viele *Hamilton* toll finden würden. Aber das Problem ist noch, 150 Euro für etwas auszugeben, was sie nicht kennen. Dann biegen sie irgendwie ab und buchen doch *Die Eiskönigin* oder *Mamma Mia!*. Weil sie wissen, was sie da kriegen. Das ist unsere Herausforderung.« (Linhof, 14.09.2023)

Die engagierten Ziele des DEI-Teams in der Stage Entertainment stoßen an Grenzen, sobald es um wirtschaftliche Fragen geht. Solange die großen

Profite mit Disney-Produktionen gemacht werden, ist es dem Unternehmen nur möglich, in der Breite seiner Angebote kleinere Produktionen zu integrieren, in denen Vielfalt in allen Aspekten propagiert wird. Deren absehbare Verluste werden dann durch die anderen Stücke aufgefangen. Wenn dem Unternehmen nicht gelingt, ein größeres Publikum für gesellschaftskritische Stücke anzusprechen, wird sich an dem augenblicklichen Zustand nichts ändern. Ob die Stage Entertainment auf Dauer allerdings die entsprechenden deutschen PoC-Darsteller*innen für seine Produktionen noch finden wird? Ein Blick auf eine Ausbildungsstätte in Berlin lässt daran zweifeln.

Umgang mit Vielfalt im Studiengang Musical/Show der UdK Berlin

Eine praxisbezogene Auseinandersetzung mit den Themen Diversität und Empowerment ist in den aktuellen Produktionen des Studienganges Musical/Show an der UdK Berlin zu beobachten. Die Studierenden werden hier bereits in ihren Produktionen während der Ausbildung mit Fragen von sozialer, geschlechtlicher und rassifizierter Identität konfrontiert und sollen lernen, sich damit künstlerisch auseinanderzusetzen – bevor sie die Auswirkungen im professionellen Bereich persönlich erleben müssen.

Der von dem amerikanischen Komponisten Stanley Walden 1991 gegründete Studiengang war zu Beginn dafür gedacht, für den deutschen Boom an Megamusicals Darsteller*innen auszubilden, die die deutsche Sprache verständlich sprechen und singen konnten. Der vom Sprechtheater abgeleitete Anspruch der Ausbildung ist bis heute, singende und tanzende Schauspielerpersönlichkeiten zu entwickeln und damit eine zeitgenössische Form des deutschsprachigen Musicals zu ermöglichen. Dieses Konzept führt allerdings dazu, dass die Studierenden oft gar nicht im Bereich von kommerziellen Megamusicals landen, wie der Professor für Darstellendes Spiel, Mathias Noack, beschreibt:

> »Natürlich bilden wir für den deutschen Musicalmarkt aus. Aber es ist, glaube ich, von Anfang an sehr divers gewesen. Es geht mir zum Beispiel überhaupt gar nicht darum, Leute auszubilden, um damit die Stage Produktionen zu

bestücken. Das hat auch in all den Jahren seit Bestehen des Studiengangs nicht wirklich gut geklappt. Ich habe den Eindruck, in den Stage Produktionen spielen nicht unsere Leute. Unsere Leute sind zum Teil sehr charaktervoll, haben einen eigenen Kopf und stehen für was anderes. Das kommt ganz selten mal vor, dass jemand in diesen Musicals groß mitspielt. Ich weiß auch gar nicht, ob ich mir das wünschen sollte oder wollte.« (Noack, 25.08.2023)

Studierende werden hier eher für deutsche Stadt- und Landestheaterproduktionen ausgebildet und spielen dann in thematisch anspruchsvollen Stücken wie *Scholl – Die Knospe der Weißen Rose* von Titus Hoffmann und Thomas Borchert mit.

Die kritische Auseinandersetzung mit zeitgenössischen Themen zeigt sich für die Studierenden beispielsweise in der Produktion *Das Mädchen mit der Pringles Dose* (2023) von Elisabeth Pape im UNI.T, dem Theater der UdK Berlin. Das Stück wurde im Anschluss auch in einer Hörspielfassung für den SWR2 produziert. Hier geht es um Magersucht, eine Krankheit, die auch unter Musicaldarsteller*innen weit verbreitet ist. Besonders durch die aufwendigen Kostüme von Johannes Jaruraak, die die Bühnenpersonen androgyn erscheinen lassen, wird der Körperkult zwischen den Figuren gebrochen und eine farben- und genderblinde Besetzung praktiziert. Stereotype Zuschreibungen aufgrund äußerlicher Aspekte sind hier nicht mehr möglich. Genau darauf hatte es Regisseur Noack angelegt.

> »Von der Form hat mich dieser Text wahnsinnig gereizt, weil er meine Fantasie in Gang gesetzt hat. Inhaltlich war es die Frage der Körperbilder. Was mache ich mit meinem Körper? Wohin bringe ich diesen Körper? Wie muss ich aussehen? Was ist mein Selbstbild? Und dieser ganze Instagram- und Facebook-Scheiß, die sozialen Medien. Und als Musicaldarstellerin oder auch als Darsteller, was muss ich mir da anhören zum Teil im Tanz? ›Na, bist du wieder fett geworden …‹ Also, das gibt's ja alles. Und das triggert … Das hat mich sehr interessiert. Ich habe gedacht, das ist ein tolles Thema für unsere Studierenden.« (Noack, 25.08.2023)

Dass diese Themen beim Publikum auf Interesse, aber auch auf Kritik stoßen, nimmt Noack dabei in Kauf. Schließlich soll das Theater gesellschaftliche Diskussionen auslösen, wie auch bei der Komödie *Bis keiner* *weint* von Constanze Behrends, Franziska Kuropka und Lukas Nimscheck, die 2023 an der Neuköllner Oper aufgeführt wurde. In dem Stück der erfahrenen deutschen Musicalautor*innen geht es um die Erstellung einer politisch korrekten Fassung des Märchens von Schneewittchen. In einem Reigen von Beziehungen mit diversen sexuellen Orientierungen, Macht- und Missbrauchsverhältnissen und mithilfe aller aktuellen medialen Kommunikationsformen wie Shitstorm und Cancel Culture sind alle Bühnencharaktere gezwungen, ihr eigenes Handeln, ihre Werte und Normen ständig zu überprüfen. Hier werden bewusst Fragen aufgeworfen, für die es keine eindeutigen Antworten gibt.

> »Es gibt auch zum Beispiel People of Color, die sagen, die Figur von *** finden sie nicht gut, weil da wäre eine schwarze Lesbe, und die wär' natürlich wieder die Spielverderberin, und die müsste für die Rechte kämpfen der Unterdrückten, und das ist auch wieder so ein typisches Klischeebild. [...] Es gibt auch solche Meinungen. Irgendwann kann ich nichts mehr machen. Ich kann es nur zur Diskussion stellen und das ist ja auch gut, dass die Leute darüber reden.« (Noack, 25.08.2023)

Diese Art einer kritisch denkenden Ausbildung fördert ein Bewusstsein für gesellschaftliche Situationen und Zuschreibungen bei den Studierenden. Es ist die Absicht der Leitung, dass sie dadurch in die Lage versetzt werden, frühzeitig kritisch auf die kommerzielle deutsche Musicalszene zu blicken.

> »Also manche Leute von uns sind für bestimmte Themen in Musicals oder Operetten versaut, die sind dafür nicht geeignet. [...] Das hat sich auch verändert noch mal in den letzten Jahren. Die Studentinnen sind ja viel bewusster oder viel woker, als sie es noch vor einigen Jahren waren. Ich frage die oft: Guckt euch doch mal die Rollen an, die ihr spielen könnt! Ihr habt so viele Ansprüche, wir reden über so viele Sachen. Und dann wollt ihr allen Ernstes das, das und das und das spielen? Wie soll das gehen?« (Noack, 25.08.2023)

Dennoch erkennt Noack bei einigen Studierenden gerade den Wunsch und die Sehnsucht nach einer Flucht in orientalisierende und exotisierende Musicalhandlungen, um ihre eigenen persönlichen Konflikte auf der Bühne zu verarbeiten.

»Die allermeisten Menschen, die auf die Bühne wollen, ihr Darstellungsdrang, der schweißt sich aus einem großen Schmerz. Es ist bei fast allen so, auch bei den Musicalleuten. Die wirken immer so happy und man denkt: Gott, warum lacht ihr immer? Aber auch bei ihnen ist oft ein Schmerz dahinter. Aber interessanterweise wollen die ihren Schmerz nicht abarbeiten in irgendwelchen griechischen Tragödien und da eine Katharsis erleben, sondern sie wollen in eine Märchenwelt rein. Die scheinbar – oder nicht scheinbar – viel einfacher, viel unterkomplexer ist. Wo man in schönen Kostümen und in schönen Melodien schwelgen und eine Kindheit nachholen kann, die man so nie hatte.« (Noack, 25.08.2023)

Berlin als Stadt mit einem hohen Anteil an migrantischen Gruppen und einer liberalen Freizeitkultur ist bereits divers und zieht auch Menschen mit Sehnsucht nach so einem Lebensstil an. Der Studiengang Musical/Show versteht sich in der Rolle, Bewerber*innen aus allen Gesellschaftsschichten willkommen zu heißen. Allerdings beklagt Noack, dass die Schauspielstudiengänge mehr Bewerbungen von PoC hätten und die Sprechtheater auch verstärkt auf der Suche nach PoC-Darsteller*innen wären. Gleichwohl sollte sich dauerhaft ein farben- und geschlechterblindes Casting, wie es in den USA seiner Meinung nach schon häufiger der Fall ist, in der deutschen Musicalszene durchsetzen.

Vielfalt als Wunsch und in der Realität

»Zwei Welten, eine Familie?« heißt es zu Beginn des Musicals *Tarzan* in der Parallelmontage von Menschen- und Affenfamilie, als könnten diese Welten zumindest auf der Bühne eine Gemeinschaft bilden. Dabei bedeutet gerade die Praxis der rassifizierenden Besetzung, dass PoC-Darsteller*innen die Tierrollen spielen und die Menschenrollen ausschließlich von *Weißen* übernommen werden. Eine gemeinsame Familie mit gleichwertigen Mitgliedern sieht anders aus. Die Vielfalt, die hier auf der Bühne zu sehen ist, ist nicht gleichbedeutend mit Gleichberechtigung oder inklusiver Aufführungspraxis. Wie soll sich daran in diesem Stück etwas ändern lassen?

Die vorgestellten Institutionen der deutschen Musicalszene versuchen, die Herausforderungen von Diversität und Inklusion zu reflektieren und gemeinsam mit den Beteiligten so zu bearbeiten, dass Ungerechtigkeiten auf Dauer beseitigt werden. Sie haben den Glauben, alle Raubtiere in der Gesellschaft, die Schaden anrichten wollen, einhegen und domestizieren zu können. Ihr Vorbild ist Nala, die den Abtrünnigen der Familie dazu überreden kann, in der Gesellschaft seine verantwortungsvolle Stellung einzunehmen, um Gerechtigkeit für alle auszuüben. Eines Tages soll eine Durchmischung in der Musicalszene erreicht werden, bei der Menschen nicht mehr nach ihrem Aussehen, sondern ausschließlich nach ihrem darstellerischen Talent beurteilt werden. Der Studiengang Musical/Show der UdK Berlin kann dabei relativ unabhängig an der Ausbildung seiner Studierenden arbeiten und ihnen unter Umständen ein Selbstbewusstsein vermitteln, dass sie sich später gar nicht erst auf stereotype Rollenvorgaben einlassen. Das DEI-Team der Stage Entertainment hingegen versucht, das Unternehmen von innen heraus zu verändern und aus der ›kleinen Welt‹ des Musicals durch kleine Maßnahmen auf verschiedenen Ebenen mit der Zeit eine ›große‹ Welt für ein breites Publikum zu präsentieren. Ob das selbstgesetzte DEI-Ziel innerhalb kommerzieller Musicalproduktionen erreicht werden kann, werden die nächsten Jahre zeigen.

Ich hatte bei den Nachforschungen nicht damit gerechnet, einen solchen Transformationsprozess ›hinter den Kulissen‹ der Musicalszene anzutreffen. Die Verantwortlichen wie die Beschäftigten sind sich klar darüber, wie divers und inklusiv sie sich ihre Zukunft vorstellen. In Bezug auf Disneys Musicalproduktionen beinhaltet diese Zukunft nicht, dass PoC-Darsteller*innen dauerhaft als Tiere verkleidet auf der Bühne tanzen oder stereotype Charaktere verkörpern, die rassistische Weltbilder reproduzieren. Ob der Disney-Konzern den Ansichten der Expert*innen für Diversity allerdings in absehbarer Zeit in seinen Stücken und Produktionsweisen folgen wird, ist noch ein unwahrscheinliches ›Happy End‹.

Die größte Herausforderung stellt im Augenblick das deutsche Musicalpublikum dar, dass sich dieser Transformation bislang weder bewusst ist noch diese mehrheitlich unterstützt. Solange die deutschen Musicalproduzent*innen den Sehnsüchten dieses Publikums folgen müssen, um wirtschaftlich rentabel zu bleiben, werden weiterhin orientalisierende und exotisierende Stücke auf deutschen Bühnen zu sehen sein, die rassistische Stereotype reproduzieren, obwohl Darsteller*innen und die Produktionsfirmen diese innerlich bereits ablehnen. Verändert sich dagegen die allgemeine gesellschaftliche Einstellung dahin, dass mehr kulturelle und individuelle Vielfalt wertgeschätzt wird, dann würden bestimmte Musicalproduktionen verschwinden, weil sie kein Publikum mehr finden.

Soll allerdings vor allem beim Publikum ein Bewusstseinsprozess für rassistische Diskriminierungsformen in Gang gesetzt werden, ist es sinnvoll, Diskussionen über Disney-Musicals direkt auf der Bühne zu führen. Abschließend möchte ich deswegen künstlerische Wege aufzeigen, in denen in den letzten Jahren der Disney-Konzern behandelt oder rassifizierende Produktionsweisen in der Musicalszene kritisch thematisiert wurden. Dabei möchte ich auch konkret der Frage nachgehen, wie wir uns in Deutschland an dieser Gegenbewegung beteiligen könnten.

»Ist es denn weit? Bin ich bereit?« Kritisches Bewusstsein und künstlerische Auseinandersetzung

Wie lässt sich kritisches Bewusstsein vermitteln?

Nach der kritischen Auseinandersetzung mit Disneys Zeichentrick- und Animationsfilmen sowie deren Bühnenversionen stellt sich mir abschließend die Frage, wie ich es selbst mit dem Konsum dieser Marke in meinem Lebensumfeld halte. Disney-Produkte haben in Deutschland so viele Lebensbereiche erobert, dass ich in meiner Familie nicht um sie herumkomme. Meinen beiden Kindern kann ich die Filme kaum verbieten, da sie diese in der Schule, bei Kindergeburtstagen oder Übernachtungspartys anschauen. Ich erlebe bei Erzieher*innen, Lehrer*innen oder anderen Eltern kein kritisches Bewusstsein für diese Produkte. Sie sind leicht zugänglich, allgemein bekannt und es herrscht die Meinung vor, dass alle die Geschichten lieben. Einige pädagogisch aufbereitete Angebote des Disney-Konzerns erscheinen ihnen sogar für den Unterricht geeignet (vgl. Sandlin und Garlen 2018). Andererseits möchte ich meine Kinder nicht durch Verbote aus der Gemeinschaft mit anderen ausschließen, zumal ich glaube, dass das wenig nützt. Die Filme würden für sie nur noch interessanter und sie fänden andere Wege, um an sie heranzukommen.

Meine erste Strategie ist, den Konsum auf das Nötigste zu beschränken. In meinem Haushalt gibt es kein Abonnement für Disney+ und ich würde meinen Kindern auch keine Merchandising-Artikel des Unternehmens schenken. Musicalbesuche für die ganze Familie halte ich für überteuert und bevorzuge staatlich geförderte Kindertheateraufführungen. Die DVDs, die ich von den Filmen besitze und die in meinem Arbeitszimmer lagern, stelle ich nicht alle zur Verfügung. *Pocahontas* und *Mulan* werde ich meinen Kindern aus politischer Überzeugung nicht zeigen, *Tarzan* und *Ein Königreich für ein Lama* halte ich schon qualitativ für so minderwertig, dass ich keinen Grund dafür sehe, dass sie sich das anschauen. Bei *Der König der Löwen*, *Vaiana* und *Encanto* bin ich nachsichtiger, weil ich die Musik interessant finde. Ich schaue mir die Filme aber immer zusammen mit meinen Kindern an, um anschließend mit ihnen über das Gesehene zu sprechen und zu erklären, was mir an den Filmen nicht gefällt.

Meine zweite Strategie ist, eine Vielfalt an Unterhaltungsmedien anzubieten. In Deutschland bin ich in der privilegierten Situation, dass es ein breites und qualitativ hochwertiges Angebot an Kinder- und Jugendbüchern, Hörspielen und Filmen gibt. Es besteht keine Notwendigkeit, dass meine Kinder ausschließlich mit Disney-Produkten aufwachsen, wenn es gleichzeitig bessere Angebote von deutschsprachigen Autor*innen gibt. Diese spannenden, realitätsnahen und phantasievollen Geschichten sind zudem in einem Lebensumfeld angesiedelt, das meinen Kindern vertraut ist. Sie erkennen sofort den Unterschied zwischen einer orientalisierten Fantasiewelt und Alltagsgeschichten, die Themen aufgreifen, die sie wirklich betreffen. Ich nehme dabei wahr, dass komplexe Geschichten mit ambivalenten Charakteren sie letztlich mehr berühren als die schematischen Handlungsabläufe der Disney-Filme. Sie sind in der Lage zu verstehen, dass Geschichten manchmal nicht mit dem Sieg der Guten über die Bösen, sondern mit Kompromissen für alle Beteiligten enden müssen, weil sie solche Lebensentscheidungen aus ihrem eigenen Familien- und Schulalltag kennen. Zur Vielfalt gehört auch ein breites Angebot an Musik und Hörspielen. Ob aktuelle populäre deutsche Kindermusik oder Hörspiele der öffentlich-rechtlichen Sender – Kinderohren lernen schnell, verschiedene Arten von Texten und Liedern, aber auch deren Abmischung zu unterscheiden. Sie merken, dass für deutsche Kinder komponierte Musik mehr Wortwitz und Situationskomik enthält als aus dem Englischen übersetzte Disney-Songs. Intuitiv nehmen sie wahr, dass die suggestiven Klänge der Disney-Hörspiele für große Kinosäle gemastert wurden und nicht so klingen, wie sie es von Musikaufführungen im Kindergarten, in der Schule oder im Kindertheater kennen. Solange sie den Unterschied zwischen Margit Auers *Die Schule der magischen Tiere* – um ein Beispiel einer Erzählung mit anthropomorphen Tieren zu wählen – und einem Disney-Film erkennen, oder den Unterschied zwischen der Geräuschkulisse und dem Wortwitz der Lieder eines öffentlich-rechtlichen Hörspiels und einer Disney-Produktion, habe ich keine Sorge, dass sie sich die Verhaltensweisen der stereotypen Charaktere zu eigen machen.

Als dritte Strategie versuche ich, meinen Kindern die kulturelle Vielfalt der Menschheit aufzuzeigen. Ob das die diversen Herkünfte ihrer Freund*innen, der Bekanntenkreis von uns Eltern oder meine internationalen Kolleg*innen sind. Sie müssen in ihrem Alter noch nicht wie ich durch die Welt reisen, es reicht, wenn sie die Vielfalt in ihrem Lebensumfeld kennenlernen. Ich konfrontiere sie ebenfalls mit unterschiedlichen Musikaufnahmen, aber ich sorge auch dafür, dass sie vielfältige Musikstile live hören. Es geht mir nicht darum, dass sie das alles mögen, aber sie sollen wissen, dass es verschiedene Klänge gibt. Wenn sie merken, dass arabische Musik nicht wie »Arabische Nächte« aus *Aladdin* klingt, habe ich schon ein Ziel erreicht.

Die letzte Strategie ist aufwendiger und nicht immer unumstritten in meiner Familie. Ich bin ein kreativ denkender Mensch und habe Spaß daran, Geschichten weiterzuspinnen, mir Filmfiguren in neuen Situationen vorzustellen, Handlungen gegen den Strich zu lesen und neue Abenteuer für bekannte Figuren zu erfinden. Bei Liedern mit Ohrwurmcharakter liebe ich es, den Text ironisch zu variieren oder an Alltagssituationen anzupassen. Manchmal wehren sich meine Kinder, wenn sie merken, dass ich mich über Filme und Musik lustig machen will. Oft haben sie aber selbst Spaß daran, Geschichten weiter zu erfinden oder sich als Figuren aus den Filmen zu verkleiden und die Filmhandlung in ihre Lebenswelt zu übertragen. Ich freue mich, wenn es mir gelingt, dass sie ihre eigene Persönlichkeit und ihre Lebensvorstellungen in das Spiel einbringen und so den Charakteren neue, spannende Eigenschaften verleihen. Manchmal merken sie durch musikalische Variationen, wie einfach der Originaltext gestrickt ist und wie viel origineller sie ihn selbst gestalten können. Solche Improvisationen zu Disney-Filmen gelingen mir zwar nicht immer zufriedenstellend, aber allein der Versuch ist mir wichtig, um meinen Kindern zu vermitteln, dass Filme, Bücher und Texte dazu da sind, dass sie daraus lernen, ihre eigene Persönlichkeit auszudrücken. Sie sollen nicht unreflektiert vorgegebene Rollen übernehmen. Manchmal greifen sie dann selbst zu Stift und Pinsel, malen und zeichnen ihre Version der Geschichten, die sie gehört oder gesehen haben. In solchen Situationen versuche ich sie zu ermutigen, ohne gedankliche Einschränkungen zu malen »wie das Farbenspiel des Winds«, sei es mit Buntstiften oder mit Klangfarben oder mit allen Schattierungen unserer Sprache. Ich freue mich, wenn ich einen wahren Sturm der Kreativität bei ihnen entfachen kann. Dann habe ich keine Angst vor dem Expansionsdrang des global agierenden Disney-Konzerns.

Vorbild für diese Praxis sind für mich die künstlerischen Auseinandersetzungen mit dem Disney-Konzern und seinen Produkten, die seit einigen Jahren auf Bühnen und im Internet erscheinen. Dazu gehören die Beschäftigung mit dem Firmengründer Walt Disney, den Produkten des Disney-Konzerns, die Thematisierung der Praxis der rassifizierenden Besetzungen von Musicals und die Dekonstruktion der magischen Fantasiewelten. Diese kreativen Produkte sind meines Erachtens ein wichtiges Instrument, um das Publikum zu ermutigen, sich gegen die Dominanz des Disney-Konzerns und seiner Produktionsweisen im Musicalbereich zu wehren. Für die Musikethnologie fallen solche Aktivitäten in den Bereich einer angewandten Musikethnologie, die versucht gesellschaftlich transformierend zu wirken.

Musikzentrierte Interventionen als Mittel zur Transformation

Applied Ethnomusicology, angewandte oder sozial engagierte Musikethnologie, ist eine Richtung der Musikethnologie, die sich zunächst bewusst ist, dass die Forschenden allein durch die Wahl ihrer Themen Aufmerksamkeit für bestimmte Musikszenen erzeugen und damit bereits zu gesellschaftspolitischen Themen Stellung beziehen. Darüber hinaus vertritt sie die Auffassung, dass es in Zeiten der wirtschaftlichen Globalisierung und zahlreicher weltweiter kultureller und religiöser Konflikte nicht mehr möglich ist, nur das musikalische Handeln von Menschen zu dokumentieren, zu analysieren und zu beschreiben. Viele Forschungsprojekte befassen sich ohnehin mit marginalisierten und diskriminierten Bevölkerungsgruppen. Die Forschungsergebnisse müssen daher einen konkreten Nutzen für die jeweiligen Kulturen oder Szenen haben. Dieser wird oft nicht im akademischen Umfeld erreicht, sondern durch pädagogische Projekte oder musikalische Interventionen außerhalb der Hochschulen. Der Musikethnologe Jeff Todd Titon hat diese Forschungsrichtung wie folgt definiert:

»Applied ethnomusicology is best regarded a music-centered intervention in a particular community, whose purpose is to benefit that community—for example, a social improvement, a musical benefit, a cultural good, an economic advantage, or a combination of these and other benefits. It is music-centered, but above all the intervention is people-centered, for the understanding that drives it toward reciprocity is based in the collaborative partnerships that arise from ethnomusicological fieldwork. Applied ethnomusicology is guided by ethical principles of social responsibility, human rights, and cultural and musical equity.«[46] (Pettan und Titon 2015, 4)

Aufgabe der Musikethnologen ist es daher zunächst, sozial engagierte Projekte zu benennen, die sich mit den gesellschaftspolitischen Herausforderungen in ihrem Forschungsfeld auseinandersetzen. Darüber hinaus sollen ihre Ergebnisse dazu dienen können, dass andere Personen Kompetenzen erwerben, wie sie sich für die Belange der Menschen im Forschungsfeld einsetzen können. Schließlich sollen die Musikethnolog*innen selbst ihre Forschungsformate so verändern, dass ihr Wissen direkt für die jeweilige Community nutzbar wird. Sei es, dass sie die Dokumentation, Produktion oder Vermarktung von Musik ermöglichen, sei es, dass sie die jeweiligen Musiker*innen dabei fördern, finanzielle und ideelle Unterstützung für die Lehre, Vermittlung und Verbreitung ihrer Musik zu erhalten.

Im Bereich der deutschen Disney-Musicalproduktionen sollte deutlich geworden sein, dass die größte Herausforderung darin besteht, dass das überwiegend *weiße* Publikum sich weder mit den Stücken, den Inszenierungen und ihren gesellschaftspolitischen Aussagen auseinandersetzt, noch die Problematik der rassifizierenden Besetzungspraxis wahrnimmt. Im Sinne einer sozial engagierten Musikethnologie sollte es daher zu-

46 »Angewandte Musikethnologie lässt sich am besten als eine musikzentrierte Intervention in einer bestimmten Gemeinschaft verstehen, deren Ziel es ist, dieser Gemeinschaft einen Nutzen zu bringen – zum Beispiel eine soziale Verbesserung, einen musikalischen Nutzen, ein kulturelles Gut, einen wirtschaftlichen Nutzen oder eine Kombination dieser und anderer Vorteile. Sie ist musikzentriert, aber vor allem ist die Intervention menschenzentriert. Ihr Verständnis von Gegenseitigkeit basiert auf kollaborativen Partnerschaften, die sich aus der musikethnologischen Feldarbeit ergeben. Angewandte Musikethnologie orientiert sich an den ethischen Prinzipien der sozialen Verantwortung, der Menschenrechte und der kulturellen und musikalischen Gerechtigkeit.« (Übers. d. A.)

nächst darum gehen, Wege aufzuzeigen, wie dieser Zustand verändert werden könnte. In diesem Buch habe ich bereits die publizistischen Bemühungen vorgestellt, in denen PoC-Musicaldarsteller*innen die Möglichkeit gegeben wird, sich zur deutschen Musicalszene zu äußern. Auf Seiten der PoC-Darsteller*innen sind autobiographische und fiktionale Publikationen wichtige Instrumente, um ein neues Bewusstsein unter den Fans bestimmter Darsteller*innen zu erzeugen. Auch die verschiedenen institutionellen Bemühungen um mehr Diversität im Produktionsprozess und bei Stückauswahl sind Teil einer solchen Strategie. Eine Auseinandersetzung mit dem Disney-Konzern und seinen Geschäftspraktiken wird aber wohl kaum ein Publikum außerhalb des Wirtschaftsjournalismus finden, wenn die Probleme nicht direkt auf der Bühne thematisiert werden. Solche musikzentrierten Interventionen könnten nicht nur das Theater-, Opern- und Musicalpublikum direkt erreichen und zum Nachdenken anregen. Sie setzen zugleich neue Kreativität frei und könnten so die deutsche Kulturszene nachhaltig bereichern. In Ansätzen sind solche Projekte bereits erkennbar, wie ich anhand von vier unterschiedlichen Produktionen vorstellen möchte.

Künstlerische Auseinandersetzungen mit Walt Disney und Megamusicals

Philip Glass' Oper *The Perfect American*

Auf einer großen Bühne und unter weltweiter Aufmerksamkeit wurde im Jahr 2013 an der Madrider Oper das Auftragswerk *The Perfect American* von Philip Glass aufgeführt, dem populärsten amerikanischen Komponisten der Gegenwart. Das Libretto beruhte auf dem Buch *Der König von Amerika* (2001) von Peter Stephan Jungk. Das Stück erzählt die letzten Lebensmonate des an Lungenkrebs erkrankten Walt Disney, der als autoritärer und rassistisch handelnder Machtmensch dargestellt wird, der sich nur um seinen Ruhm in der Nachwelt sorgt. Dieser Walt Disney ist ein Gegner der amerikanischen Bürgerrechtsbewegung und der Gleichberechtigung von Schwarzen. Die Bildung einer Gewerkschaft in seinem Unternehmen unterdrückt er gnadenlos. Während er sich von einem Teil der Mitarbeiter*innen wie ein Gott verehren lässt (»He's the song on everybody's lips (Er ist das Lied auf allen Lippen)«, entlässt er hemmungslos diejenigen, die dagegen rebellieren, dass sie ohne Namensnennung für seine Werke zeichnen sollen. Offen gibt er seine ausbeuterische Handlungsmaxime zu: »I am a storyteller. And I'll do anything to tell a story. I am like a bee, I buzz from one flower to another, collecting pollen. (Ich bin ein Geschichtenerzähler. Und ich werde alles tun, um eine Geschichte zu erzählen. Ich bin wie eine Biene, ich schwirre von einer Blume zur anderen und sammle Pollen.)« Disneys Faszination an Tierfiguren wird im Libretto auf frühkindliche Erlebnisse auf dem Land zurückgeführt. Auf der Bühne erscheinen nur wenige, sie nehmen im Verlauf des Stückes mehr und mehr dämonische Züge an. Ein Mädchen in Gestalt einer Eule, die mit Kopfmaske und Federnumhang entfernt an eine Figur aus *Der König der Löwen* erinnert, fungiert schließlich als sein Todesengel. Das Buch ist aus der Perspektive eines ehemaligen Animators geschrieben, der entlassen wurde, als er sich gewerkschaftlich engagierte. Fanatisch verfolgt er daraufhin jeden Schritt der übermächtigen Person Walt Disneys und versucht, sich an ihm zu rächen. Das Libretto fokussiert dagegen auf dem Firmengründer und seiner Innenwelt. Dadurch verliert die Handlungsentwicklung allerdings leider zu großen Teilen ihre Spannung.

Musikalisch geht Glass nicht auf Disneys Musik ein und bleibt seinem minimalistischen Orchesterstil treu. Er distanziert sich von der Popularität der Disney-Melodien, symbolisiert dafür durch die Motivrepetitionen exakt die mechanischen Arbeitsabläufe bei der Produktion der Zeichentrickfilme. Ihn interessiert an dem Libretto vor allem die individuelle Beschäftigung mit Sterblichkeit, Tod und dem Ruhm in der Nachwelt. Anders als in der Romanvorlage mildert er das negative Urteil über Walt Disney ab und stellt den Firmengründer gegenüber Journalist*innen auch als genialen Erfinder dar.

> »Glass hatte im Vorfeld der Uraufführung immer wieder darauf hingewiesen, dass es ihm nicht darum gehe, Disney in Grund und Boden zu verdammen. ›Ich bewundere Leute, die es fertigbringen, Brücken zu schlagen zwischen einfacher Unterhaltung und anspruchsvoller Kunst‹, betonte der Komponist.« (FOCUS online 2013)

Die Oper ist nicht als grundsätzliche Kritik an Walt Disney und seinem Unternehmen zu verstehen, was einerseits daran liegen mag, dass

Glass mit seinen Kompositionen ein ähnlicher Brückenschlag zwischen Opernbühne, Konzertsaal und Filmmusik gelungen ist. Anderseits hat er in seiner Karriere auch schon für den Disney-Konzern gearbeitet, wie etwa bei der Filmmusik zu *Kundun*, und hält sich deswegen hier vielleicht im Gegensatz zu seinen übrigen politischen Werken zurück. Allerdings erlebte diese Oper, wie schon *Waiting for the Barbarians* (2005), ihre Premiere in Europa, als würden sich amerikanische Bühnen nicht mehr trauen, solche gesellschaftskritischen Stücke zu produzieren. Die Oper stellt zumindest die erste ernsthafte Auseinandersetzung mit der problematischen Gründerfigur des Unternehmens im Musiktheaterbereich dar. Die Popularität des Komponisten sowie die deutschsprachige Romanvorlage führten zumindest dazu, dass Rezensionen der Premiere im Deutschen Feuilleton erschienen (Dahms 2013; DIE WELT 2013).

Der ›Disney-Mörder‹: Felix Krakaus Theaterstück *Celebration (Florida)*

Den Einfluss, den der Disney-Konzern auf das Privatleben der Amerikaner*innen ausüben will, hinterfragt der deutsche Regisseur und Dramatiker Felix Krakau kritisch in seinem Stück *Celebration (Florida)*, das im April 2024 am Landestheater Linz uraufgeführt wurde. Das Stück spielt in der 1994 vom Disney-Konzern eröffneten Planstadt Celebration, die ausgewählten Bewohner*innen die heile Welt einer *weißen* amerikanischen Mittelschicht vorgaukeln soll, in der die christlich-moralischen Werte von Gemeinschaft, Sauberkeit, Sicherheit und heteronormativem Familienleben noch gelten. Grundlage dieser Konstruktion ist ein rigider Verhaltenskodex, der durch ein Denunziations- und Sanktionssystem eines Townmanagements und einer Privatpolizei aufrechterhalten wird.

Hat ein junges Ehepaar hier zunächst das Gefühl, seinen Lebenstraum zu verwirklichen, erkennt es bald die Leere und Langeweile hinter der Inszenierung eines glücklichen Lebens, zumal es kinderlos bleibt und damit aus dem Ideal der Stadtplaner herausfällt. Auch die Kinder des Viertels wollen dieser unwirklichen Traumwelt entfliehen, indem sie sich zunächst Spitznamen von Disney-Figuren geben, darunter Queen Jasmine, und in eine Traumwelt entfliehen. Dann umgehen sie aber heimlich das Alkohol- und Drogenverbot. Die Realität bricht schließlich über alle herein, als eine Familie tot in ihrer Wohnung aufgefunden wird und ein Gewaltverbrechen wahrscheinlich ist. Krakauer verarbeitet hier wahre Begebenheiten aus den Jahren 2010 und 2019, die das Image der Planstadt erschüttert haben. Während der Stadtdirektor und die Privatpolizei versuchen, den Vorfall herunterzuspielen und die Spuren zu verwischen, brechen die Kinder und das Vorzeigeehepaar endgültig aus dem Verhaltenskodex aus.

Die Melodie der Stadt ist Elton Johns Liebeslied »Can You Feel the Love Tonight« aus *Der König der Löwen*. Es wird im Laufe der Handlung immer wieder zwischen den Szenen eingespielt und wirkt im Verhältnis zur Handlung immer surrealer. Das Paar Mickey und Minnie Mouse, das als Schutzpatrone der Stadt fungiert, tritt ebenfalls mehrfach auf: Während Minnie zu Beginn Mickey ihre Liebe mit romantischen Naturmetaphern gesteht, dekonstruiert sie im weiteren Verlauf die magische Märchenwelt und verweist auf die Grausamkeiten, die in Disneys Geschichten, wie wiederum in *Der König der Löwen*, verborgen sind:

> »Minnie Maus™: Du Mickey?
>
> Mickey Maus™: Ja, Minnie?
>
> Minnie Maus™: Weißt du eigentlich, wie gern ich dich hab?
>
> Mickey Maus™: nein, Minnie, sag mal
>
> Minnie Maus™: wie wenn der Onkel deinen Vater tötet und du denkst, er will ihn retten, ist aber nicht so, der stirbt einfach« (Krakau 2022, 46)

Eine Ehe mit solch morbiden Gefühlen ist eigentlich zum Scheitern verurteilt. Doch die Kunstfigur Mickey kann am Ende nicht über sich selbst entscheiden und muss mit Mickey zusammenbleiben, um das Image des Disney-Konzerns am Leben zu erhalten.

Die Kostüme von Stella Lennert greifen viele Farben und Elemente der Disney-Figuren auf. Nicht nur die Kinder gleichen sich im Aussehen und Verhalten ihren Spitznamen an, sondern vor allem die Townmanagerin wirkt wie ein typischer Disney-Bösewicht im Stil des machtgierigen Dschafar aus *Aladdin*. Damit zeigt die Organisation der Planstadt Celebration ihr wahres Gesicht. Der Regisseurin Mechthild Harnischmacher und der Dramaturgin Maike Müller ist es ein Anliegen, auf diese Konstruktion einer heilen Welt mit ihrer Heteronormativität, ihren einengenden Frauenbildern und ihrem Rassismus aufmerksam zu machen. Diese verfolgt der Disney-Konzern nicht nur in der Planstadt Celebration, wie sie im Vorbericht erklären:

> »›Der Mord ist nur ein Teil des Ganzen. Die viel größere Frage: Wie geht eine Gesellschaft damit um, wenn einem das perfekte Glücksversprechen vorgegaukelt wird, diese perfekte Welt aber gar nicht aufrechterhalten werden kann?‹, erklärt Müller. Für die Recherche besuchten die Regisseurin und die Dramaturgin Disneyland in Paris. ›Da fällt einem der Kinnladen runter, wenn man sieht, wie perfekt Manipulation funktioniert‹, so Harnischmacher.« (Püringer 2024)

Das Landestheater Linz, das in den letzten Jahren immer wieder mit erfolgreichen Musicalinszenierungen jenseits des Mainstreams wie *Das Licht auf der Piazza* auf sich aufmerksam gemacht hat, traut mit diesem Stück seinem Musicalpublikum zu, sich auch einmal kritisch mit der Zauberwelt des Disney-Konzerns auseinanderzusetzen.

Olivia Hyunsin Kims *Miss Yellow and Me*

Eine musiktheatralische Abrechnung mit rassifizierenden Besetzungsmethoden in der Musicalszene lieferte die deutsche Choreografin Olivia Hyunsin Kim mit ihrem Stück *Miss Yellow and Me – I wanna be a musical*, das 2018 in den Berliner Sophiensälen aufgeführt wurde. Ausgangspunkt für Kim war die Wiederaufnahme des Musicals *Miss Saigon* am Broadway 2017, die von der asiatischen Community in den USA aufgrund der rassistischen Handlungsbestandteile kritisiert wurde (Tran 2017). Kim orientiert sich in ihrem Stück an dem Broadway-Musical *A Chorus Line* (1975) und inszeniert den orientalisierenden, exotisierenden und rassistischen Castingprozess für die Hauptrolle in einem *Miss Saigon* ähnlichen Musical mit einer tragischen asiatisch-westlichen Liebesgeschichte. Damit will sie dem Publikum die Rahmenbedingungen dieser Auswahlprozesse vor Augen führen, in denen asiatisch konnotierte Darsteller*innen danach bewertet werden, wie sie das Stereotyp der verführerischen asiatischen Prostituierten, der starken Frau und des Flüchtlingsopfers, das am Ende Selbstmord begeht, gleichermaßen überzeugend verkörpern können. 2020 erläuterte Kim im Rahmen des Asian German Festival ihre Motivation für die Inszenierung dieser Stereotype:

»Für mich sind halt Stereotype problematisch, weil sie eindimensional sind. Es ist nicht, dass es nicht unbedingt nicht richtig, oder nicht falsch ist. Darum geht es gar nicht. Aber Menschen sind komplex. Und es wird immer nur eine Seite gezeigt. Und was ich sozusagen versucht habe, ist die absurde Richtung. Ich habe gesagt: Ok, wir gehen alle in diese Stereotype rein, und [...] durch diese Aktivierung werden sie komplexer. [...] Und das führt zu einem komplexeren Bild und auch zu einer Auseinandersetzung mit uns selbst, die dabei sind. – Und kann man da auch, innerhalb von dessen, Empowerment finden?« (Kim in korientation 2020)

Kim thematisiert in ihrem Stück in eingängigen Songs, die an populäre Genres angelehnt sind, auch die persönlichen Hintergründe der Beteiligten. Aufgrund welcher Lebensumstände sehen sich Migrant*innen in Deutschland gezwungen, sich um solche Rollen zu bewerben, in denen sie rassistische und sexistische Stereotype reproduzieren müssen?

»Was mir bei *Miss Yellow* wichtig war, war auch, nicht den Finger zu strecken auf die Menschen, die *Miss Saigon* machen. Es gibt halt keine Rollen und das ist ein Fakt. Und manchmal muss man erstmal diese Rollen machen und es ist scheiße. Aber danach kann man vielleicht... Es geht darum, dass es zu wenige Rollen gibt und dass Menschen immer... also das ist das eigentliche Problem. Und oft wird da immer weggeguckt.« (Kim in korientation 2020)

Auch auf den deutschen antiasiatischen Alltagsrassismus wird im Stück durch Zitate aus dem Kinderlied »3 Chinesen mit dem Kontrabass« und aus dem Abzählreim »Ching Chang Chong« hingewiesen. Damit dekonstruiert Kim den Mythos, dass die Sichtbarkeit als PoC auf der Musicalbühne etwas mit Empowerment zu tun haben könnte, solange *weiße* Menschen an den Entscheidungspositionen dieser Produktionen sitzen.

Im Verlauf des Stückes wird das Publikum verstärkt in den Auswahlprozess und die Interaktion mit den Schauspieler*innen eingebunden, wie etwa auch beim abschließenden Merchandising-Verkauf. Die Zuschauer*innen sollen beginnen, über ihre eigene Position und Verantwortung nachzudenken. Dass vergleichbare Stücke selten zu sehen sind, liegt unter anderem daran, dass in der freien Kulturszene solche Projekte strukturell benachteiligt werden.

> »Das Problem war, wir hatten sehr viele Finanzierungsprobleme. Weil nicht geglaubt wurde, dass es ein Problem gibt mit Rassismus in der deutsch-asiatischen Community. [...] Es war ein Problem, das ich das mache, weil ich nicht weiß bin, als Autorinnenschaft. Und auch weil Menschen denken, es gibt kein Interesse daran. Niemand kommt dann zu den Vorstellungen... – Wir waren die ganze Zeit ausverkauft! Es gibt das Interesse, aber deswegen gibt man kein Geld, kein staatliches Geld.« (Kim in korientation 2020)

Es wäre zu wünschen, es gäbe ein vergleichbares Bühnenwerk über die Besetzungspraktiken bei Disneys Castings für afrikanische Tierfiguren. Was müssen Schwarze Tänzer*innen bei *Tarzan* beweisen: ihre ›Animalität‹, ihre ›Wildheit‹, ihre ›enge Verbindung zur Natur‹? Und wie fühlen sich PoC-Darsteller*innen dabei, wenn sie solche Stereotype reproduzieren müssen, wenn zeitgleich *weiße* Personen für das Traumpaar ›Tarzan und Jane‹ in einer Fernseh-Casting-Show gesucht werden? Unter Umständen wäre es aber noch schwieriger, Förderinstitutionen davon zu überzeugen, dass diese Praktiken auf realen Erfahrungen in Deutschland beruhen.

Jon Cozarts Disney-Parodien »After Ever After«

Wahrscheinlich das größte Publikum weltweit für kritische Auseinandersetzungen mit Disney-Musicals besitzt der amerikanische Sänger, Komiker und Youtuber Jonathan Cozart, der seit zehn Jahren unter Jon Cozart oder dem Namen Paint in sozialen Medien seine gesungenen Parodien verbreitet. Als Serie mit dem Titel »After Ever After« präsentiert er vierstimmige a-capella Versionen von Disney-Melodien, die der Tenor alle kunstvoll und mit viel Showtalent selbst eingesungen hat. Er versieht die Hits mit neuen Texten, in denen er die Geschichten der Charaktere weiterspinnt »after all their dreams came true«. Entweder werden die realen historischen Hintergründe ausgeleuchtet oder die nicht-westlichen Kulturen in das augenblickliche politische Verhältnis zu den USA gesetzt. Die Parodien sind voller Sarkasmus und Ironie, womit die ›magische‹ Disney-Welt dekonstruiert wird. So berichtet Jasmin aus *Aladdin* auf die Melodie von »Prinz Ali« von ihren Erfahrungen mit dem amerikanischen ›War on Terror‹:

Hey, I'm OK,	Hey, mir geht es gut,
But I'm slightly scared	Aber ich habe etwas Angst
My husband's a mark	Mein Mann wurde zum Ziel
For the ›War on Terror‹	Für den ›Krieg gegen den Terror‹.
Aladdin was taken by the CIA:	Aladdin wurde von der CIA entführt:
We're not Taliban!	Aber wir sind keine Taliban!
You've got the wrong man	Ihr habt den falschen Mann
In Guantanamo Bay	In Guantanamo Bay
Prince Ali, where could he be,	Prinz Ali, wo könnte er nur sein,
Arowning in wawa	Ertrunken im Nichts
Interrogation from the nation of the ›free‹	Verhöre durch die Nation der ›Freien‹
Bin Laden's taken the fall	Bin Laden hat doch den Kopf hingehalten
We're not trained pilots at all	Wir sind gar keine ausgebildeten Piloten
Jafar went crazy	Dschafar ist durchgedreht,
And no one put up a fuss	Und keiner hat sich aufgeregt
We're for freedom!	Wir sind für die Freiheit!
Genie can vouch for us!	Dschinni kann für uns bürgen!
Bush was crazy, Obama's lazy,	Bush war verrückt, Obama ist faul,
Al-Qaeda's not in this country	Al-Qaida gibt's nicht in diesem Land:
Set free my Prince Ali	Lasst meinen Prinz Ali frei

Pocahontas erklärt auf die Melodie von »Farbenspiel des Winds«, wie die Kolonisation Amerikas historisch tatsächlich verlaufen ist, und wie sie sich dadurch von einer Friedensstifterin zu einer brutalen Kriegerin verwandelt hat.

After John Smith travelled back to England	Nachdem John Smith nach England zurückgereist war
I helped my people cultivate the fields	Half ich meinem Volk, die Felder zu bestellen
More English, French, and Spaniards came to visit	Mehr Engländer, Franzosen und Spanier kamen zu Besuch
And they greeted us with guns and germs and steel	Und sie begrüßten uns mit Gewehren, Krankheitserregern und Stahl
They forced us into unknown lands of exile	Sie zwangen uns in unbekannte Verbannungsorte
They pillaged, raped, and left us all for dead	Sie plünderten, vergewaltigten und ließen uns alle tot zurück
So now I'm far more liberal with a weapon	Deshalb bin ich jetzt viel lockerer mit einer Waffe
When I separate their bodies from their heads	Wenn ich ihre Körper von ihren Köpfen trenne
Have you ever held the entrails of an English guy?	Hast du jemals die Eingeweide eines Engländers in den Händen gehalten?
Or bit the beating hearts of Spanish men?	Oder in das schlagende Herz eines Spaniers gebissen?
Can you shoot an arrow in some French guy's eyeball?	Kannst du einen Pfeil in den Augapfel eines Franzosen schießen?
Can you paint with the red colors in these men	Kannst du mit den roten Farben dieser Männern malen
I can murder if I please	Ich kann morden, wenn ich will
Cause I'm dying of disease	Denn ich sterbe an ihren Krankheiten
I can paint with the red colors in these men	Ich kann mit den roten Farben dieser Männern malen

In anderen Strophen denkt Mulan darüber nach, ihr Geschlecht zu wechseln, und löst damit Identitätsprobleme bei chinesischen Soldaten aus, die sich ihre homoerotischen Gefühle nicht eingestehen wollen. Aladdins Agrabah wird von ISIS erobert, die ein islamistisches Terrorregime errichten, und der führungsschwache König Simba versinkt in einem politischen Chaos zwischen Bürgerkrieg, Genozid, Aids und illegalem Rohstoffhandel.

Jon Cozart arbeitet mit Übertreibungen und verwendet dabei die ebenfalls stereotypen Fremdbilder, die im aktuellen amerikanischen Fernsehen über die nicht-westliche Welt verbreitet werden. Dadurch dass er bekannte emotionale Melodien benutzt, erzeugt er einen scharfen Kontrast zu seinen Texten, womit eine humoristische Brechung des Disney-Images und der medialen Darstellung zugleich gelingt. Dieses Parodieverfahren hat er allerdings nicht erfunden: Am Broadway existiert seit Jahrzehnten mit dem sogenannten Forbidden Broadway eine Kabarett-Bühne, in der unter der Leitung von Gerard Alessandrini regelmäßig verschiedene Musical-Produktionen musikalisch parodiert werden. Es wird sich über Produzenten und Komponisten lustig gemacht und die Berufsbedingungen in der Musicalbranche kritisch in Blick genommen. Darunter befinden sich auch Parodien auf Disney-Musicals. Diese kabarettistischen Shows erreichen allerdings nicht das Millionenpublikum von Cozarts Videos.

Individuelle und strukturelle Handlungsempfehlungen

Künstlerische Auseinandersetzungen mit dem Disney-Konzern und den Formen von Diskriminierung in der deutschen Musicalszene werden nicht von heute auf morgen die Welt revolutionieren. Aber sie stellen eine Methode dar, mit neuen Bühnenwerken Disneys Stücke zu kritisieren und damit den »ewigen Kreis des Lebens« in Disney-Produktionen vielleicht zu durchbrechen. Neue, ungewohnte Kreativität kann die Aufmerksamkeit des Publikums auf die »mein, mein, mein«-Methoden lenken, mit denen das Unternehmen versucht, seine dominante Stellung auf dem deutschen Musicalmarkt auszubauen. Innovative, diverse Stücke machen deutlich, dass bei Disneys Musicals und ihren Produktionsweisen auf der Bühne und dahinter eben nicht alles »hakuna matata« ist. Wenn solche Produktionen mehr zur Dekonstruktion von Disneys Imagekampagne und zur Transformation der deutschen Musicalszene beitragen können als dieses Buch, bin ich der erste, der sich darüber freut. Der

Disney-Konzern hat sich in den vergangenen Jahrzehnten wie ein Raubtier verhalten, vor dem sich alle Musicalproduzent*innen in Acht nehmen müssen. Er mag zunächst wie ein kindlich verspielter Simba erscheinen, aber er lässt sich niemals zähmen. Er wird immer wieder zuschlagen, wenn er eine Möglichkeit dazu hat, und es bleibt unvorhersehbar, wann und wie er das tut.

Bei den kritischen Untersuchungen in diesem Buch habe ich bewusst nicht nur die Inhalte und die Musik von Disney-Musicals dargestellt, mit denen koloniale und rassistische Stereotype reproduziert werden und die auf kulturellen Aneignungsprozessen bei den Inszenierungen und rassifizierenden Besetzungspraktiken beruhen. Mir ging es auch darum, das dahinterstehende Produktions- und Vermarktungssystem zu beschreiben, das der Disney-Konzern über die Jahre aufgebaut hat. Vordergründig demonstriert er Weltoffenheit und Vielfalt, intern führt es jedoch zu einer Bereicherung weniger *Weißer* auf Kosten vieler PoC. Solche Strukturen in einem global agierenden Unternehmen sind für alle Gesellschaften gefährlich, weil sie auf der Macht einer kleinen Gruppe beruhen, die jederzeit den Inhalt ihrer diskriminierenden rassistischen Theorie ändern kann. In den anglophonen kritischen Disney-Studien wird seit Jahren auf bestimmte Themenkomplexe aufmerksam gemacht, die sich intersektional mit der Rassismusforschung überschneiden: das konservative Familienbild und die heteronormativen Genderrollen, die zweifelhafte Stärke weiblicher Hauptfiguren, die Propagierung von autoritären politischen Regimes, die homophoben Darstellungen alleinstehender Männer und die Dämonisierung alleinstehender Frauen, die antisemitischen Stereotype oder die halbherzige Inklusion von Menschen mit Behinderungen (Cheu 2013). Auch in diesen Bereichen sind gleichzeitig Imagekampagnen zu beobachten, die vorgeben, das Gegenteil der in den Filmen gemachten Aussagen zu vertreten, wie z.B. die Gay Days in Disneys Vergnügungsparks (Griffin 2005).

Im Augenblick benutzt der Disney-Konzern Menschen und beutet sie aus, weil sie eine Hautfarbe haben, die von der Mehrheitsgesellschaft als nicht-*weiß* gelesen wird. Morgen könnte es allerdings Menschen aufgrund ihrer Augenfarbe treffen, aufgrund ihres Geschlechtes, ihrer sexuellen Orientierung, ihres Body Mass Indexes oder ihres IQs. Auf einmal könnten Gruppen diskriminiert werden, weil sie etwas Bestimmtes gegessen, spezielle Getränke getrunken oder gewisse Substanzen zu sich genommen haben. Menschen könnten in Kategorien eingeteilt werden, ob sie ungeborenes oder geborenes Leben gewalttätig beendet haben. Es gibt viele Möglichkeiten, nach denen Autoritäten das Leben und Handeln anderer Menschen bewerten und daraus neue Unterscheidungen konstruieren können. Einige konservative, autoritäre oder radikal religiöse Entwicklungen mit vergleichbaren Ideen befinden sich weltweit bereits im Auftrieb. Aufgrund der Aussicht auf eine Reihe weiterer globaler Krisen, werden sich Verteilungskämpfe zwischen Ländern sogar absehbar verstärken. Rassistische Systeme können deswegen jeden von uns innerhalb kürzester Zeit treffen.

Als Einzelpersonen sollten wir deswegen kritisch mit Werken umgehen, die die Welt in Gut und Böse unterteilen, wobei die Guten immer *Weiße* oder Intelligente darstellen, die ihre Widersacher*innen vernichten, um beruflich und privat glücklich zu werden. Für eine demokratische Gesellschaft ist es wichtig, Geschichten dagegen zu setzen, in denen Charaktere sich verändern können, in denen in Konflikten Kompromisse geschlossen werden, die von den Bevölkerungen und nicht nur von Machthabenden ausgehandelt werden. Wir benötigen eine Presse, die die deutsche Musicalszene so ernst nimmt wie jedes andere Genre von Massenunterhaltung und die in der Lage ist, die Stücke zeitkritisch zu analysieren und die Produktionsstrukturen dahinter zu recherchieren. Gemeinsam sollte die Gesellschaft Handlungen in Filmen und Musicals hinterfragen, die vorgeben, nicht-westliche Kulturen aus *weißer* Perspektive zu repräsentieren. Welche Motivationen verfolgen die jeweiligen Produzent*innen mit diesen Darstellungen? Solche Stücke konstruieren immer ein Bild vom sogenannten ›Fremden‹ und beziehen dadurch stets politisch Stellung. Das hat Auswirkungen auf alle Personen, die an solchen Produktionen beteiligt sind. Wenn schließlich ein globales Unterhaltungsunternehmen in Deutschland versucht, eine wirtschaftliche und kulturelle Dominanz zu erreichen, ist es im Sinne der Chancengleichheit notwendig, dagegen die Stimme zu erheben. Dass dieser Widerstand Erfolg haben kann, zeigen bürgerrechtliche Bewegungen aus den USA gegen bestimmte Disney-Projekte (Giroux 1999; Pinsky 2004; Warren 2005; Bryman 2004). Ziviler Protest kann auch bei einem Global Player schnell zu Strategieänderungen führen.

Auf struktureller Ebene ist bei der Beurteilung der Disney-Musicalproduktionen das deutsche politische System gefragt, das als gemeinsame Wertgrundlage die freie Religionsausübung, einen Antirassismus und einen Minderheitenschutz definiert und das sich zur Förderung von sozialer Teilhabe und Inklusion verpflichtet hat. Die Grundlagen eines Verständnisses dieser Themen müssen in der allgemeinen Schulbildung verankert werden, so dass deutsche Kolonialgeschichte und deren Auswirkungen auf die Konstruktion von Fremdbildern allgemein bekannt sind. Antirassistischer Unterricht und private Initiativen zum Kampf gegen Rassismus sind öffentlich zu fördern. Normen und Werte wie Gleichbehandlung, gesellschaftliche Teilhabe und Inklusion sollten bei Anträgen für kulturelle Förderung berücksichtigt werden. Ein Diversitätskonzept muss Grundlage der staatlichen Ausbildungsstätten für Musicaldarsteller*innen sein. Die Auseinandersetzung mit kommerziellen Musicalproduktionen erfordert eine kritische Überprüfung von Stadtmarketingmaßnahmen und Quersubventionierungen von Produktionsfirmen, die den Grundsätzen widersprechen, die sich die Deutschen selbst in demokratischen Prozessen gegeben haben. Auf dieser Reise in eine andere Lebenswelt können wir uns dann gemeinsam Mut zusprechen: »Ist es denn weit? Ich bin bereit!«

Bibliographie

540 Unterzeichner*innen. 2022. »Offener Brief: Blackfacing am Staatstheater am Gärtnerplatz«, 18. März 2022. https://nachtkritik.de/images/stories/pdf/2022/OffenerBrief_Blackfacing_at_GPT.pdf. Zugegriffen 21. August 2024.

Adeoso, Marie-Sophie. 2020. »Schminkt es euch ab! Blackfacing ist Rassismus«. https://www.fr.de. 24. Februar 2020. https://www.fr.de/meinung/rassismus-fastnacht-blackfacing-schwarze-menschen-schlag-gesicht-13551151.html.

Alaoui, Abla. 2023. *Bissle Spätzle, Habibi?* Berlin: Ullstein.

Allen, Paula. 2004. *Pocahontas: Medicine Woman, Spy, Entrepreneur, Diplomat.* San Francisco: Harper.

Armstrong, Robin. 2018. »Time to Face the Music: Musical Colonization and Appropriation in Disney's Moana.« *Social Sciences* 7 (7): 113–122.

Arndt, Susan. 2012. *Die 101 wichtigsten Fragen: Rassismus*. München: C.H. Beck.

Artz, Lee. 2005. »Monarchs, Monsters, and Multiculturalism: Disney's Menu for Global Hierarchy«. In *Rethinking Disney: Private Control, Public Dimensions*, herausgegeben von Mike Budd und Max Kirsch, 75–98. Middletown: Wesleyan University Press.

Assmann, Jan. 2002. »Ägypten in Verdis Aida«. *Musik & Ästhetik* 6 (21): 5–23.

Baer, Martin. 2006. »Von Heinz Rühmann bis zum Traumschiff. Bilder von Afrika im deutschen Film«. In *AfrikaBilder. Studien zu Rassismus in Deutschland*, herausgegeben von Susan Arndt, 151–161. Münster: Unrast.

Baltimore, Sam. 2017. »Ashman's Aladdin Archive: Queer Orientalism in the Disney Renaissance«. In *The Disney Musical on Stage and Screen: Critical Approaches from »Snow White« to »Frozen«*, herausgegeben von George Rodosthenous, 205–220. London: Bloomsbury.

Barsch, Volker. 2003. *Rastafari: Von Babylon nach Afrika*. Mainz: Ventil.

Barth, Bertram, Berthold Bodo Flaig, Norbert Schäuble, und Manfred Tautscher. 2017. *Praxis der Sinus-Milieus®: Gegenwart und Zukunft eines modernen Gesellschafts- und Zielgruppenmodells*. Wiesbaden: Springer-Verlag.

Becker, Chenoa. 2021. »Blackfacing-Vorwurf: Aladdin-Musical sorgt in Stuttgart für Empörung – ›falsch und beleidigend‹«. 24. Oktober 2021. https://www.bw24.de/stuttgart/stuttgart-aladdin-musical-darstellung-kritik-black-community-blackfacing-rassismus-zr-91068910.html. Zugegriffen 21. August 2024.

Bell, Elizabeth, Lynda Haas, und Laura Sells, Hrsg. 1995. *From Mouse to Mermaid: The Politics of Film, Gender, and Culture*. Bloomington: Indiana University Press.

Bernhard, Norbert. 1986. *Tarzan und die Herrenrasse: Rassismus in der Literatur*. Basel: Lenos.

Blanchard, Pascal, und Susanne Buchner-Sabathy, Hrsg. 2012. *MenschenZoos. Schaufenster der Unmenschlichkeit*. Hamburg: Les Édition du Crieur Public.

Block, Geoffrey. 2017. »Disney as Broadway Auteur: The Disney Version of Broadway Musicals for Television in the Late 1990s and Early 2000s«. In *The Disney Musical on Stage and Screen: Critical Approaches from »Snow White« to »Frozen«*, herausgegeben von George Rodosthenous, 83–100. London: Bloomsbury.

Bogen, Uwe. 2021. »Standing Ovations im Stuttgarter Musical: Bei *Aladdins* Neustart muss die Show unterbrochen werden«. 2. November 2021. https://www.stuttgarter-zeitung.de/inhalt.standing-ovations-im-stuttgarter-musical-bei-aladdins-neustart-muss-die-show-unterbrochen-werden.77ffd44c-1372-4675-9f9f-484ea95b56fd.html.

Bohlman, Philip Vilas. 2002. *World Music: A Very Short Introduction*. Oxford: Oxford University Press.

—. 2020. *World Music: A Very Short Introduction*. Second edition. Oxford: Oxford University Press.

Böke, André. 2023. »›Was mich abgrenzt, macht mich gleichzeitig besonders‹ – Sidonie Smith im Interview«. 27. September 2023. https://musicalzentrale.de/109194/was-mich-abgrenzt-macht-mich-gleichzeitig-besonders-grosses-interview-mit-sidonie-smith/. Zugegriffen 21. August 2024.

Bombeck, Nataly. 2001. *Disneys Der König der Löwen. Das Broadway Musical im Hamburger Hafen*. Herausgegeben von Hafentheater Produktionsgesellschaft mbH. Hamburg: Gebrüder Klingenberg & Rompel.

—. 2003. *Disneys Der König der Löwen. Besetzung*. Herausgegeben von Hafentheater Produktionsgesellschaft mbH. 6. Aufl. Hamburg: Gebrüder Klingenberg & Rompel.

Boyer, Alain-Michel. 2008. *Baule*. Milan: 5 Continents.

Brändle, Rea. 2013. *Wildfremd, hautnah. Zürcher Völkerschauen und ihre Schauplätze 1835–1964.* Zürich: Rotpunktverlag.

Breaux, Richard. 2010. »After 75 Years of Magic: Disney Answers its Critics, Rewrites African American History, and Cashes in on its Racist Past«. *Journal of African American Studies* 14: 398–416.

Brode, Douglas. 2005. *Multiculturalism and the Mouse: Race and Sex in Disney Entertainment*. Austin: University of Texas Press.

Bryman, Alan. 2004. *The Disneyization of Society*. London: SAGE.

Burton-Carvajal, Julianne. 1994. »›Surprise Package‹: Looking Southward with Disney« In *Disney Discourse: Producing the Magic Kingdom*, herausgegeben von Eric Smoodin, 131–147. New York: Routledge.

Cappiccie, Amy, Janice Chadha, Muh Bi Lin, und Frank Snyder. 2012. »Using Critical Race Theory to Analyze How Disney Constructs Diversity: A Construct for the Baccalaureate Human Behavior in the Social Environment Curriculum«. *Journal of Teaching in Social Work* 32 (1): 46–61.

Cavalli-Sforza, Luca, und Francesco Cavalli-Sforza. 1994. *Verschieden und doch gleich. Ein Genetiker entzieht dem Rassismus die Grundlage*. München: Droemer Knaur.

Chang, Chiung-Wen (Michelle). 2009. »›Return to Innocence‹: In Search of Ethnic Identity in the Music of the Amis of Taiwan«. *College Music Symposium* 49/50: 327–32.

»Charta der Vielfalt – Für Diversity in der Arbeitswelt«. 2006. https://www.charta-der-vielfalt.de/. Zugegriffen 21. August 2024.

Chebu, Anne. 2016. *Anleitung zum Schwarz sein*. Münster: Unrast.

Cherrat, Nisma. 2005. »Mätresse – Wahnsinnige – Hure: Schwarze SchauspielerInnen am deutschsprachigen Theater«. In *Mythen, Masken, Subjekte. Kritische Weißseinsforschung in Deutschland*, herausgegeben von Maureen Maisha Eggers, Grada Kilomba, Peggy Piesche, und Susan Arndt, 206–220. Münster: Unrast.

Cheu, Johnson, Hrsg. 2013. *Diversity in Disney Films: Critical Essays on Race, Ethnicity, Gender, Sexuality and Disability*. Jefferson: MacFarland.

Child, Ben. 2013. »Disney Drops Bid to Trademark Day of the Dead«. *The Guardian*, 8. Mai 2013, https://www.theguardian.com/film/2013/may/08/disney-trademark-day-dead-festival-pixar.

Clark, Emily, Donatella Galella, Stefanie A. Jones, und Catherine Young. 2017. »›I Wanna Be Like You‹: Negotiating Race, Racism and Orientalism in *The Jungle Book* on Stage«. In *The Disney Musical on Stage and Screen: Critical Approaches from »Snow White« to »Frozen«*, herausgegeben von George Rodosthenous, 185–203. London: Bloomsbury.

Coplan, David B. 2008. *In Township Tonight! South Africa's Black City Music and Theatre*. Chicago: University of Chicago Press.

Dahms, Martin. 2013. »Walt Disney, der Mythos, der Gott«. *Die Zeit*, 23. Januar 2013. https://www.zeit.de/kultur/musik/2013-01/disney-oper-philip-glass.

Danielzik, Chandra-Milena, und Daniel Bendix. 2015. »›Exotik/exotisch‹«. In *Wie Rassismus aus Wörtern spricht. (K)Erben des Kolonialismus im Wissensarchiv deutsche Sprache*, herausgegeben von Susan Arndt und Nadja Ofuatey-Alazard, 633. Münster: Unrast.

Davis, Amy M., Hrsg. 2019. *Discussing Disney*. Bloomington: Indiana University Press.

Dean, Jasmin. 2015. »Person / People of Colo(u)r«. In *Wie Rassismus aus Wörtern spricht. (K)Erben des Kolonialismus im Wissensarchiv deutsche Sprache*, herausgegeben von Susan Arndt und Nadja Ofuatey-Alazard, 597–607. Münster: Unrast.

Debusmann, Robert, und János Riesz, Hrsg. 1995. *Kolonialausstellungen – Begegnungen mit Afrika?* Frankfurt am Main: Verlag für interkulturelle Kommunikation.

deCordova, Richard. 1994. »The Mickey in Macy's Window: Childhood, Consumerism, and Disney Animation«. In *Disney Discourse: Producing the Magic Kingdom*, herausgegeben von Eric Smoodin, 203–2113. New York: Routledge.

Der Spiegel. 2017. »Donald Trump nennt Elizabeth Warren ›Pocahontas‹«. *Der Spiegel*, 28. November 2017, https://www.spiegel.de/politik/ausland/navajo-ehrung-donald-trump-nennt-elizabeth-warren-pocahontas-a-1180604.html.

DiAngelo, Robin. 2018. *White Fragility: Why It's so Hard for White People to Talk about Racism*. Boston: Beacon Press.

Diaz, Vicente M. 2018. »Don't Swallow (or Be Swallowed by) Disney's ›Culturally Authenticated Moana‹«. 12. September 2018. https://ictnews.org/archive/dont-swallow-or-be-swallowed-by-disneys-culturally-authenticated-moana. Zugegriffen 21. August 2024.

DIE WELT. 2013. »Disney-Oper: Der kleingeistige Mann hinter Micky Maus«. 23.01.2013, https://www.welt.de/kultur/buehne-konzert/article113084841/Der-kleingeistige-Mann-hinter-Micky-Maus.html.

»Disney Pocahontas Princess Cosplay«. 2024. https://www.costumepartyworld.com/disney-pocahontas-princess-cosplay-outfit-for-children-and-adults-halloween-costume. Zugegriffen 21. August 2024.

»Disneys ALADDIN«. 2024. Disneys ALADDIN. 2022. https://www.stage-entertainment.de/musicals-shows/disneys-aladdin-stuttgart. Zugegriffen 21. August 2024.

Distelhorst, Lars. 2021. *Kulturelle Aneignung*. Hamburg: Edition Nautilus.

Domas, Rebecca. 2021. »Unmasking the Mouse: Cultural Appropriation in Disney Films«. Kutztown University. https://research.library.kutztown.edu/cgi/viewcontent.cgi?article=1007&context=honorspapers. Zugegriffen 21. August 2024.

Dosch, Emily. 2023. »Reimagining Cultural Representation of Latinidad on the U.S. Screen: This Bridge Called Disney«. Masterarbeit, Fort Collins: Colorado State University. https://mountainscholar.org/items/27d56bb3-9ab9-4bbd-8f7a-834381c773df. Zugegriffen 21. August 2024.

Dreesbach, Anne. 2005. *Gezähmte Wilde: Die Zurschaustellung ›exotischer‹ Menschen in Deutschland 1870–1940*. Frankfurt am Main: Campus.

Edwards, Leigh. 1999. »The United Colors of *Pocahontas*: Synthetic Miscegenation and Disney's Multiculturalism«. *Narrative* 7 (2): 147–168.

Eick, Markus, und Tanja Lasner. 2015. *Disneys Aladdin*. Herausgegeben von Theater Neue Flora Produktionsgesellschaft mbH. Hamburg: Gebrüder Klingenberg & Rompel.

Eilers, Dirk. 2011. »Theater«. In *Wie Rassismus aus Wörtern spricht. (K) Erben des Kolonialismus im Wissensarchiv deutsche Sprache. Ein kritisches Nachschlagewerk*, herausgegeben von Susan Arndt und Nadja Ofuatey-Alazard, 538–545. Münster: Unrast.

Eisner, Michael. 1999. *Von der Mickey Maus zum Weltkonzern. Der Disney-Chef über sein Erfolgsrezept*. München: Wilhelm Heyne.

Erk, Daniel. 2023. »Gino Emnes: ›Es ist toll, Menschen auf der Bühne zu haben, die aussehen wie ich‹«. Podcast: Frisch an die Arbeit. https://www.zeit.de/arbeit/2023-04/gino-emnes-rassismus-vorurteile-arbeit-podcast. Zugegriffen 21. August 2024.

Erlmann, Veit. 2022. *Lion's Share: Remaking South African Copyright*. Durham: Duke University Press.

Feld, Steven. 2000. »A Sweet Lullaby for World Music«. *Public culture* 12.1: 145–171.

Flath, Beate. 2017. »Weltmusik: Musikwirtschaftliche Annäherungen«. In *Global Pop: Das Buch zur Weltmusik*, herausgegeben von Claus Leggewie und Erik Meyer, 165–170. Stuttgart: J.B. Metzler.

Flint, Michaela. 2016. »*Aladdin*. Disney trifft *42nd street*«. *musicals. Das Musicalmagazin* 177 (Feb./Mrz. 2016): 4–7.

Flores-Blanco, Luis, Alfredo J. Altamirano, Marco Villacorta, José M. Capriles, Flavio Estrada, Katia Herrera, Melchor Llosa, Eduardo Chávez, und Carmela Alarcón. 2022. »Reconstructing the Sequence of an Inca Period (1470–1532 CE) Camelid Sacrifice at El Pacífico, Peru«. *Journal of Archaeological Science: Reports* 41 (Februar): 103247.

FOCUS online. 2013. »Umstrittene Glass-Oper geht gnädig mit Walt Disney um«. 19. November 2013. https://www.focus.de/kultur/diverses/premiere-der-umstrittenen-glass-oper-ueber-walt-disney-the-perfect-american_id_2458910.html.

Frith, Simon, und Lee Marshall, Hrsg. 2004. *Music and Copyright*. New York: Routledge.

Fritsch, Ingrid. 1981. »Zur Idee der Weltmusik«. *Die Musikforschung* 34. Jahrg. (H. 3, Juli–September): 259–273.

Fuhrmann, Wolfgang. 2007. »›Die Insel‹. Koloniale Unterhaltung in Altenburg.« In *Kolonialismus hierzulande: eine Spurensuche in Deutschland*, herausgegeben von Ulrich van der Heyden und Joachim Zeller, 337–342. Erfurt: Sutton.

Gabriel, John. 1998. *Whitewash: Racialized Politics and the Media*. London: Routledge.

Gaines, Caseen. 2021. *Footnotes: The Black Artists Who Rewrote the Rules of the Great White Way*. Naperville: Sourcebooks.

Geulen, Christian. 2007. *Geschichte des Rassismus*. München: C.H. Beck.

Giroux, Henry. 1999. *The Mouse That Roared: Disney and the End of Innocence*. Lanham: Rowman & Littlefield.

Glogner-Pilz, Patrick, und Patrick S. Föhl, Hrsg. 2011. *Das Kulturpublikum. Fragestellungen und Befunde der empirischen Forschung*. Wiesbaden: Springer.

Goldberg, Aaron. 2016. *Disney Declassified: Tales of Disney Scandals, Sex, Accidents, and Deaths*. Los Gatos: Smashwords Edition.

Gomes, Ana Milva. 2021. *Look at me. Ein schwarzes Mädchen in einer weißen Welt*. Wien: Amalthea.

Gooding-Williams, Robert. 1995. »Disney in Africa and the Inner City: On Race and Space in *The Lion King*«. *Social Identities* 1 (2): 373–379.

Granger, Brian. 2019. »Disney's *The Lion King* on Broadway (1997) as a Vital Sign for Understanding Civic and Racialized Presence in the Early Twenty-First Century«. In *Reframing the Musical: Race, Culture and Identity*, herausgegeben von Sarah Whitfield, 35–48. London: Red Globe Press.

Grant, Catherine. 2019. »Climate Justice and Cultural Sustainability: The Case of Etëtung (Vanuatu Women's Water Music)«. *The Asia Pacific Journal of Anthropology* 20 (1): 42–56.

Green, Doris. 1998. »Traditional Dance in Africa«. In *African Dance: An Artistic, Historical, and Philosophical Inquiry*, herausgegeben von Kariamu Welsh-Asante, 13–28. Trenton: Africa World Press.

Griffin, Sean. 2005. »Curiouser and Curiouser: Gay Days at the Disney Theme Parks«. In *Rethinking Disney: Private Control, Public Dimensions*, herausgegeben von Mike Budd und Max Kirsch, 125–150. Middletown: Wesleyan University Press.

Grossman, Barbara Wallace. 2017. »*The Lion King*: A ›Blockbuster Feline‹ on Broadway and Beyond«. In *The Disney Musical on Stage and Screen: Critical Approaches from »Snow White« to »Frozen«*, herausgegeben von George Rodosthenous, 117–131. London: Bloomsbury.

Grover, Ron. 1992. *Die Disney-Story*. Berlin: Ullstein.

Grund, Stefan. 2015. »Und immer schön auf dem fliegenden Teppich bleiben. Magisches Musical-Märchen: die Europapremiere von *Aladdin* in Hamburg glänzt mit ihren Kostümen und Bühnenbildern«. *Die Welt*, 7. Dezember 2015.

Guilbault, Jocelyne. 1997. »Interpreting World Music: A Challenge in Theory and Practice«. *Popular Music* 16 (1): 31–44.

Halbert, Debora J. 2014. *State of Copyright: The Complex Relationship of Cultural Creation in a Globalized World*. London: Routledge.

Haruna, Hadija. 2012. »Schwarz auf Weiß. Theater und Rassismus«. *Der Tagesspiegel Online*, 11. Januar 2012. https://www.tagesspiegel.de/kultur/theater-und-rassismus-schwarz-auf-weiss/6052652.html.

Hasters, Alice. 2019. *Was weiße Menschen nicht über Rassismus hören wollen, aber wissen sollten*. Berlin: hanserblau.

Hayn, Evelyn, und Antje Lann Hornscheidt. 2010. »›Exotisch‹«. In *Rassismus auf gut Deutsch. Ein kritisches Nachschlagewerk zu rassistischen Sprachhandlungen*, herausgegeben von Adibeli Nduka-Agwu und Antje Lann Hornscheidt, 122–126. Frankfurt am Main: Brandes & Apsel.

Heinemann, Janina. 2018. »Musical-Liebe in Hamburg. Blinder Super-Fan war schon 118 Mal im *König der Löwen*«. FOCUS online. 22. Juli 2018. https://www.focus.de/regional/hamburg/hamburg-musical-liebe-blinder-super-fan-war-schon-118-mal-im-koenig-der-loewen_id_9293087.html.

Hermanson, Scott. 2005. »Truer Than Life: Disney's Animal Kingdom«. In *Rethinking Disney: Private Control, Public Dimensions*, herausgegeben von

Mike Budd und Max Kirsch, 199–227. Middletown: Wesleyan University Press.

Herriger, Norbert. 2010. *Empowerment in der Sozialen Arbeit. Eine Einführung*. Stuttgart: Kohlhammer.

Hoffman, Warren. 2020. *The Great White Way: Race and the Broadway Musical*. New Brunswick: Rutgers University Press.

Holfelder, Moritz. 2019. *Unser Raubgut. Eine Streitschrift zur kolonialen Debatte*. Berlin: Ch. Links.

Homann, Hans-Jürgen. 2007. *Praxishandbuch Musikrecht*. Berlin: Springer.

Hotze, Michael. 2008. *Disneys Musical TARZAN*. Stuttgart: Edel.

Hund, Wulf. 2007. *Rassismus*. Bielefeld: transcript.

Irler, Klaus. 2008. »Affen zum Anfassen«. *Die Tageszeitung: taz*, 20. Oktober 2008.

—. 2015. »Aladin und die Wundertüte«. *Die Tageszeitung: taz*, 8. Dezember 2015.

Jansen, Wolfgang. 2008. *Cats & Co.: Geschichte des Musicals im deutschsprachigen Theater*. Leipzig: Henschel.

Jungk, Peter Stephan. 2001. *Der König von Amerika*. Stuttgart: Klett-Cotta.

Ka'ili, Tēvita. 2016. »Goddess Hina: The Missing Heroine from Disney's *Moana*.« HuffPost. 26. November 2016. https://www.huffpost.com/entry/goddess-hina-the-missing-heroine-from-disney's-moana_b_5839f343e4b0a79f7433b6e5.

KDL.info. 2012. »Blinder Fan erhält Ticket auf Lebenszeit«. *Der König der Löwen. Das Musical in Hamburg*. 5. Dezember 2012. https://www.koenig-der-loewen.info/blinder-fan-erhalt-ticket-auf-lebenszeit/. Zugegriffen 21. August 2024.

Keilbach, Miriam. 2023. »Interview mit Zodwa Selele: Rassismus-Erfahrungen einer schwarzen Schauspielerin«. 11. Juli 2023. https://www.rnd.de/kultur/interview-mit-zodwa-selele-rassismus-erfahrungen-einer-schwarzen-schauspielerin-BLPC2RU3FJC4JLKDGGZWERWULY.html.

Klein, Naomi. 1999. *No Logo: No Space, No Choice, No Jobs, No Logo: Taking Aim at the Brand Bullies*. New York: Picador USA.

Knopf, Gerhard. 2003. »*Aida*. Eindrucksvolle Optik, wenig Emotion«. *musicals. Das Musicalmagazin* 104 (Dez./Jan.): 4–7.

—. 2009. »*Tarzan*. Das Musical für die Neue Flora.« *musicals. Das Musicalmagazin* 134 (Dez. 2008/Jan. 2009): 4–7.

Koller, Christian. 2009. *Rassismus*. Paderborn: Ferdinand Schöningh.

korientation, Reg. 2020. *LIVE Interview – Olivia Hyunsin Kim. Asian German Festival*. https://www.youtube.com/watch?v=b0ot2UKZ7SU. Zugegriffen 21. August 2024.

»Kostüm ›Genie‹«. 2023. https://fasching-de.buttinette.com/shop/a/kostuem-genie-803047. Zugegriffen 21. August 2024.

Kräft, Klaus-Dieter. 2002. »*Der König der Löwen*. Genialer Bühnenzauber und ein Hauch von Afrika«. *musicals. Das Musicalmagazin* 93 (Feb./Mär.): 4–7.

Krakau, Felix. 2022. *Celebration (Florida)*. Edition Goldstück 5. Wien: WIENER WORTSTAETTEN.

Krumm, Michael. 2003. *Elton John & Tim Rice's AIDA*. Hamburg: Gebrüder Klingenberg & Rompel.

Lapp, Dominik. 2023. »Interview mit Louisa Heiser: ›Premiere unter Polizeischutz‹«. kulturfeder.de – Onlinemagazin für Musical, Oper und mehr. 15. Juli 2023. https://www.kulturfeder.de/interview/louisa-heiser-1009347.html. Zugegriffen 21. August 2024.

Làsner, Tanja, und Kai Cholewa. 2015. *Disney Aladdin. Stage Progamm*. Herausgegeben von Theater Neue Flora Produktionsgesellschaft mbH. Hamburg: Gebrüder Klingenberg & Rompel.

Lassell, Michael. 2000. *Elton John & Tim Rice's Aida: The Making of the Broadway Show*. New York: Disney Editions.

—. 2007. *Tarzan. The Broadway Adventure*. New York: Disney Editions.

—. 2017. *Aladdin. A Whole New World. The Road to Broadway and Beyond*. New York: Disney Editions.

Leggewie, Claus, und Erik Meyer. 2017. *Global Pop. Das Buch zur Weltmusik*. Stuttgart: J.B. Metzler.

Lerchenmüller, Franz. 2002. »Manchmal große Momente. Hamburger *König der Löwen*: Das Musical für das Kind – in jedem von uns.« *Der Tagesspiegel*, 10. März 2002.

Lessing, Lukas. 2021. *Rassismus in der deutschen Musicallandschaft Eine qualitative Inhaltsanalyse über Interviews mit drei Darsteller*innen der deutschen Musicallandschaft*. Unveröffentlichte Studienarbeit. Hannover: Hochschule für Musik, Theater und Medien Hannover.

Lewerenz, Susann. 2006. *Die Deutsche Afrika-Schau (1935–1940). Rassismus, Kolonialrevisionismus und postkoloniale Auseinandersetzungen im nationalsozialistischen Deutschland*. Frankfurt am Main: Lang.

Lindman, Oliver. 2019. »From Operatic Uniformity to Upbeat Eclecticism: The Musical Evolution of the Princess in Disney's Animated Features«. In

Discussing Disney, herausgegeben von Amy Davis, 151–172. New Barnet: John Libbey Publishing.

Ling, Jan. 2003. »Is ›World Music‹ the ›Classic Music‹ of Our Time?« *Popular Music* Vol. 22 (No. 2): 235–240.

Linne, Karsten. 2008. *Deutschland jenseits des Äquators? Die NS-Kolonialplanungen für Afrika*. Berlin: Ch. Links.

Mafundikwa, Saki. 2007. *Afrikan Alphabets. The Story of Writing in Afrika*. New York: Mark Batty.

Markellou, Marina. 2022. »Re-Evaluating the Art Practice of Appropriation from a Copyright Law Perspective«. In *Research Handbook on Intellectual Property and Cultural Heritage*, herausgegeben von Irini Stamatoudi, 154–169. Cheltenham: Edward Elgar Publishing.

Massaquoi, Hans Jürgen. 1999. *»Neger, Neger, Schornsteinfeger!« Meine Kindheit in Deutschland*. Bern: Scherz.

Mathieu, Paul. 2003. *Sex Pots: Eroticism in Ceramics*. New Brunswick: Rutgers University Press.

Matyas, Vanessa. 2010. »Tale as Old as Time: A Textual Analysis of Race and Gender in Disney Princess Films«. Master Thesis. McMaster University. https://macsphere.mcmaster.ca/bitstream/11375/14406/1/fulltext.pdf. Zugegriffen 21. August 2024.

Meinhof, Carl. 1917. *Afrikanische Märchen*. Jena: Eugen Diederichs.

Meintjes, Louise. 1990. »Paul Simon's Graceland, South Africa, and the Mediation of Musical Meaning«. *Ethnomusicology* 34 (1): 37–73.

Memmi, Albert. 1992. *Rassismus*. Hamburg: Europäische Verlagsanstalt.

Menze, Jonas. 2015. »Musical-Fantum. Eine Charakterisierung von Musical-Fans anhand ihrer kulturellen Praktiken«. In *SAMPLES*, herausgegeben von Ralf von Appen, André Doehring, und Thomas Phleps. 13. www.gfpm-samples.de/Samples13/menze.pdf. Zugegriffen 21. August 2024.

—. 2018. *Musical Backstages. Die Rahmenbedingungen und Produktionsprozesse des deutschsprachigen Musicals*. Münster: Waxmann.

Michael, Theodor. 2013. *Deutsch sein und schwarz dazu. Erinnerungen eines Afro-Deutschen*. München: Deutscher Taschenbuch Verlag.

Miethe, Manfred. 2003. *Maui errichtet das Himmelsgewölbe. Mythen und Legenden aus dem alten Hawaii*. Wrozlaw: Books on Demand.

Milagro, Lara-Sophie. 2012. »Die Blackfacing-Debatte III – Man muss kein Neonazi sein, um rassistisch zu handeln. Die Bequemlichkeit der Definitionshoheit.«. 28. März 2012. https://www.nachtkritik.de/index.php?view=article&id=6740%3Adie-blackfacing-debatte-iii-

man-muss-kein-neonazi-sein-um-rassistisch-zu-handeln&option=com_content&Itemid=60. Zugegriffen 21. August 2024.

Möhle, Heiko, Susanne Heyn, Susann Lewerenz, und St.-Pauli-Archiv, Hrsg. 2006. *Zwischen Völkerschau und Kolonialinstitut. AfrikanerInnen im kolonialen Hamburg.* Hamburg: Eine-Welt-Netzwerk Hamburg e.V..

Murphy, Patrick D. 1995. »›The Whole Wide World Was Scrubbed Clean‹. The Androcentric Animation of Denatured Disney«. In *From Mouse to Mermaid: the Politics of Film, Gender and Culture*, herausgegeben von Elizabeth Bell, Lynda Haas, und Laura Sells, 123–136. Bloomington: Indiana University Press.

Nagl, Tobias. 2004. »›Sieh mal den schwarzen Mann da!‹ Komparsen afrikanischer Herkunft im deutschsprachigen Kino vor 1945«. In *Zwischen Charleston und Stechschritt Schwarze im Nationalsozialismus*, herausgegeben von Peter Martin und Christine Alonzo, 81–91. Hamburg: Dölling und Galitz.

—. 2010. »Louis Brody and the Black Presence in German Film Before 1945«. In *Not so Plain as Black and White: Afro-German Culture and History, 1890–2000*, herausgegeben von Patricia M Mazón und Reinhild Steingröver, 109–135. Rochester: University of Rochester Press.

National Labor Committee, Katharine Stern und Rudi Stern. 1996. *Mickey Mouse goes to Haiti: Walt Disney and the Science of Expoitation.* New York: Crowing Rooster Arts Productions.

Nghi Ha, Kien. 2010. »People of Colour«. In *Rassismus auf gut Deutsch. Ein kritisches Nachschlagewerk zu rassistischen Sprachhandlungen*, herausgegeben von Adibeli Nduka-Agwu und Antje Lann Hornscheidt, 80–84. Frankfurt am Main: Brandes & Apsel.

Nolte, Frank, Theite Schäfer, und Özden Yesilcicek. 2001. *Opernpublikum – Musicalpublikum. Eine Studie zur Soziologie des Musiktheaters Bremen.* Bremen. http://nbn-resolving.de/urn:nbn:de:gbv:46-00101657-19. Zugegriffen 21. August 2024.

Oetken, Geraldine. 2021. »*Aladdin*-Musical wehrt sich gegen Blackfacing-Vorwurf: Make-up sei golden, nicht schwarz«. 1. November 2021. https://www.rnd.de/kultur/aladdin-musical-wehrt-sich-gegen-blackfacing-vorwurf-make-up-sei-golden-nicht-schwarz-QLR3FNUMQNHXRI4V2XWMCHIVEM.html.

Ogette, Tupoka. 2017. *exit RACISM. rassismuskritisch denken lernen.* Münster: Unrast.

Olaniyan, Tejumola. 1991. »The Poetics and Politics of ›Othering‹: Contemporary African, African-American, and Caribbean Drama, and the Invention of Cultural Identities«. Dissertation, New York: Cornell University.

Ottenberg, Simon, und Toyin Falola. 2006. *Igbo Art and Culture and Other Essays*. Trenton: Africa World Press.

Pao, Angela C. 2010. *No Safe Spaces: Re-Casting Race, Ethnicity, and Nationality in American Theater*. Ann Arbor: University of Michigan Press.

Paulson, Michael. 2017. »The *Lion King* Effect: How a Broadway Smash Changed South African Lives«. *The New York Times*, 15. November 2017, https://www.nytimes.com/2017/11/15/theater/the-lion-king-south-africa.html.

Pettan, Svanibor, und Jeff Todd Titon, Hrsg. 2015. *The Oxford Handbook of Applied Ethnomusicology*. Oxford: Oxford University Press.

Pinsky, Mark. 2004. *The Gospel According to Disney. Faith, Trust, and Pixie Dust*. Louisville: Westminster John Knox Press.

Pratidina, Tyara Riszky, Aris Wuryantoro, und Lusia Kristiasih Dwi Purnomosasi. 2023. »Encanto: A Broken Latino Culture in Popular Literature«. Seminar Nasional Sosial, Sains, Pendidikan, Humaniora *(SENASSDRA)* 2 (1): 165–172.

Püringer, Sarah. 2024. »*Celebration*: Zuckerwatte und Candy Colours am Landestheater Linz«. MeinBezirk.at. 28. März 2024. https://www.meinbezirk.at/linz/c-lokales/zuckerwatte-und-candy-colours-am-landestheater-linz_a6601197. Zugegriffen 21. August 2024.

Ratcliffe, Rebecca. 2018. »Disney Accused of Colonialism over ›Hakuna Matata‹ Trademark«. *The Guardian*, 19. Dezember 2018, https://www.theguardian.com/global-development/2018/dec/19/colonialism-accusations-hakuna-matata-disney-far-from-problem-free-lion-king-remake.

Rathgeb, Eberhard. 2001. »Der König in uns. Hamburg feiert die Deutschlandpremiere eines Musicals«. *Frankfurter Allgemeine Zeitung*, 4. Dezember 2001.

Reed, Daniel Boyce. 2003. *Dan Ge Performance: Masks and Music in Contemporary Côte d'Ivoire*. Bloomington: Indiana University Press.

Reuband, Karl-Heinz. 2019. »Das Publikum der privaten und öffentlichen Theater. Soziale Merkmale, Interessenprofile und Formen kultureller Partizipation«. *Journal of Cultural Management and Cultural Policy / Zeitschrift für Kulturmanagement und Kulturpolitik* 5 (2): 55–92.

Rodosthenous, George, Hrsg. 2017. *The Disney Musical on Stage and Screen: Critical Approaches from »Snow White« to »Frozen«*. London: Bloomsbury.

Rogers, Richard. 2006. »From Cultural Exchange to Transculturation: A Review and Reconceptualization of Cultural Appropriation«. *Communication Theory* 16 (4): 474–503.

Roig, Emilia. 2021. *Why we matter. Das Ende der Unterdrückung*. Berlin: Aufbau.

Roman, Jorge. 2016. »African Scarification«. *JAMA Dermatology* 152 (12): 1353.

Ruby, Megan. 2020. »Tokenism«. In *Encyclopedia of Critical Whiteness Studies in Education*, 675–80. Leiden: Brill.

Saad, Layla F. 2020. *Me and White Supremacy: How to Recognise Your Privilege, Combat Racism and Change the World*. London: Quercus.

Said, Edward. 1978. *Orientalism*. New York: Penguin Books.

—. 1987. »The Imperial Spectacle«. *Grand Street*, Winter 1987, Vol. 6, No. 2, 82–104.

San Juan, Epifanio. 1995. *Hegemony and Strategies of Transgression: Essays in Cultural Studies and Comparative Literature*. Albany: State University of New York Press.

Sandlin, Jennifer, und Julie Garlen, Hrsg. 2018. *Disney, Culture, and Curriculum*. London: Routledge.

Sarr, Felwine, und Bénédicte Savoy. 2018. »The Restitution of African Cultural Heritage. Toward a New Relational Ethics«. https://www.about-africa.de/images/sonstiges/2018/sarr_savoy_en.pdf. Zugegriffen 21. August 2024.

SAT.Reisen. 2022. »Busreise Musical Hamburg: Disney Der König der Löwen – Reise Angebote«. https://www.sat-reisen.de/unsere-reisen/reise/musical-reise-koenig-der-loewen-hamburg/. Aufgerufen 6. Juni 2022.

Sauer, Bettina. 2021. »›Blackfacing-Rassismus‹-Irrenfront: Stuttgarter Aladdin-Musical ist rassistisch!« 31. Oktober 2021. https://journalistenwatch.com/2021/10/31/blackfacing-rassismus-irrenfront-stuttgarter-aladdin-musical-ist-rassistisch/. Aufgerufen 8. Mai 2021.

Schäufele, Paul. 2022. »Fortan ungeschminkt. Reaktion auf Rassimusvorwürfe«. Süddeutsche Zeitung. 21. März 2022. https://www.sueddeutsche.de/muenchen/blackfacing-rassismusvorwuerfe-gaertnerplatztheater-jonny-spielt-auf-1.5551811.

Schaur-Wünsch, Teresa. 2023. »Abla Alaoui: Vom Daten auf ›Minder‹«. *Die Presse*, 14. Februar 2023. https://www.diepresse.com/6251179/abla-alaoui-vom-daten-auf-minder.

Schickel, Richard. 1986. *The Disney Version: The Life, Times, Art and Commerce of Walt Disney*. London: Pavilion.

Schmitt, Alfred. 1963. *Die Bamum-Schrift Band 1–3*. Wiesbaden: Harrassowitz.

Schmittner, Anna. 2012. *Musical-Tourismus im deutschsprachigen Raum: Hintergründe und Perspektiven für den Tourismus-und Freizeitmarkt*. Saarbrücken: VDM.

Schönhuth, Michael. 2011. »Diversity«. In *Lexikon der Globalisierung*, herausgegeben von Sven Hartwig und Fernand Kreff, 52–56. Bielefeld: transcript.

Schuller, Alexander. 2015. »So swingt der Orient. Standing Ovations in der Neuen Flora bei der Europapremiere des Familienmusicals *Aladdin*. Ein toll gespielter Farbenrausch mit aktuellen Bezügen«. *Hamburger Abendblatt*, 15. Dezember 2015.

Schulman, Kori. 2011. »›The President's Speech‹ at the White House Correspondents' Dinner«. 1. Mai 2011. https://obamawhitehouse.archives.gov/blog/2011/05/01/president-s-speech-white-house-correspondents-dinner. Zugegriffen 21. August 2024.

Schulze, Lea. 2021. »›Ich fühlte mich wie ein Zirkuspferd‹: Was People of Color im deutschen Fernsehen erleben«. 12. April 2021. https://plus.tagesspiegel.de/kultur/rassismus-im-deutschen-fernsehen-wat-soll-ick-denn-mit-nem-mulatten-127865.html.

Schweizer, Peter, und Rochelle Schweizer. 1998. *Disney, the Mouse Betrayed. Greed, Corruption, and Children at Risk in the Secret World of Disney*. Washington: Regnery Publishing.

Seeger, Anthony. 2004. »Traditional Music Ownership in a Commodified World«. In *Music and Copyright*, herausgegeben von Simon Frith und Lee Marshall, 123–138. New York: Routledge.

Shimakawa, Karen. 2002. *National Abjection: The Asian American Body Onstage*. Durham: Duke University Press.

Silverman, Helaine. 2002. »Groovin' to Ancient Peru. A Critical Analysis of Disney's *The Emperor's New Groove*«. *Journal of Social Archaeology* 2.3: 298–322.

Smith, Susan. 2005. *The Musical. Race, Gender, and Performance*. London: Wallflower Press.

Smoodin, Eric, Hrsg. 1994. *Disney Discourse: Producing the Magic Kingdom*. New York: Routledge.

Söring, Helmut, Katja Lachnit, und Claudia Sewig. 2001. »Das Disney-Musical wurde allen Erwartungen gerecht: Wunderbare Bilder, betörende

Musik und eine zauberhafte Geschichte.« *Hamburger Abendblatt*, 3. Dezember 2001.

Sow, Noah. 2008. *Deutschland Schwarz Weiß. Der alltägliche Rassismus*. München: Bertelsmann.

—. 2015a. »Schwarz. Ein kurzer vergleichender Begriffsratgeber für Weiße«. In *Wie Rassismus aus Wörtern spricht. (K)Erben des Kolonialismus im Wissensarchiv deutsche Sprache*, herausgegeben von Susan Arndt und Nadja Ofuatey-Alazard, 608–610. Münster: Unrast.

—. 2015b. »weiß«. In *Wie Rassismus aus Wörtern spricht. (K)Erben des Kolonialismus im Wissensarchiv deutsche Sprache*, herausgegeben von Susan Arndt und Nadja Ofuatey-Alazard, 190–191. Münster: Unrast.

Stein, Andi. 2011. *Why We Love Disney. The Power of the Disney Brand*. New York: Peter Lang.

Sternfeld, Jessica. 2006. *The Megamusical*. Bloomington: Indiana University Press.

Stewart, James B. 2006. *Disney War: The Battle for the Magic Kingdom*. London: Simon & Schuster.

Taylor, Millie, und Dominic Symonds. 2014. *Studying Musical Theatre: Theory and Practice*. New York: Palgrave/Macmillan Education.

Taymor, Julie. 2017. *The Lion King. Pride Rock on Broadway*. Los Angelos: Disney Editions.

Thode-Adora, Hilke. 2008. »Von St. Pauli bis Hagenbeck: Völkerschauen in Hamburg«. In *Kolonialismus hierzulande. Eine Spurensuche in Deutschland*, herausgegeben von Ulrich van der Heyden, 330–336.

—. 2013. »Hagenbeck: Tierpark und Völkerschau«. In *Kein Platz an der Sonne: Erinnerungsorte der deutschen Kolonialgeschichte*, herausgegeben von Jürgen Zimmerer, 149–154. Frankfurt am Main: Campus.

Tiérou, Alphonse. 1989. *Dooplé: The Eternal Law of African Dance*. Chur: Harwood.

Towbin, Mia Adessa, Shelley A. Haddock, Toni Schindler Zimmerman, Lori K. Lund, und Litsa Renee Tanner. 2004. »Images of Gender, Race, Age, and Sexual Orientation in Disney Feature-Length Animated Films«. *Journal of Feminist Family Therapy* 15 (4): 19–44.

Tran, Diep. 2017. »I Am Miss Saigon, and I Hate It«. AMERICAN THEATRE. 14. April 2017. https://www.americantheatre.org/2017/04/13/i-am-miss-saigon-and-i-hate-it/. Zugegriffen 21. August 2024.

Trotier, Kilian. 2015. »Viel Spaß mit Meister Lampe. Im Musical *Aladdin* wird der amerikanische Traum Wirklichkeit«. *Die Zeit*, 10. Dezember 2015.

Vonier, Véronique, und Lioba Krause. 2005. »Das Disney Gender Modell«. 2005. https://homepage.ruhr-uni-bochum.de/veronique.vonier/src/gm.html. Zugegriffen 21. August 2024.

Walter, Birgit. 2003. »Es geht auch um Unterwäsche. *Aida* als Musical von Elton John. Ein buntes Prinzessinnendrama für die ganze Familie«. *Berliner Zeitung*, 6. Oktober 2003.

Ward, Annalee R. 2002. *Mouse Morality: The Rhetoric of Disney Animated Film*. Austin: University of Texas Press.

Warren, Stacey. 2005. »Saying No to Disney: Disney's Planning in four American Cities«. In *Rethinking Disney: Private Control, Public Dimensions*, herausgegeben von Mike Budd und Max Kirsch, 231–260. Middletown: Wesleyan University Press.

Wasko, Janet. 2001. *Understanding Disney: The Manufacture of Fantasy*. Cambridge: Polity Press.

White, Alton Fitzgerald. 2017. *My Pride. Mastering Life's Daily Performance*. Los Angelos: Disney Editions.

Whitfield, Sarah. 2019. »Introduction«. In *Reframing the Musical: Race, Culture and Identity*, herausgegeben von Sarah Whitfield, xi–xxxii. London: Red Globe Press.

Wickstrom, Maurya. 2005. »*The Lion King*, Mimesis, and Disney's Magical Capitalism«. In *Rethinking Disney: Private Control, Public Dimensions*, herausgegeben von Mike Budd und Max Kirsch, 99–121. Middletown: Wesleyan University Press.

Wienand, Lars. 2020. »*Hair* ohne Schwarze: Motsi Mabuse empört über Theater Chemnitz«. *www.t-online.de*. 5. Juli 2020. https://www.t-online.de/-/88169892.

Wildermann, Patrick. 2020. »Wie Theaterleute für Diversität in ihrer Branche kämpfen«. *Der Tagesspiegel Online*, 1. September 2020, https://www.tagesspiegel.de/kultur/hierarchische-strukturen-kaum-inklusion-wie-theaterleute-fuer-diversitaet-in-ihrer-branche-kaempfen/26144494.html.

Wintle, Michael. 2021. *Eurocentrism: History, Identity, White Man's Burden*. London: Routledge.

Woll, Allen L. 1989. *Black Musical Theatre: From Coontown to Dreamgirls*. Baton Rouge: Louisiana State University Press.

Wolter, Stefanie. 2005. *Die Vermarktung des Fremden: Exotismus und die Anfänge des Massenkonsums*. Frankfurt am Main: Campus-Verlag.

Yin, Jing. 2013. »Popular Culture and Public Imaginary: Disney vs. Chinese Stories of Mulan«. In *The Global Intercultural Communication Reader*, herausgegeben von Molefi Kete Asante, Yoshitaka Miike, und Jing Yin, 299–318. London: Routledge.

York, Stacey. 2003. »Welche Unterschiede Kinder wahrnehmen«. https://situationsansatz.de/wp-content/uploads/2019/08/York2003_Unterschiede_wahrnehmen.pdf. Zugegriffen 21. August 2024.

Yoshinaga, Ida. 2019. »Disney's *Moana*, the Colonial Screenplay, and Indigenous Labor Extraction in Hollywood Fantasy Films«. *Narrative Culture* 6 (2): 188–215.

Zeller, Markus. 2014. »Tarzan. Dschungel-Spektakel mit großem Schauwert.« *musicals. Das Musicalmagazin* 165 (Feb./März 2014): 14–15.

—. 2019. »Aladdin. Disney-Spektakel mit toller Besetzung«. *musicals. Das Musicalmagazin* 197 (Juni/Juli 2019): 12–13.

Zickgraf, Peer. 2012. *Völkerschau und Totentanz. Deutsches (Körper-) Weltentheater zwischen 1905 und heute*. Marburg: Jonas.

Zipes, Jack. 1995. »Breaking the Disney Spell«. In *From Mouse to Mermaid: the Politics of Film, Gender and Culture*, herausgegeben von Elizabeth Bell, Lynda Haas, und Laura Sells, 21–42. Bloomington: Indiana University Press.